V
T.3842.
E.I.

LE
MAITRE-D'HOTEL
FRANÇAIS.

A PARIS,

Chez
- L'AUTEUR, rue Caumartin, n° 20 ;
- FIRMIN DIDOT, libraire, rue Jacob, n° 24 ;
- DELAUNAY, libr., Palais-Royal, galerie de bois ;
- BOSSANGE, libraire, rue de Richelieu, n° 60 ;
- MONGIE, libraire, boulevard Poissonnière, n° 18.

On trouve aussi chez l'auteur, *le Pâtissier Royal Parisien*, 2 vol. in-8°, ornés de 70 planches dessinées par l'auteur, comprenant plus de 250 sujets. Prix, 20 fr.

Le Pâtissier Pittoresque, de 125 planches. Prix, 10 fr.

Le maître d'hôtel français, 2 vol., prix, 20 fr.

Ayant satisfait aux formalités voulues par la loi, et cet ouvrage étant ma propriété, je déclare que je poursuivrai les éditeurs de livres de cuisine qui prendront, particellement ou en entier, des articles dans mon livre, et également tout exemplaire qui ne sera pas revêtu de ma signature.

LE MAITRE D'HOTEL FRANÇAIS,

OU

PARALLÈLE DE LA CUISINE ANCIENNE ET MODERNE, CONSIDÉRÉE SOUS LE RAPPORT DE L'ORDONNANCE DES MENUS SELON LES QUATRE SAISONS.

OUVRAGE CONTENANT UN TRAITÉ DES MENUS SERVIS A PARIS, A SAINT-PÉTERSBOURG, A LONDRES ET A VIENNE.

PAR M. A. CARÊME, DE PARIS.

TOME PREMIER.

A PARIS,
DE L'IMPRIMERIE DE FIRMIN DIDOT,
IMPRIMEUR DU ROI ET DE L'INSTITUT, RUE JACOB, N° 24.

M DCCC XXII.

A Messieurs

Robert Frères.

Messieurs,

Vous êtes les Doyens de notre état, que votre longue carrière a tant honoré, les nobles protecteurs de tous les talens ; aussi, j'aspirais vivement à arriver au moment où je pourrais vous offrir cette nouvelle production comme un hommage public de ma haute estime; hommage, je puis le dire, que nos Confrères verront avec une douce joie, parce que les sentiments que je vous porte leur sont communs à tous. Les plus habiles hommes de nos jours vous doivent leur savoir et leur avancement; vous les avez placés chez de grands Seigneurs, dans toutes les Capitales de l'Europe.

C'est en vous particulièrement que la Noblesse étrangère met sa confiance; elle vous écrit avec amitié, avec une vive estime; dès qu'un sujet distingué vient à manquer dans ses cuisines, c'est toujours vous, Messieurs, qui désignez son remplaçant. Votre recommandation seule vaut une réputation : c'est à elle que j'ai dû ma nomination de Chef des Cuisines du Prince Régent d'Angleterre, et à Paris, chez le Prince Royal de Wurtemberg. La célébrité dont vous jouissez, comme grands Cuisiniers et grands Administrateurs, vous a valu le protectorat que vous exercez si honorablement dans l'intérêt de notre art. Votre mémoire sera à jamais chère parmi nous ; les Français, vos Confrères, vous citeront toujours comme de rares modèles de talent, d'honneur, d'urbanité et d'attachement fraternel.

Recevez,

Messieurs,

L'expression de ma haute considération et de mon éternel attachement.

Votre Très-Humble et Très-Obéissant Serviteur,

Carême, de Paris.

AVANT-PROPOS.

Cet ouvrage est divisé en cinq traités :

Premier traité. Remarques et considérations sur l'ordonnance des Menus de l'ancienne cuisine.

Deuxième traité. Considérations et développements sur l'ordonnance des Menus de la cuisine moderne, selon les quatre saisons, pour le service des tables opulentes, depuis le premier janvier jusqu'à la fin de décembre inclusivement.

Troisième traité. Des Menus servis à la Russe par l'auteur à S. M. I. l'empereur Alexandre, pendant son séjour à Paris, en 1814 et 1815.

Quatrième traité. Des Menus servis par l'auteur à S. A. R. le prince régent d'Angleterre, actuellement George IV, pendant le grand voyage de la cour au pavillon de Brigthon, en 1816 et 1817.

Cinquième traité. Des Menus servis à Vienne par l'auteur, à S. Exc. L. S. ambassadeur extraordinaire de S. M. B. près la cour d'Autriche, en 1821.

Suivis de quelques considérations et remarques curieuses sur les productions en comesti-

Reliure serrée

bles de Londres, Vienne et Saint-Pétersbourg, comparées à celles de la capitale de France, relativement à la cuisine française; enrichis de planches gravées au trait, représentant le service des tables et buffets pour les grandes réunions de famille et les fêtes civiles et militaires.

Dans le parallèle que j'ai établi de la cuisine ancienne et moderne, je me suis occupé particulièrement à retracer l'état et les progrès de la cuisine nouvelle. J'ai pris pour point de comparaison (dans l'ancienne cuisine) les menus du fameux Héliot (écuyer ordinaire de la bouche de Madame dauphine de France, et ensuite contrôleur des bouches de Louis XV), textuellement copiés, et tels qu'il les a servis à Louis XV, en 1745. J'ai encore extrait, et pour fortifier mes preuves, les menus du cuisinier moderne, ceux des soupers de la cour. Cette comparaison établit parfaitement tout ce que la science culinaire a gagné de développement dans l'ordonnance des menus, d'amélioration dans ses dépenses, par une économie mieux entendue; enfin, de cette élégance inconnue à nos prédécesseurs qui chargeaient leurs tables avec profusion, telle que l'on peut s'en convaincre par le dessin de la planche 2e.

Lorsque j'ai écrit mon traité sur la pâtisserie ancienne et moderne, je me suis attaché, en quelque sorte, à donner l'ébauche du grand sujet que je me proposais de traiter dans la suite. Depuis cette époque, je me suis donc livré sans relâche à l'étude des développements que la cuisine française a faits depuis la renaissance de l'art culinaire. Par mes travaux à la cour du roi d'Angleterre, auprès de l'empereur Alexandre, pendant le congrès d'Aix-la-Chapelle et de Paris; à Vienne, auprès de son Exc. lord S... ambassadeur extraordinaire de sa majesté britannique; chaque année je me suis donc aperçu combien nous avions encore de ressources pour étendre la variété de nos potages, relevés, entrées et entremets; ce que l'on doit considérer incontestablement comme le matériel de nos menus et le cachet du talent.

C'est donc ce résultat que j'offre dans ce travail aux Amphitryons, à leurs maîtres d'hôtel et cuisiniers. J'ai la conviction que ce nouvel ouvrage rendra quelques services aux praticiens jaloux de servir selon la règle du goût et de l'expérience; et je pense aussi, par ce travail, éviter à mes confrères ces moments toujours pénibles, lorsqu'il faut se recueillir pour écrire les menus et les varier chaque jour : voilà quelle fut mon intention, et, sans trop prétendre, quel doit être le succès de ce traité, dans lequel ils trouveront désormais l'ordonnance des dîners que l'on doit servir chaque jour sur la table d'un prince, d'un grand seigneur, d'un ministre d'un ambassadeur et d'un financier. Les menus des diners que j'ai servis à la Russe et à l'Anglaise, et les dessins dont j'ai eu le soin d'orner cet ouvrage, attesteront si j'ai rempli dignement ma tâche.

Maintenant, il me reste à décrire la cuisine française; déja une partie de ce travail est achevée : j'espère dans quelque temps donner au public cette nouvelle production, et la cuisine nationale en aura reçu un nouvel éclat.

Puisse ce nouvel hommage, rendu à l'art de la gastronomie, améliorer le sort des hommes à talent qui l'exercent, en donnant aux grands seigneurs la noble idée de nous apprécier comme nous devons l'être, et à ne pas nous confondre comme faisant partie de la classe de la domesticité!

Si nous obtenons cette justice, j'aurai recueilli la récompense de mes veilles et de mes travaux.

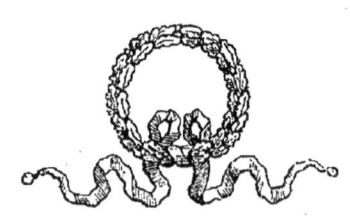

DISCOURS

PRÉLIMINAIRE.

Parallèle de la cuisine ancienne et moderne.

Dans le discours préliminaire de mon premier ouvrage, j'ai réfuté fortement ces livres ridicules qui font la honte de notre grande cuisine nationale. J'ai prouvé incontestablement que tous ces livres écrits jusqu'à présent sur notre cuisine, étaient médiocres et pleins d'erreurs; j'ai voulu venger la science, et je crois avoir réussi dans les trois parties que j'ai démontrées aux Amphitryons français et étrangers. J'ai donné une juste idée des difficultés qu'il faut vaincre pour devenir praticien habile, et j'ai présenté en même temps un ensemble raisonné de notre grande cuisine reconnue universelle: oui, universelle; la citation ci-jointe, que j'extrais du *Journal de Paris*, 25 juin 1814, confirme ce que j'avance, et mes voyages à l'étranger me l'ont confirmé plus encore.

« Depuis plus d'un demi-siècle nos ragoûts comme
« nos modes font le tour de l'Europe; on nous laisse

« nos savants, on nous permet de garder nos litté-
« rateurs, mais on nous enlève nos cuisiniers, on
« craint même de ne jamais les payer assez chère-
« ment : vous en trouvez dans toutes les capitales,
« et ils y jouissent de la plus parfaite considération.
« C'est à eux, je ne puis en douter, quoique Rivarol
« n'en ait rien dit, que notre langue doit une grande
« partie de son universalité. Ajoutez ce service à tous
« ceux que la cuisine a rendus à la littérature.

« Où sont-ils maintenant, ces frondeurs moroses,
« ces gens dont la maigreur m'est suspecte, toujours
« prêts à dénigrer leur siècle? A les entendre, tout
« dépérit en France; nos poètes sont sans verve, nos
« cuisiniers sans goût : je ne dis rien des poètes; mais
« si on faisait mieux les vers sous le dix-septième
« siècle, très-certainement on fait mieux la cuisine
« dans le dix-neuvième. Notre lot n'est donc pas si
« mauvais : ainsi jouissons de nos acquisitions au lieu
« de déplorer nos pertes; défendons-nous de cet es-
« prit de dénigrement qui affaiblit l'émulation, dé-
« courage le génie lui-même, et finirait par éteindre
« le feu sacré de la cuisine française. »

Assurément voilà une citation très-honorable pour les cuisiniers français : elle m'a donné l'idée de Considérations sur la cuisine du dix-neuvième siècle; je vais en essayer l'analyse, qui me paraît présenter quelque intérêt pour l'art et pour les praticiens.

L'amour de la science me mène sans cesse à de nouvelles méditations, et toutes sont relatives au développement de ses progrès. On parle souvent de l'ancienne cuisine et de la moderne, sans pour cela remonter aux causes de leur décadence et de leurs progrès : il m'est arrivé de faire à ce sujet des observations que je vais développer.

Je considère l'ancienne cuisine comme appartenant à la fin du dix-huitième siècle, tandis que la moderne prend sa source au commencement de notre trop célèbre et malheureuse révolution.

Chez l'ancienne noblesse de France, tout se montrait avec de la grandeur; les bouches des maisons royales, des princes de Condé, d'Orléans et de Soubise, étaient renommées par la bonne chère que l'on y faisait; les contrôleurs de ces nobles maisons étaient des hommes d'un véritable mérite, à la fois grands cuisiniers et grands administrateurs; les chefs sous leurs ordres en recevaient d'utiles leçons, et doublement encouragés par la bienveillance dont les grands seigneurs les honoraient, chaque jour la cuisine française s'accroissait d'un nouvel éclat.

Les maisons de la haute noblesse, du clergé, de la finance et du parlement, avaient également des cuisiniers réputés fameux; il n'était pas une de ces maisons qui ne fût grandement montée. Celles où l'on servait quatre entrées de fondation, avaient un aide pâtissier, un aide rôtisseur, un garçon de cuisine, et, de plus, un ou deux apprentis. Il est facile de voir que le chef étant ainsi secondé par de bons aides, devait servir d'excellents dîners dans tous leurs détails; ce fait est incontestable. Voilà donc en partie les causes de la splendeur de l'ancienne cuisine : si l'on ajoute à cela le prix modéré des comestibles et la munificence des grands personnages du temps, on verra combien nous avons perdu de considération et de bonheur réel ; car, à cette époque, un bon cuisinier était recherché. Sortait-il d'une grande maison, c'était pour rentrer dans une plus éminente encore.

Mais, par une fatalité inséparable de notre affreuse révolution, tout fut détruit, les grands seigneurs émigrèrent, et leurs grands serviteurs s'attachèrent à leur sort ou furent dispersés.

Cependant, au milieu de ces désastres de toutes choses, et fort heureusement pour nous, une maison célèbre nous avait conservé le feu sacré de la cuisine française. Ce bienfait est dû aux frères Robert qui fondèrent, en 1789, ce restaurant si fameux en France et si réputé en Europe par les aimables souvenirs que les étrangers en ont remportés chez eux.

Cette maison si splendide fut organisée et dirigée avec ce rare ensemble que le talent seul peut obtenir. Les cuisines des grands avaient disparu ; mais Paris voyait chaque jour sortir de la maison Robert de riches et somptueux diners que des gourmands exercés savouraient avec délices.

Les premiers talents se trouvaient alors chez M. Robert : MM. Richaut frères, Ferait, Duval, Tirrolai, Marie, et une infinité de jeunes gens tous plus adroits les uns que les autres ; aussi les élèves de cette maison célèbre se sont-ils répandus dans toutes les capitales de l'Europe.

Je pense donc, avec raison, que nous devons considérer cet établissement comme ayant particulièrement contribué à la renaissance de la cuisine, et nous lui en assignerons cette cause. Dans les maisons des nobles le fond de la cuisine était excellent, mais en même temps les dépenses et la consommation y étaient excessives ; cet ordre de choses ne pouvait donc avoir lieu chez un particulier ayant quarante à cinquante personnes à ses gages ; le talent seul pouvait tirer parti des circonstances du moment.

On s'est donc aperçu qu'il fallait employer assez, mais juste ce qui était nécessaire, pour faire les sauces encore suaves et veloutées, et ainsi des potages et des fonds pour braiser ; ensuite, comme la cuisine devient un objet de commerce, pour flatter le goût du public : ces mêmes talents furent aiguillonnés par la nécessité de donner chaque jour des nouveautés ; dès-lors les entrées devinrent plus élégantes, plus recherchées, l'entremets de sucre et la pâtisserie firent de sensibles progrès.

La cuisine a donc, ainsi que les arts et métiers, profité pour son développement de la violente secousse de la révolution, par qui l'industrie nationale s'est si heureusement développée.

Mais lorsque la disette eut cessé de désoler la malheureuse France, le numéraire reparut, et quelques maisons bourgeoises se réorganisèrent : quelques cuisiniers se trouvèrent placés dans ces maisons, qui ne ressemblaient en rien à celles de notre ancienne noblesse. Ces cuisiniers se virent souvent contraints de travailler seuls avec des filles de cuisine, et furent surtout gênés par une rigide économie; ils furent donc obligés, faute d'avoir des aides, de simplifier leur travail afin de pouvoir servir le dîner, ensuite de faire beaucoup avec peu de choses. La nécessité donne de l'émulation; le talent supplée à tout, et l'expérience, cette mère de tout perfectionnement, apporta d'importantes améliorations dans la cuisine moderne, en la rendant plus saine et plus simple en même temps.

Après la Convention nationale vint le Directoire, et le nombre des maisons s'augmenta singulièrement, ainsi qu'une infinité de bons restaurants; les succès de nos armées occasionnèrent de grandes fêtes, des dîners, des bals et des soirées où l'on donnait du thé : c'est à cette époque, je pense, que les thés ont commencé en France.

La société se réunissait alors avec empressement et plaisir, la cuisine devenait chaque jour plus florissante ; mais on doit surtout considérer le ministère des relations extérieures comme ayant été le sanctuaire de la cuisine moderne : depuis ce temps-là, la maison du prince de Talleyrand est restée la première maison de France.

Les grands diners des galeries, donnés par le prince de Talleyrand, se composaient de quarante-huit entrées ; pour les confectionner, des hommes à réputation (nous étions grandement payés) y employaient les comestibles les plus rares. Ces grands diners rappelaient l'ancienne gloire de la cuisine française.

En effet, à cette époque, tout semblait concourir à accélérer le perfectionnement de la science ; les fêtes données par l'Hôtel-de-Ville de Paris furent des plus extraordinaires ; la création de la nouvelle noblesse, les maisons du gouvernement, des maréchaux de France, des ministres et des ambassadeurs se trouvaient bien organisées ; les hommes de talent qui les dirigeaient rivalisaient d'un nouveau zèle, afin que la cuisine de ces grandes maisons obtînt de la réputation : aussi chaque jour la fumée de la cuisine moderne parfumait les beaux quartiers de la capitale.

Je me rappelle d'avoir vu l'Élysée-Bourbon bien brillant. M. Robert, en devenant le contrôleur de cette maison, l'a rendue fameuse pour sa bonne chère.

C'est assurément à ce concours de circonstances, toutes plus extraordinaires les unes que les autres, que nous devons les incontestables progrès de la cuisine du dix-neuvième siècle; et comme l'esprit de ce même siècle est de porter par l'analyse une main dernière aux développements des arts et métiers, la cuisine, j'ose l'espérer, aura aussi ses écrivains.

C'est un vrai plaisir pour moi d'anticiper sur l'avenir en annonçant l'ouvrage d'un praticien habile, élève de la maison de Condé; l'ancienne cuisine reparaîtra avec plus de splendeur sous la plume de l'un des hommes qui ont aussi contribué aux développements de la cuisine moderne; et si mon âge ne me donne pas l'avantage de me citer comme élève de la première maison de l'ancienne noblesse, je puis dire, sans vanité, que je fus élevé au milieu des hommes à réputation de ce temps-là. C'est sous MM. Richaut, fameux sauciers de la maison de Condé, que j'appris le travail des sauces; c'est dans les grandes fêtes données par l'Hôtel-de-Ville de Paris, et sous les ordres de M. L'Asne, que j'appris la belle partie du froid; à l'Élysée-Bourbon, sous les auspices de MM. Robert et Laguepierre, j'appris encore, et j'ose le dire, l'élégance de la cuisine moderne et l'ensemble d'une grande administration. Depuis la renaissance de l'art, j'ai été constamment employé aux diners des relations extérieures et des grandes fêtes données à ces diverses époques : j'ai donc pu voir beaucoup, et faire des remarques très-fructueuses pour moi ; j'en ai fait mon profit ; c'est pourquoi, et sans trop prétendre, je prévois que l'ouvrage dont je m'occupe depuis long-temps portera d'autant plus son cachet, qu'il sera enrichi des dessins représentant les objets les plus élégants de la cuisine du jour.

Pour en revenir à l'ouvrage en question, j'ai d'avance la certitude que l'ouvrage dont s'occupe ce praticien renommé aura un véritable mérite ; j'ose aussi espérer que cet auteur n'aura mis nullement à contribution mon *Pâtissier Royal*; d'ailleurs, le vrai talent se suffit à lui-même et n'imite personne.

Maintenant, il me reste à signaler le retour de l'auguste famille royale. Après tant de désastres, la France, en recouvrant son roi légitime, dut devenir plus florissante que jamais : la maison de Bourbon reprit son antique splendeur ; les maisons des princes, des maréchaux de France, des ministres et des ambassadeurs, avaient aussi retrouvé plus de dignité.

Déja j'avais signalé les heureux effets de la restauration, quand l'affreuse révolution du 20 mars vint changer les belles destinées de la France régénérée. C'est par suite de ces grands évènements que la cuisine française se trouve être sans vigueur; depuis cette époque les grandes maisons se trouvèrent contraintes à une extrême économie, bien défavorable sans doute à la science; les talents employés se trouvèrent en quelque sorte paralysés, ceux sans emploi végètent, faute de pouvoir se placer convenablement.

Je l'avoue avec peine, l'étranger s'enrichit de nos jeunes talents les plus distingués et les plus faits pour soutenir la splendeur de notre état; j'ai moi-même, depuis cette époque, voyagé en Angleterre, en Autriche et en Russie; mais un malaise que je ne puis vaincre me ramène toujours dans ma patrie; j'ai refusé plusieurs fois d'entrer à la cour de Russie; je suis resté seulement huit mois chef de cuisine du prince régent d'Angleterre; mais toutes ces positions, quoique brillantes, ne pouvaient me convenir. Mon ame toute française ne peut vivre qu'en France; là, sans fortune, sans ambition, content de pouvoir me livrer à des travaux commencés dès ma jeunesse, suivis toute ma vie, j'ose croire que mes recherches sont nécessaires aux progrès de ma science, et pour consolation il me reste l'espoir d'un avenir plus heureux.

D'après cet exposé rapide sur les circonstances qui ont amené la décadence de l'ancienne cuisine et les rapides progrès de la moderne, on doit remarquer que ce sont les hommes des anciennes maisons qui ont opéré d'heureux changements ; le fond de la cuisine n'a donc pu s'altérer ; bien au contraire, il a reçu de l'amélioration par suite d'une économie mieux entendue, et l'on peut dire avec vérité que la cuisine du dix-neuvième siècle a été perfectionnée dans toutes ses parties.

Cependant la cuisine française est encore susceptible de nouveaux développements; mais cela doit être le fruit de l'expérience et de la méditation. L'homme que l'amour de la science inspire, peut encore imaginer mille choses nouvelles : la cuisine réclame beaucoup de goût ; par conséquent, dans tous les temps, elle a dû recevoir son amélioration des facultés intellectuelles des praticiens renommés.

Ceci n'est point un paradoxe, mais une incontestable vérité, et si je puis en juger d'après les traités des Romains, la cuisine des peuples de l'antiquité ne fut jamais aussi succulente que la nôtre, pas même celle des Lucullus et des Apicius ; mais cela tient, comme je l'ai déja fait observer dans mon premier ouvrage, à notre position géographique, à notre industrie, et au goût sûr et délicat de la nation française.

Je ne puis terminer ces observations sans donner quelques développements de cette grande dissertation (que j'ai citée en 1815) de deux cuisiniers célèbres, sur la réduction de l'essence des viandes et de leur assaisonnement; l'un (M. Richaut jeune) prétendait dans son travail qu'il conserverait le suc nutritif des viandes, et que par ce moyen il entretiendrait la pureté du sang, véritable baume conservateur de la vie; qu'il était sûr de faire vivre son seigneur dix années de plus qu'un autre cuisinier.

Assurément, si l'on voulait considérer avec attention le résultat d'une cuisine bien perfectionnée, nous obtiendrions le même avantage que ce praticien renommé, et les hommes de talent seraient plus recherchés.

Rien n'est en effet plus utile pour un grand personnage que de conserver sa santé et sa vie. Dix années de plus à vivre sont quelque chose de plus important qu'on ne pense; quel bonheur pour une nation de pouvoir conserver un souverain bien aimé! que de grandes choses à léguer ainsi de plus à la postérité; que d'imposants souvenirs pour l'histoire des rois! quel bonheur de conserver les jours d'un grand ministre, d'un grand capitaine, d'un marin célèbre, d'un grand poète, d'un savant, d'un artiste! que de chefs-d'œuvre de plus pour la gloire de ces grands hommes et de leur patrie! J'ai fait moi-même l'expérience de ce moyen de conservation et de longévité à la cour du roi d'Angleterre. Dans l'espace de huit mois que j'y suis resté, j'en fus sept sans quitter le service de sa Majesté Britannique, qui n'a ressenti pendant tout ce temps aucune attaque de goutte, tandis qu'avant mon arrivée dans cette maison toute royale, la cuisine s'y faisait tellement forte et aromatisée, que le prince éprouvait fréquemment des douleurs qui duraient des jours et des nuits. Ce résultat, seulement, obtenu prouve l'excellence de la bonne cuisine.

D'après les auteurs qui ont écrit sur la cuisine française vers le milieu du siècle dernier, on s'aperçoit aisément combien les cuisiniers de ce temps avaient conservé le goût de la cuisine italienne que Catherine de Médicis avait introduite à la cour de France. Cependant la cuisine française avait déjà fait de sensibles progrès sous le règne de Charles IX, de Henri IV, ainsi que sous le beau siècle de Louis XIV. Cette science avait reçu de grands développements, si on peut en juger d'après les auteurs des *Dons de Comus*, des *Soupers de la Cour*, et autres livres écrits à peu près à la même époque. Cependant, on s'aperçoit, dis-je, combien alors la cuisine française était aromatisée et épicée. Le ciel de la belle Italie, par sa chaleur excessive, exige pour les indigènes une cuisine forte et aromatisée pour servir en quelque sorte de tonique contre le relâchement continuel des fibres de l'estomac. La cuisine italienne avait donc laissé chez nous un goût dominant pour les mets aromatisés; le temps, ce grand maître de toutes choses, a porté naturellement nos cuisiniers à simplifier le goût national en rendant la cuisine française plus simple et plus onctueuse; car, d'après les productions de notre heureux climat et la douceur du beau ciel de la France, il n'est nullement besoin d'épicer nos aliments. Cependant notre cuisine se trouvait encore trop aromatisée vers la fin du règne de Louis XIV, et en partie sous celui de Louis XV; la cour alors avait vieilli et sentait le besoin que le service de la table fût assaini et par conséquent simplifié dans tous ses détails; et la somptuosité de la cuisine française, sous le règne de Louis XV et sous le règne du roi martyr, avait reçu de grands changements que la suite des évènements de la révolution ont singulièrement accrus. Je pense avoir démontré dans ce discours les causes de ces développements, et plus encore dans le contenu de cet ouvrage.

TRAITÉ DES MENUS

DE

LA CUISINE ANCIENNE.

CHAPITRE PREMIER.

Pour établir le parallèle de la cuisine ancienne et moderne, je pense qu'il est de mon devoir de copier textuellement des menus extraits des Dons de Comus, des Soupers de la Cour, du Cuisinier moderne par le fameux Vincent La Chapelle. J'admire ce praticien estimable dans le zèle qu'il a mis à décrire son art. Cet auteur mérite une mention honorable ; mais malheureusement son livre a vieilli, et de nos jours, son ouvrage ne peut être considéré comme le *cuisinier moderne*. Assurément les deux époques sont bien différentes, et ce qui m'étonne, c'est de voir la profusion avec laquelle il couvrait les tables de bon goût de ce temps-là : ce n'est pas là de l'élégance. J'ai joint à ces menus un de ses dessins, afin que le lecteur puisse juger lui-même. En se rapportant vers le goût du jour, il verra la différence infinie qui existe bien réellement entre la cuisine ancienne et la cuisine moderne du dix-neuvième siècle.

Je me suis plus particulièrement attaché à rapporter ici quelques menus des diners et soupers servis au roi Louis XV, en 1745, par le nommé Héliot, écuyer ordinaire de la bouche de Madame Dauphine de France.

DONS DE COMUS.

Menu d'un diner tout en bœuf.

PREMIER SERVICE.

Un potage à la jambe de bœuf au naturel.

Quatre hors d'œuvre, savoir :

Un de palais de bœuf à la Sainte-Menehould,
Un de gras double à la poulette,
Un de petits pâtés de bœuf à la ciboulette,
Un de filets de bœufs mincés aux concombres,
Un pâté chaud de queues de bœufs aux navets, pour relever le potage.

DEUXIÈME SERVICE.

Quatre entrées, savoir :

Une de charbonnée à la cendre aux truffes,
Une de paupiettes de bœuf glacées aux cornichons,
Une de langue de bœuf au gros sel,
Une de tendrons de bœuf aux fines herbes.

TROISIÈME SERVICE.

Deux plats de rôts, savoir :

Un filet d'aloyau rôti,
Un morceau de bœuf à la mode en gelée,
Une salade de chicorée à la langue de bœuf.

QUATRIÈME SERVICE.

Cinq entremets, savoir :

Un de poitrine de bœuf fumée à la Hongrie,

Un de menus droits au Parmesan,
Un gâteau de graisse de bœuf,
Un d'oreilles de bœuf à la Sainte-Menehould,
Un de rôties de moelle de bœuf.

On peut faire toutes les sauces avec du bœuf.

Menu d'un souper tout en bœuf.

PREMIER SERVICE.

Une ouille au consommé de bœuf.

Quatre hors-d'œuvres, savoir :

Un de Griblettes de bœuf à la rocambole,
Un de bajoues de bœuf à la purée,
Un de rognons de bœuf émincés à l'oignon,
Un de rissoles de bœuf,
Une culotte de bœuf au demi-sel à la Sainte-Menehould, pour relever l'ouille.

DEUXIÈME SERVICE.

Quatre entrées, savoir :

Une de hatereaux de bœuf dans leur sauce,
Une de noix de bœuf, glacée au céleri,
Une de gâteau de bœuf au sang,
Une de roulade de flanchets de bœuf aux truffes.

TROISIÈME SERVICE.

Deux plats de rôts, savoir :

Un de daube de bœuf,
Un petit aloyau rôti au naturel,
Une salade de chicorée à la langue de bœuf.

QUATRIÈME SERVICE.

Cinq entremets chauds.

Un d'alimelles de palais de bœuf,
Un de tourte de moelle de bœuf,

Un de menus droits d'oreilles de bœuf,
Un de cervelle de bœuf en beignets marinés au citron,
Un de clarquet de jus de bœuf bien glacé.

On peut faire toutes les sauces et le jus dont on a besoin avec le bœuf.

Menu d'un diner tout en cochon.

PREMIER SERVICE.

Un potage garni d'andouillettes de cochon.

Deux hors-d'œuvres.

Un d'andouilles à la couenne de cochon,
Un de queue de cochon à la Sainte-Menehould,
Une épaule de cochon au vin de Champagne pour relever le potage.

DEUXIÈME SERVICE.

Quatre hors-d'œuvres.

Un de palais de cochon au gratin,
Un de crepinettes de cochon,
Un de boudin noir de cochon,
Un de cervelle de cochon à l'espagnole.

TROISIÈME SERVICE.

Trois hors-d'œuvres.

Un de filets mignons de cochon à l'escalope,
Un de bas de soie à la purée,
Un de bajoues de cochon marinées.

QUATRIÈME SERVICE.

Trois entrées.

Une de petit salé,
Une de semelles de cochon,
Une de langues de cochon piquées glacées, sauce piquante

CINQUIÈME SERVICE.
Rôts.

Un de cochon de lait rôti,
Une échignée rôtie au demi-sel,
Un jambon rôti,
Salades et sauces.

SIXIÈME SERVICE.
Trois entremets.

Un de pâté de jambon,
Un de pieds de cochon à la Sainte-Menehould,
Un de menus droits de couenne de cochon.

SEPTIÈME SERVICE.
Trois entremets.

Un d'oreilles de cochon,
Un de langues de cochon fumées,
Un de galantines de cochon.

HUITIÈME SERVICE.
Trois entremets.

Un de cervelas de cochon,
Un de gelée de cochon,
Un de cervelle de cochon de lait frite.

« On peut faire de pareils menus tout en volaille
« ou en gibier, lorsqu'on se trouve dans des endroits
« où l'on a abondamment de l'un et de l'autre, et que
« l'on veut consommer cette sorte de viande, pour
« n'être pas obligé d'en acheter d'autre; mais il faut
« que tous les plats qui composent ces menus, hors-
« d'œuvres, entrées ou entremets, soient artistement
« diversifiés, tant pour l'œil que pour le goût, le
« grand point est d'en vouloir faire la dépense, et
« d'avoir un bon officier.

« On peut faire encore des menus uniformes, soit
« en poisson, soit en légumes, il ne s'agit que d'en
« avoir une quantité suffisante. »

Mais, en vérité, je ne puis croire à un tel langage; car, pour avoir un bon officier de cuisine à son service, cela suppose une noble aisance : donc, il n'est pas une personne de cette condition qui n'ait une basse-cour dans ses terres, et tout le monde sait que tel médiocre qu'elle puisse être, on y trouve de quoi varier un menu. Mais, en réfléchissant à ces mêmes menus, ne dirait-on pas que l'auteur a voulu faire la satyre des gens qui mangent beaucoup, et se piquent peu de la délicatesse des mets qu'on leur servira? ou bien ce même auteur aurait-il écrit ces mêmes menus pour être servis en temps de guerre, époque où la disette de toute substance se fait sentir dans ces campagnes ravagées par les armes?

Je connais un cuisinier qui m'a assuré que durant le siége de la ville d'Hambourg, en 1812, il avait confectionné un diner tout en cheval, pour son maître, gouverneur de cette ville, alors sous la domination française. Si ce fut la pensée de l'auteur des *dons de Comus*, de donner des diners pour être confectionnés dans ces campagnes militaires, alors il mériterait des éloges; mais nous allons le voir encore de la même médiocrité dans son diner qu'il appelle simple et naturel, et cela me confirme dans l'opinion que je porte contre lui, qu'il n'a jamais su faire un menu.

MENU D'UN DINER SIMPLE ET NATUREL.

PREMIER SERVICE.

Un potage de santé garni de légumes de la marmite.

Quatre hors-d'œuvres.

Un d'un jarret de veau au gros sel,
Un de cotelettes de mouton grillées dans leur jus,
Un d'ailerons de dindon au bouillon,
Un de griblettes de filets de bœuf dans leur jus.
On relève le potage avec le bouilli.

DEUXIÈME SERVICE.

Quatre entrées.

Une poularde à l'oignon dans sa sauce,
Une de deux têtes d'agneau au gros sel,
Une de pigeons à la crapaudine,
Une langue de bœuf bouillie.

TROISIÈME SERVICE.

Trois plats de rôts.

Un de deux poulets,
Un de deux perdreaux,
Un de deux oiseaux de rivière,
Deux salades.

QUATRIÈME SERVICE.

Cinq entremets.

Un d'asperges,
Un de cardes au bouillon,
Un de crêtes et de queues d'écrevisse à l'huile,
Un de crème à l'allemande simple,
Un de petits gâteaux.

« On voit par l'exposé de ce repas, qu'il ne faut, pour
« le faire, ni jus, ni coulis, ni consommé, ni réduc-

« tion, ni restaurant : on peut servir quelque sauce
« ravigotte à part. »

Assurément, après la lecture de ces trois tristes menus tirés des *dons de Comus*, dont cinq semblables composaient cette partie intéressante, on s'étonne que l'auteur ait mis tant d'esprit dans les quarante-sept pages de sa préface, et si peu dans ses menus. En effet, quelle pauvre inspiration! on pourrait croire qu'il pensait en les écrivant à servir une table de la classe du peuple, et non point celle des *sensuels*. Car, si on servait à un gourmand un de ces diners composés seulement tout en bœuf ou tout en veau, et ainsi du mouton et du cochon, certes ce n'est pas là à quoi il s'attendrait de la science de l'auteur des *dons de Comus*. Ce titre suppose un savoir universel, qui ne produirait que des choses suaves et parfaites. Mais, je le répète, cet homme là me paraît très au-dessous du titre qu'il avait usurpé pour son livre.

C'était vraisemblablement quelque sot compilateur de l'ouvrage du praticien Vincent La Chapelle. Tous les plagiaires ont beau se démener et suer sang et eau sur leur travail, leur stupidité se montre à chaque ligne qu'ils arrangent selon leur triste génie, et en mutilant les auteurs originaux. Ainsi, les brocanteurs de la librairie ont beau faire, les arts et métiers ont un langage technique, qui ne peut être parlé que par les praticiens; le public s'aperçoit bientôt de leur charlatanisme et de leur ignorance.

MENUS EXTRAITS DES SOUPERS DE LA COUR.

Menus de printemps.

Table de vingt-cinq à trente couverts, servie à vingt-sept en maigre.

PREMIER SERVICE.

1. Dormant,
2. Potages,
1. De santé,
1. Au lait,
2. Ouilles,
1. A la crécy,
1. A la purée verte.

Deux grandes entrées.

1. De turbot au blanc,
1. De carpe au bleu.

Vingt entrées et hors-d'œuvres.

1. De petits pâtés de poisson,
1. D'anguilles en fricassée de poulet,
1. De matelotte d'éperlans,
1. De filets de perches à l'italienne,
1. D'esturgeon à la bonne femme,
1. De lottes à la chartreuse,
1. De quenelles de merlan,
1. De raie au beurre noir,
1. De carlets au citron,
1. D'harengs de Boulogne à la purée verte,
1. De morue à la maître d'hôtel,
1. De turbot à la béchamel,
1. De filets de saumon à la ponsette,
1. De surmulet sauce aux câpres,
1. De filets de sole aux légumes,
1. D'omelette au naturel,

1. D'œufs aux petits pois,
1. D'œufs à la farce,
1. D'omelette au joli cœur,
1. De filets de saumon en hatelets.

SECOND SERVICE.

Quatre relevées à la place des potages.

1. D'une alose, sauce aux câpres,
1. D'une queue de saumon aux écrevisses,
1. D'une barbue grillée,
1. De perches au vin de Champagne.

TROISIÈME SERVICE.

Deux grands entremets.

1. D'un gâteau de Compiègne,
1. D'un bonnet de Turquie aux pistaches.

Deux moyens entremets.

1. D'écrevisses,
1. De homards.

Douze plats de rôts.

3. De soles,
3. D'éperlans,
2. De merlans,
1. D'une hure de saumon,
1. D'une alose,
2. De carlets.

Six salades.

2. D'herbes,
2. De cuites,
2. D'oranges et citrons,
4. Sauces.

QUATRIÈME SERVICE.

Dix-huit entremets chauds pour relever les rôts et salades.

2. De flanc,
2. De petites rosettes,

1. De tartelettes de pommes,
1. De génoises,
1. D'asperges en petits pois,
1. D'artichauts frits,
1. De crème à la Strasbourg,
1. De haricots verts,
1. De salsifis,
1. D'huitres à la bahamelle,
1. D'asperges en bâtons,
1. De chervelz frits,
1. De carde au Parmesan,
1. D'artichauts au beurre,
1. De crème au chocolat,
1. De petits choux.

CINQUIÈME SERVICE.

Dessert.

Cinq dormants, deux à chaque bout, qui ferme le filet de milieu pour les compottes et assiettes; on peut en mettre trente-six, savoir: dix-huit compottes; et dix-huit assiettes. Quand le nombre est grand, il faut les doubler.

MENUS DE L'AUTOMNE.

Table de trente à trente-cinq couverts, servie à vingt-cinq en gras.

PREMIER SERVICE.

Un dormant.

Quatre potages.

1. A la dauphine,
1. A la semoule,
1. De navets,
1. A la madelonette.

Deux grandes entrées.

1. D'une salamalec,

1. D'une financière.

Dix-huit entrées et hors-d'œuvres.

1. De cailles au père-d'ouillet,
1. De petits pâtés de filets mincés,
1. De crépine de gibier,
1. De côtelettes de faisan à la Périgord,
1. De carré de veau à la crème,
1. De crampines en bigarrure,
1. De hatelets de lapereau,
1. De grenadins de veau, sauce à la nompareille,
1. De mauviettes en cerises,
1. De cuisses de poulardes au sultan,
1. De tourtereaux au vin de Champagne,
1. De poulets à la favorite,
1. De membres de poularde glacés,
1. De filets de mouton à la coquette,
1. De pigeons à la brunette,
1. De palais de bœuf à la mariette,
1. D'écrevisses en matelotte,
1. De tendrons de veau en gelée.

SECOND SERVICE.

Quatre relevés de potage.

1. D'une matelotté,
1. D'un corbillon,
1. D'une chartreuse,
1. D'un faon de daim.

TROISIÈME SERVICE.

Huit entremets froids.

1. De gâteau de lièvre,
1. De poutin à l'anglaise,
1. De langues et de cervelas,
1. De brioches,
1. D'écrevisses,

1. De truffes en croustade,
1. De pâté de pantets,
1. De soufflets.

Dix plats de rôts.

1. De bécasses,
1. De perdreaux rouges,
1. De mauviettes,
1. D'oiseaux de rivière,
1. De poule de coq,
1. De petits pigeons en caisse,
1. De poulets à la reine,
1. De levreaux,
1. De pluviers,
1. De pigeons romains,
   Six salades,
   Deux sauces.

QUATRIÈME SERVICE.

Dix-huit entremets chauds.

1. De cardes à la bonne femme,
1. De cardes au Parmesan,
1. D'épinards à l'essence,
1. De foies gras à la duchesse,
1. De crème à la mariée,
1. D'artichauts à la poulette,
1. De haricots verts frits,
1. D'aubergines,
1. De rôties soufflées,
1. De génoises aux pistaches,
1. D'épinards à la crème,
1. De rognons de coq à la praline,
1. D'artichauts aux truffes,
1. De ragoût mêlé,
1. De choux-fleurs au beurre de Vambre,
1. De pattes d'oie bottées,

1. De beignet mignon,
1. De crème au quadrille.

CINQUIÈME SERVICE.
Dessert.

L'on peut le servir comme le précédent, ou l'augmenter de quatre assiettes ou compottes ; s'il est servi en jatte, il ne faut que douze compotes et douze assiettes.

MENUS D'HIVER.

Table de vingt-cinq à trente couverts, servie à vingt-trois en gras.

PREMIER SERVICE.
Un dormant.
Deux terrines pour les deux bouts.

1. Terrine à l'Anglaise,
1. Terrine de bécasses.

Deux ouilles pour les flancs.

1. Au riz,
1. A la Crécy.

Deux potages pour les deux contre-bouts.

1. Au coulis de marrons,
1. De santé.

Seize entrées et hors-d'œuvres.

1. De cervelle de veau,
1. De pluviers, saucés de leurs foies,
1. De poitrine d'agneau au naturel,
1. De compotes de pigeons,
1. De filets de mouton à la purée de navets,
1. De langues de bœuf en papillotes, sauce à l'Espagnole,
1. De semelle de faisans aux truffles,
1. De crépinette de gibier,
1. De noix de veau dans leur jus,

1. De salmi de bécassines,
1. De poulets historiés,
1. De filets de poularde soufflés à la béchamel,
1. De petits pâtés à la Nesle,
1. De filets de perdreaux à la jardinière,
1. D'émincés d'aloyau à la sauce petite Italienne,
1. D'estomacs de perdreaux à la Polonaise.

SECOND SERVICE.
Quatre relevés de potage.

1. D'un quartier de chevreuil,
1. D'un gigot de veau dans son jus,
1. D'une selle de mouton au blanc,
1. D'une oie.

TROISIÈME SERVICE.
Quatre moyens entremets.

1. De crème au caramel dans des pigeons,
1. De crème à la Strasbourg dans des cailles,
1. De deux cervelas aux truffles,
1. De petites langues.

Huit plats de rôts.

1. De bécassines,
1. De pluviers,
1. De faisans,
1. De gélinottes de bois,
1. D'un dindonneau,
1. De poulets,
1. De pigeons romains,
1. D'un coq vierge.

Six salades.

2. D'herbes,
2. D'olives,
2. D'oranges.

Quatre sauces.

QUATRIÈME SERVICE.

Dix-huit entremets chauds pour relever les rôts et salades.

1. De petites feuillantines,
1. De tartelettes de cerises,
1. De petits gâteaux à la Madeleine,
1. De vases de massepains et de crème grillée à la glace,
1. De crêtes au restaurant,
1. D'œufs à la Bagnolet,
1. D'alimelles,
1. De rognons de coq à la Praline,
1. De foies gras à la Duchesse,
1. De truffles à la Maréchale,
1. D'asperges au beurre,
1. De choux-fleurs,
1. D'escalopes de jambon,
1. De haricots verts,
1. De pattes d'oie bottées,
1. De cardons à l'essence,
1. D'œufs à la bonne année,
1. De crème soufflée.

CINQUIÈME SERVICE.
Dessert.

16. Compotes,
16. Assiettes.

Remarque sur les Soupers de la Cour.

Ces trois Menus, tirés des Soupers de la Cour, ont au moins une ordonnance mieux entendue que les précédents ; cependant, ils n'offrent rien d'étonnant : le premier en maigre n'a rien de remarquable pour le choix des entrées. Ces diners d'automne et d'hiver ne sont pas plus brillants ; mais cela ne m'étonne pas, puisque ce même auteur parle encore de diners tout en bœuf, et ainsi de veau, de mouton et de cochon. En vérité, ces messieurs m'étonnent; car il n'est pas possible que les seigneurs de ce temps aient eu la fantaisie de ces sortes de diners : cela déposerait contre le bon goût de leur sensualité. La cour de Louis XV, par la délicatesse de son goût exquis et de cette fleur d'urbanité française, si célèbre dans l'histoire, n'a pu souffrir l'aspect de ces misérables repas, dignes de leurs auteurs seulement, qui, je pense avec raison, ne furent point employés à la cour, ni chez aucun grand seigneur du temps; mais, je le répète encore, non, ces diners n'ont jamais paru sur la table de ces grands personnages, dont les illustres maisons servaient de modèles à toute la noblesse de l'Europe.

MENUS EXTRAITS DU CUISINIER MODERNE.

Menu d'une Table de quinze à seize couverts, pour un souper, servie d'un grand plat, deux moyens, quatre petits, huit hors-d'œuvres.

Pour le milieu.

1. Quartier de veau crépine.

Deux pots à oilles pour les deux bouts.

1. A la jambe de bois,
1. Au riz, coulis d'écrevisses.

Quatre entrées.

1. De poulets à la Montmorenci,
1. De perdreaux à l'Espagnole,
1. De cannetons au jus d'orange,
1. De pigeons à la d'Huxelles,

Huit hors-d'œuvres, savoir :

1. De filets de poularde au blanc,
1. De côtelettes de mouton glacées à la chicorée,
1. De noix de veau glacées au céleri,
1. De petits pâtés à l'Espagnole, deux perdrix,
1. De popiettes à l'Italienne,
1. De hachis de poularde à l'Anglaise,
1. De filets de sole au vin de Champagne,
1. D'anguilles glacées, sauce à l'Italienne dessous.

Relevez les deux pôts à oilles :

1. De turbot glacé,
1. De hure de Saumon bouilli à la Hollandaise, sauce blanche avec des grenades.

Entremets.

1. Jambon à la broche, pour le milieu.

Pour les deux bouts de la table.

1. De gâteau de Savoie,
1. De gâteau de mille feuilles.

Quatre plats de rôts, savoir :

1. De dindons,
1. De poulardes,
1. De perdreaux,
1. De petits pigeons en ortolans.

Quatre salades et deux sauces.

Dix petits entremets chauds pour relever les sauces.

Salades et le rôt.

1. D'écrevisses à l'Italienne,
1. De riz de veau à la Dauphine,
1. D'artichauts à l'Italienne,
1. De petits pois,
1. D'alniselles,
1. De canapés,

1. De crêtes,
1. De langues de canards,
1. De pot d'Espagne,
1. D'œufs au jus.

Menu d'une Table de douze couverts, servie à treize, pour un dîner, moitié gras, moitié maigre; pour le milieu une pièce de bœuf salé, garnie de carottes et de pommes de terre; deux potages pour les bouts de la table : dix entrées, savoir, quatre jattes et six plats à festons.

PREMIER SERVICE.

1. Pièce de bœuf salé, garnie de carottes et de pommes de terre.

Deux potages, savoir :

1. De maigre, coulis de brochet, un brochet;
1. De navets, un canard dessus.

Dix entrées; savoir: quatre dans quatre jattes, et six dans six plats à festons.

Les quatre jattes, savoir :

1. De filets de mouton glacés et piqués, et des cornichons dessus;
1. De poulets piqués de persil, avec une sauce à l'Espagnole dessous, deux poulets;
1. De brochets à la Polonaise, un brochet;
1. De perches à la Génevoise; six perches, une bouteille de vin blanc.

Les six plats à festons, savoir :

1. De surcroûte en maigre, un brochet;
1. Quarteron d'huîtres, une pinte de crème;
1. D'une noix de veau à la Napolitaine,
1. De perdreaux en levreau, trois perdreaux;
1. D'anguilles à la Bavaroise, deux belles anguilles;
1. Demi-cent de petites écrevisses.

Deux plats de poissons pour relever les potages, savoir :
1. D'une carpe à l'anglaise,
1. De Water Wisch, deux douzaines de petites perches, quatre petits brochetons;

SECOND SERVICE.

1. Reins de sanglier marinés.

Deux plats de pâtisserie, savoir :
1. D'un gâteau fourré de marmelade d'abricots,
1. D'une tourte à la glace, six pêches à l'eau-de-vie, une pinte de crème.

Quatre plats de rôts, savoir :
1. D'éperlans frits, trempés dans des œufs et panés;
1. De deux poulardes,
1. De soles frites, deux belles soles;
1. De deux canards sauvages.

Quatre salades différentes avec quatre différentes sauces.
Quatre petits entremets chauds, savoir :
1. De ris de veau piqués et glacés, six ris de veau;
1. De pieds de cochon à la Sainte-Menehould,
1. De petits pois secs à la crème, d'œufs pochés dessus;
1. De pommes de reinette à la Chinoise, 6 oranges confites.

Menu d'une table de cent couverts, servie à deux services : le premier à 175 plats, y compris 25 dormants, et 88 relevés; le second à 166, y compris les salades et les sauces, et 66 petits entremets chauds, pour relever les salades.

PREMIER SERVICE A 24 POTAGES, *savoir :*
2. Potages de ris aux écrevisses, servis dans des pots à oilles, pour les deux bouts de la table;
2. Potages aux petits oignons, 3 pigeons aux œufs sur chacun;

2. Potages à la Saint-Cloud, garnis de belles crêtes ; six pigeons à la cuiller sur chacun ;
2. Potages de vermicelle liquide, une poularde sur chacun ;
2. Potages de navets, un canneton sur chacun ;
2. Potages à la Jambe de bois,
2. Potages de 3 petits poulets gras au céleri chacun,
2. Potages d'asperges, 6 pigeons aux ailes sur chacun ;
2. Potages de perdrix à la Reine, 3 perdreaux sur chacun ;
2. Potages de cardes, 2 petits poulets sur chacun ;
2. Potages de santé, une poularde sur chacun ;
3. Potages glacés.

50 *Grandes entrées, savoir :*

2. De quartier de veau pour les deux bouts de la table,
2. De rosbif de mouton aux fines herbes,
2. De noix de veau glacées au jus,
2. De cochon de lait en porc-pic,
2. D'aloyau en ballon,
2. De selle de mouton à l'Anglaise,
2. De rosbif d'agneau glacé,
2. De deux dindes grasses chacune, aux marrons, aux saucisses et aux zestes d'orange ;
2. D'éclanches à l'eau,
2. De pâtés chauds de 3 levreaux chacun,
2. De Jambon en crépine, 2 jambons ;
2. De trois poulardes accompagnées ; 24 pigeons à la cuiller, 18 foies gras, 2 livres de crêtes dessus ;
2. De cochon de lait en matelote, 6 grosses anguilles et 50 écrevisses ;
2. De trois canetons à la ciboulette,
2. D'éclanches roulées,
2. De gigoteau de veau en esturgeon, sauce piquante dessus ;
2. De filets d'aloyau à l'Italienne,
2. De filets de veau en ballon,

2. De 4 poulardes, chacune en grenadins;
2. De ballon d'aloyau,
2. De filets de mouton glacés à la chicorée,
2. De 4 canetons chacune, roulés aux pistaches;
2. De 4 poulets gras en hachis,
2. De poulardes à la Marly; 4 poulardes, 4 ris de veau, une livre de crêtes, 2 livres de truffes.

8 *Moyennes entrées, savoir :*

2. De poulardes, chacune à l'anguille; 4 poulardes et 4 grosses anguilles;
2. De trois poulets gras, chacun aux cornichons;
2. De tendons de veau marinés,
2. De queues de mouton au Parmesan.

66 *Hors-d'œuvres d'huîtres vertes d'Angleterre.*

DEUXIÈME SERVICE.

24 *Grandes entrées pour relever les 24 potages.*

2. D'un saumon chacune, en gras, pour les deux bouts de la table;
2. De brochets garnis d'hatelets, sauce piquante dessus;
2. De carpes à la Chambord,
2. De turbots grillés à l'huile,
2. De turbots à la Sainte-Menehould, au jus d'orange;
2. De 18 grosses lottes, chacune au vin de Champagne;
2. De six grosses perches, chacune aux anchoix;
2. De pains d'éperlan,
2. De grenadins d'anguille,
2. De 3 belles grosses truites, chacune aux truffes entières;
2. De pains de sole,
2. De pains de carpe.

66 *Petites entrées pour relever les huîtres, savoir :*

2. D'ailes de poularde aux épinards, 6 poulardes;
2. De cuisses de poularde en bottines, 6 poulardes;

2. De six sarcelles aux olives, 12 sarcelles ;
2. De trois poulets aux montants de carde, 6 poulets ;
2. De trois perdrix aux huîtres, 6 perdrix ;
2. De trois poulets gras aux Maingots, 6 poulets ;
2. De 3 poulardes en ballon, 6 poulardes ;
2. De faisans, sauce à la carpe, 2 faisans ;
2. De bécassines à la sauce de brochets, 12 bécassines ;
2. De pigeons à l'Italienne, 12 pigeons ;
2. De pigeons à la cuiller, aux écrevisses, au blanc, 12 pigeons ;
2. De lapereaux roulés, sauce au vin de Champagne, 12 lapereaux ;
2. De poulets aux œufs, truffes coupées, 6 poulets ;
2. De pigeons à la cuiller, aux tortues, 12 pigeons ;
2. De bécasses entières en salmi,
2. De poulets en hatelets, 12 poulets ;
2. D'ailerons de dindon glacés, sauce de leur jus, 24 ailerons ;
2. De ramereaux au fenouil, 12 ramereaux ;
2. De pigeons à la cuiller, à la poêle, 24 pigeons ;
2. De filets de poulardes, et de queues d'écrevisses et truffes coupées, au blanc, 8 poulardes ;
2. De pigeons au soleil, panés, 24 pigeons ;
2. De rouges à l'échalote, 6 rouges ;
2. De poulets aux œufs, en fricassée de poulets, à l'huile et au vin de Champagne ;
2. De mauviettes au gratin, colorées de Parmesan, 50 mauviettes ;
2. De perdreaux, sauce à l'Espagnole, 6 perdreaux ;
2. De poulardes en caneton, 6 poulardes ;
2. De cailles au laurier, 24 cailles ;
2. De cuisseaux d'agneau au Salipicon, 4 cuisseaux ;
2. De barbues à l'Italienne, 4 barbues ;
2. De truites en fricandeau, 6 truites ;
2. De maquereaux, 8 maquereaux ;

2. De lapereaux à l'Italienne, 8 lapereaux;
2. De filets d'oiseaux de rivière au Parmesan, 12 oiseaux.

Entremets froids pour relever les entrées de poisson, savoir:

2. De hures de sanglier, 2 hures;
2. De pâtés de perdrix aux truffes; 20 perdrix;
2. De jambon garni de petites langues de mouton, 2 jambons;
2. De roulades de bœuf,
2. De marbrées en gras,
2. De marbrées en maigre; savoir : saumons, truites, perches, brochetons, anguilles, écrevisses;
2. De croquantes,
2. De gâteaux de Savoie,
2. De bonnets de Turquie,
2. De gâteaux de mille feuilles,
1. De gâteaux de lièvre, 4 lièvres; un gigot de mouton et tranches de bœuf;
2. De gâteau Royal,
2. De gâteau de veau,
2. D'oisons à la daube,
2. De gâteaux de Compiègne,
2. De gâteaux d'amandes dans des bonnets de Turquie,
2. De puits d'amour.

48 *Plats de rôts ; savoir :*

2. D'agneau entier pour les deux bouts de la table, 2 agneaux;
2. De marcassins, 2 marcassins;
2. De chevreautins, 2 chevreautins;
2. De trois levreaux de 2 tiers, 6 levreaux;
2. De lapereaux, 8 lapereaux;
2. De 3 canetons, 6 canetons;
4. De campines, moitié piquées, moitié bardées; 8 campines;

4. De belles poules de Caux, moitié piquées, moitié bardées; 8 poules de Caux;
4. De poulets gras, moitié piqués, moitié bardés; 24 poulets gras;
2. De six bécasses, moitié piquées, moitié bardées, avec les rôties dessous; 12 bécasses;
2. De 6 perdreaux, moitié piqués, moitié bardés; 12 perdreaux;
2. De 6 perdreaux rouges, 12 perdreaux rouges;
2. De 4 faisans d'eau, 8 faisans d'eau;
2. De 12 bécassines chacune, 24 bécassines;
2. De 15 pigeons ortolans, 30 pigeons ortolans;
2. De 3 gélinotes, 6 gélinotes;
2. De 8 tourtereaux, 16 tourtereaux;
4. De 6 bartadelles,
2. De pluviers, 24 pluviers;
2. D'oiseaux de rivière.

66 *Salades, oranges et citrons.* 30 *Sauces.* 66 *Petits entremets pour relever les salades, savoir :*

4. De truffes à la cendre,
4. De truffes au court-bouillon,
4. De foies gras au gratin,
4. De grosses écrevisses au court-bouillon,
2. De crêtes et petits-œufs au blanc,
4. De ris de veau glacés, jus lié;
2. De cardes,
4. D'asperges en bâton,
4. D'Alimelles,
4. D'Huîtres grillées,
2. De Menus de Roi,
2. De petits pains de pistaches et chocolat,
2. De grenadins en peaux d'Espagne,
4. De truffes à l'Italienne,
2. De ris de veau aux fines herbes,

2. D'Huîtres au blanc,
2. De rôties au jambon,
4. D'oreilles de veau à l'Italienne,
4. De champignons à l'Italienne,
2. De beignets de pêches à l'eau-de-vie,
4. De tortues à l'Italienne.

Remarque sur les menus extraits du Cuisinier moderne, par M. Vincent LA CHAPELLE.

Assurément ces trois menus sont mieux ordonnés que les précédents ; on voit l'homme du métier se montrant jaloux de l'estime du praticien. C'est par ce noble sentiment que se distinguent les hommes qui possèdent quelque mérite ; cependant je n'aime pas l'expression de cette entrée qu'il nomme les *semelles de faisan à la Conti*. Je suis toujours étonné que des gens qui se piquent d'honorer leur état par leurs productions, ne soient pas plus susceptibles sur le choix des mots, et surtout dans la science gastronomique ; mais un auteur moderne, un littérateur gourmand, a bien marqué dans ses menus une entrée de filets de bœuf, sautés en talons de botte glacés : il aurait bien dû mettre cirée. Assurément voilà qui est ingénieux d'avoir placé le filet de bœuf en *talons de botte*, et le filet de faisan en *semelles*! ces deux idées sont du meilleur goût ; on voit que l'auteur moderne a été inspiré par l'auteur du siècle dernier. Il en est de même des potages à *la jambe de bois* (plutôt que d'écrire à la moelle de bœuf) : si l'on ajoute à cela la *culotte de bœuf*, le veau *roulé en crotte d'âne* tiré du *Cuisinier gascon*, les *culs* d'artichaut, les pets de none glacés, et autres entrées et entremets du même genre; et lorsqu'à table, on demandera au maître d'hôtel quelle est cette entrée : Monseigneur, c'est du potage à la jambe de bois; ignoble expression! c'est une entrée de semelles de faisan à la Conti, ou bien c'est une entrée de filets de bœuf sautés en talons de botte glacés, et ainsi de suite; et cela deviendra plus sensible encore dans la bouche d'une jolie femme qui ferait elle-même les honneurs de sa table, à qui les conviés demanderaient le nom de ces mets. Mais revenons à notre auteur moderne du dix-huitième siècle; je ne puis m'empêcher de faire remarquer à mon lecteur combien les tables, du temps de M. Vincent La Chapelle, se trouvaient confusément chargées de plats. C'était probablement la mode; et l'homme à talent, tout en voulant améliorer et donner plus de développement à la science, se trouva entraîné par le torrent. Il a fallu un grand nombre d'années pour changer les usages et les habitudes d'une grande nation. Cependant, sans trop prétendre, nous pouvons dire avec vérité que la cuisine française du dix-neuvième siècle doit rester pour modèle des siècles à venir; non-seulement toutes les parties qui la composent sont infiniment perfectionnées; mais c'est surtout dans l'élégance du service, que nous avons infiniment gagné. Les planches qui ornent cet ouvrage attestent la vérité de ce que j'avance et de la supériorité que j'établis en faveur de la cuisine moderne. Mais une chose que je ne conçois pas, c'est l'extrême grandeur des plats d'entrée et des grosses pièces, et surtout le peu de distance que l'on mettait pour le placement des conviés à table ; puisque, d'après la donnée d[u] diamètre des assiettes telles qu'elles sont posées, n'existait que dix-huit pouces pour le placement d[e] chaque personne, ce qui devait être extrêmeme[nt] gênant à table. Mais nous voyons reproduire le mêm[e] inconvénient dans un livre moderne que l'auteur intitulé, *l'Art du Cuisinier français* ; mais ce titre su[-] perbe ne fut certainement point rempli.

On sera étonné comme moi dans ce grand men[u] du cuisinier de Vincent La Chapelle, de voir servi[r] pour une table de cent couverts vingt-quatre potages quarante-huit grandes entrées (ce que nous appelon[s] de grosses pièces), soixante-six hors-d'œuvre[s] d'huîtres vertes d'Angleterre, huit moyennes entrées vingt-quatre grandes entrées de poisson pour releve[r] les vingt-quatre potages, soixante-six petites entrée[s] pour relever les huîtres, trente-quatre entremets froid[s] quarante-huit plats de rôts, soixante-six salades d'o[-] ranges et citrons, trente sauces et soixante-six petit[s] entremets pour relever les salades ; ainsi ce men[u] donne trois cent vingt-deux objets de cuisine, sans comprendre soixante-six assiettes d'huîtres, soixante[-] six salades et trente sauces. Et, malgré que tout cel[a] se serve en plusieurs services, on peut voir l'effet d[e] son ensemble, après avoir été servis sur la table puisque mon dessin est fidèlement copié, d'aprè[s] celui du cuisinier Vincent La Chapelle. Seulement je l'ai réduit d'un tiers ; mais conçoit-on que le lux[e] de la table vers le milieu du siècle dernier ait ét[é] porté à une telle profusion ? selon mon sentiment, i[l] me semble que le dégoût devait s'emparer des con[-] viés délicats, dès qu'ils arrivaient pour se placer table. Cet inconvénient m'étonne d'autant plus que le règne du grand Louis XIV avait déja passé, et que le règne de Louis XV fut extraordinaire par l'élégance des mœurs et l'extrême bon ton de la Cour; mais tout cela me prouve incontestablement que la cuisine est, comme toutes les connaissances humaines, une science difficile que le temps a dû perfectionner, et plus encore les grandes secousses politiques qui changent la face des gouvernements. Je crois avoir suffisamment démontré les conséquences de ces résultats dans mon discours préliminaire.

TRAITÉ DES MENUS DE LA CUISINE ANCIENNE.

MENUS SERVIS AU ROI LOUIS XV,

EN 1747,

PAR J. HÉLIOT, ÉCUYER ORDINAIRE DE LA BOUCHE DE MADAME DAUPHINE DE FRANCE.

Souper du Roi, à l'Hôtel-de-Ville, le mercredi 8 septembre 1745.

DEUX GROSSES ENTRÉES.

Un aloyau,   Un quartier de veau de Rouen.

QUATRE OUILLES.

1. Riz au coulis d'écrevisses,   1. De coulis de lentilles,
1. A l'Espagnole,   1. A la jambe de bois.

HUIT MOYENS POTAGES.

1. A la gendarme,   1. De canetons de Rouen aux navets,
1. De ramereaux,   1. De combien de jambon à la Brunoise,
1. De perdrix aux choux,   1. De filets de mouton à la purée verte,
1. De poulardes aux oignons blancs,   1. De ris de veau glacés au blanc.

DOUZE GROSSES ENTRÉES DE POISSONS POUR RELEVER LES POTAGES.

2. De carpes à la Chambord,   2. De turbots à la maître d'hôtel,
2. De perches au vin de Champagne,   2. De brochets et d'anguilles,
2. De truites aux truffes entières,   2. De saumons au bleu.

TRENTE-DEUX ENTRÉES.

2. De faisans à la Rocambole,   2. De petits poussins au beurre de Vanbre,
2. De poulardes à l'étoile,   2. De perdreaux rouges sautés,
2. De poulets gras en bigarrure,   2. De tourtereaux au fenouil,
2. De cuisses de poulardes en ballote,   2. De cailles au laurier,
2. De canetons de Rouen, sauce à l'orange;   2. De noix de veau, sauce au persil;
2. De ramereaux à la Polonaise,   2. De filets de moutons à la bonne femme,
2. De petits pigeons aux truffes entières,   2. De filets de bœuf à la royale,
2. De dindons gras à la Villeroy,   2. De gigotots d'agneaux à la paysanne.

QUARANTE-QUATRE ENTRÉES MOYENNES.

2. De pâtés de perdreaux,   2. D'atteraux de palais de bœufs,
2. De pâtés de poularde,   2. De pieds d'agneaux en croquette,
2. De pâtés à l'Espagnole,   1. De cervelles au soleil,
2. De pâtés à la balaquine,   1. D'orillons au basélique,
1. D'ailerons de dindons au Parmesan,   2. D'ailerons de poulardes au chipolatat,
1. De ris de veau à la Sainte-Menehould,   2. De filets d'aloyau émincés à l'oignon,
1. De crépinettes de lapereaux,   2. De filets de mouton émincés aux concombres;
1. De crépinettes aux truffes,   2. De filets de levrauts piqués, sauce chevreuil;
2. De filets de poulardes aux truffes,   2. De salmi de perdreaux à la monsel,
2. De semelles de faisans à l'Espagnole,   2. De filets mignons de porc frais à l'aspic,
2. D'escalopes de lapereaux,   2. De filets de veaux à la conti,
2. De bouchées de poulardes,   2. De petites matelotes à la dauphine.
2. De pains à la royale,

TABLEAU N° 1.   *Suite de la page 43, tome I.*

TRAITÉ DES MENUS DE LA CUISINE ANCIENNE.

DOUZE ENTRÉES DE RELEVÉES, DANS DES TERRINES.

1. De hochepot à la Flamande,
1. De queues de cochons à la Provençale,
1. De mêlée à l'Espagnole,
1. D'une chérubine au blanc,
1. Dindon gras à la bohémienne,
1. Selle de mouton à la Sainte-Menehould,
1. Pâté de perdreaux,
1. Pâté de cotelettes de mouton,
1. Noix de bœuf glacées,
1. Poularde à la Polonaise,
1. Jambon à l'Anglaise,
1. Jambon à la Portugaise.

QUATRE HORS-D'OEUVRES DEVANT LE ROI.

1. De filets de poulardes à la crème,
1. De cotelettes d'agneau grillées,
1. De bécasses à la minute,
1. De filets de perdreaux à la Périgueux.

DEUX GRANDS ENTREMETS.

Un pâté de jambon,
Un pâté de poulardes à la gelée.

TRENTE-DEUX PLATS DE ROTS.

4. De faisans,
2. De cailles,
2. De poussinets,
2. De dindons gras,
2. De compines,
2. De pigeons ortolans,
2. De petits lapereaux,
4. De perdreaux,
2. De poulets à la reine,
2. De coqs-vierges,
2. De pigeons ramiers,
2. De tourtereaux,
2. De pintadeaux,
2. De ramereaux.

DEUX MOYENS PLATS DE ROT DANS LES BOUTS.

Un agneau piqué,
Un marcassin.

DEUX PETITS PLATS DEVANT LE ROI.

Un de perdreaux rouges,
Un de rouge-gorges.

QUARANTE ENTREMETS FROIDS, DONT DOUZE REMPLISSAIENT LES RELEVÉS DE TERRINES.

4. De buissons d'écrevisses,
2. Gâteaux de Savoie,
1. Gâteau de mille-feuilles,
2. De perdreaux à la gelée,
2. De poulardes à la daube,
1. De crème à la Strasbourg,
1. De crème au chocolat,
1. De crème à la genets,
1. De crème glacée,
2. De pêches à la glace,
2. De tartelettes à la Chantilly,
2. De buissons de crevettes,
1. Gâteau au fromage,
1. De ramequins,
1. D'espagnolettes,
2. De petites langues de veaux à la Saint-Germain,
2. De gâteaux de levrauts,
2. De galantines de cochon de lait,
2. De ballons de dindons gras,
4. De truffes,
1. De poires de rousselets,
1. De pommes en surprise,
1. De perches au vin,
1. De canetons.

POUR RELEVER LES DEUX MOYENS PLATS DE ROTS.

1. Gâteaux d'oreillons de cochons,
1. De saucissons.

QUARANTE-HUIT ENTREMETS CHAUDS.

2. De rognons mêlés à la Hollandaise,
2. De pattes de dindons à la Sainte-Menehould,
2. De crêtes au fenouil,
2. De rognons de coqs au consommé,
2. De ris d'agneaux à la dauphine,
2. De pattes d'oies à l'Espagnole,
1. D'amourettes,
1. D'alimelles,
1. De cardons en montant,
1. D'artichauts au feuillage,
1. D'épinards à la crème,
1. De petits pois,
2. De haricots verts,
2. De choux-fleurs,
2. D'écrevisses à l'Anglaise,
2. De truffes à l'Italienne,
2. D'œufs brouillés dans des petits pots,
2. De petits œufs en porcelaine,
2. De ragoûts en tortue,
2. De culs d'artichauts à la Provençale,
2. De petits pains au chocolat,
2. De rôties au jambon,
2. De beignets de blanc manger,
2. De champignons à l'Espagnole.

SOUPER DU ROI A LA MUETTE,

LE SAMEDI 18 FÉVRIER 1749.

Deux grandes entrées.

Un rosbif de mouton de montagne,
Un quartier de veau, une blanquette dans le cuisseau.

Deux ouilles.

1. Au riz,
1. A la jambe de bois.

Deux potages.

1. A la faubonne,
1. Aux choux.

Seize entrées.

1. De côtelettes mêlées,
1. De petits pâtés à la béchamel,
1. De langues de moutons à la ducelle,
1. De petits pigeons aux truffes entières,
1. De haricot de mouton aux navets,
1. De boudins d'écrevisses,
1. De filets de poularde à la d'Armaignac,
1. De matelotte à la dauphine,
1. De noix de veau aux épinards,
1. De membres de faisan à la Conté,
1. De filets de perdreau à la Périgueux,
1. De petits poulets à la Urlubie,
1. De ris de veau à la Sainte-Menehould,
1. Sarcelle à l'orange,
1. Lapereaux en crépines,
1. Poules de Caux en escalope.

Quatre relevés.

1. Dindonneau à la peau de goret, sauce Robert,
1. Pâté de bécassines,

1. Quartier de sanglier,
1. Noix de bœuf aux choux-fleurs.

Deux grands entremets.

1. Pâté de jambon,
1. Gâteau de Savoie.

Quatre moyens.

2. De buissons d'écrevisses,
2. Gâteaux en fromage.

Huit plats de rôts non mentionnés, seize entremets.

1. De cordes au jus,
1. De crêtes au bouillon,
1. D'amourettes,
1. De foies gras grillés,
1. De ragoûts mêlés à la crème,
1. De crème au chocolat,
1. D'abesses de maspain,
1. D'œufs à l'infante,
1. D'huîtres au gratin,
1. De pattes de dindon à l'Espagnole,
1. D'asperges,
1. De truffes à la cendre,
2. De crème glacée,
1. De canetons meringués,
1. De choux-fleurs.

SOUPER DU ROI A LA MUETTE.

LE SAMEDI 17 JANVIER 1750.

Deux grandes entrées.

Un quartier de veau de Rouen,
Un aloyau.

Deux ouilles.

1. A la croissy,
1. A la Brunoise.

Deux potages.

1. De santé,
1. Aux petits oignons.

Seize entrées et hors-d'œuvres.

1. De petits pâtés à l'Allemande,
1. De bécasses à la minute,
1. De perdreaux à la Polonaise,
1. Noix de veau glacé à la chicorée,
1. De cervelles d'agneau en matelote,
1. Un émincé de mouton à la lyonnaise,
1. De sarcelles à la reimbale,
1. De filets de poularde sauce à l'extrême,
1. De semelles de faisan à l'Espagnole,
1. D'escalopes de lapereaux à l'Italienne,
1. De petits pigeons aux truffes entières,
1. D'aterreaux de palais de bœuf à la moelle,
1. De petits poulets dépécés,
1. De crépinettes aux truffes,
1. De cailles à l'estoufade et au laurier,
1. Non mentionnée.

Quatre relevés.

Un jambon à l'Anglaise,
Une casserole au riz,
Un pâté chaud de viandes mêlées,
Un quartier de chevreuil.

Deux grands entremets.

Un pâté de perdreaux,
Une brioche.

Quatre entremets.

Un buisson d'écrevisses,
Un gâteau à la Madeleine,
Une langue en cervelas,
Une croquante.

Douze plats de rôts non mentionnés, seize entremets.

Choux-fleurs,
Des asperges,
Truffes à l'Italienne,
Crêtes au restaurant,
Ris d'agneau à la Hollandaise,
Une crème,
Tartelettes à la glace,
Foies gras en escalopes,
Des cardes,
Haricots verts,
Pattes de dindon au basilic,
Rognons de coq au fenouil,
Huîtres en hatelets,
Petites génoises,
OEufs pochés au lard.

SOUPER DU DIMANCHE,

18 janvier 1750.

Deux grandes entrées.

Une pièce de bœuf,
Le rosbif de mouton.

Deux ouilles.

Une au riz,
D'une chiffonade.

Deux potages.

Un aux navets,
Un aux choux.

Seize entrées et hors-d'œuvres.

1. De petits pâtés au jus,
1. De faisans à la Chambord,
1. De petits pigeons au fenouil,
1. De filets de perdreaux aux truffes,

1. De bécasses au gratin,
1. De ballotine d'agneau,
1. De petits poulets paumés au beurre de Vambre,
1. De filets de lapereaux à l'Allemande,
1. De mauviettes en cerises au gratin,
1. De filets de poulardes veloutés,
1. De pieds de mouton au basilique,
1. De filets de mouton glacés à l'eau,
1. De tendrons de veau en auchepot,
1. D'ailerons à la d'Armagnac,
1. D'ailerons de dindons à la Sainte-Menehould,
1. D'un jambon de la Mecque, sauce piquante.

Quatre relevés.

Un quartier de daim,
Une terrine de cuisses d'oies,
Un haricot à la bourgeoise
Un pâté en croustade.

Deux grands entremets.

Un gâteau de Compiègne,
Un pâté de faisan.

Quatre moyens entremets.

Des gâteaux au fromage,
Un jambon pané,
Un bonnet de Turquie,
Une bandiole.

Dix plats de rôts non mentionnés. — Seize entremets.

Truffes en croustades,
Des timbales,
Des gimblettes,
Une crème au caramel,
Des feuillantines à l'Anglaise ;
Un ragoût mêlé,
Des œufs en croûtons,

Des épinards au jus,
Des asperges au beurre,
Des choux-fleurs au beurre,
Des alinselles,
Une crème vierge,
Des crêtes au fenouil,
Des pattes de dindons à la Sainte-Menehould,
Des foies aux fines herbes,
Des cardes.

LE 18 FÉVRIER 1751.

Deux grandes entrées.

Un aloyau,
Un rosbif de mouton.

Deux ouilles.

1. Au coulis de lentilles,
1. Aux navets.

Deux potages.

1. Julienne,
1. Chifonnade.

Vingt entrées.

1. De petits bonchons aux perdrix,
1. De carré de mouton aux oignons,
1. De poulets à la Saint-Cloud,
1. D'une poule de caux en escalope,
1. De blanquette de dindon aux truffes,
1. De crépinette de viande mêlée,
1. De filets de faisans à la bohémienne,
1. D'ailerons de poulardes à la Villeroy,
1. De côtelettes et tendrons d'agneau au naturel,
1. De pluviers sautés,
1. De grenadins de veau à l'oseille,
1. D'un émincé à la chicorée,
1. De petits pigeons en matelotte,

1. De membres de perdreaux à la milanaise,
1. D'escalopes de lapereaux,
1. De filets d'oiseaux de rivière à la rocambole,
1. De petits pâtés de mauviettes,
1. De langues de moutons à la duxelle,
1. De marinades de poulets gras,
1. De filets de poulardes sautés, sauce estragon.

Quatre relevés.

1. De quartier de chevreuil,
2. De faisans farcis aux truffes,
1. De timbale de levreaux,
1. De dindon fourré.

Deux grands entremets.

1. Pâté froid,
1. Cuisseau de veau à la gelée.

Quatre moyens.

1. De langues et cervelas,
1. Gâteau au fromage,
1. Marbré,
Une croquante.

Vingt entremets.

Des haricots verts,
Du chingara,
Des crêtes au soleil,
Des asperges,
Des pattes à la Sainte-Menehould,
Des cardes,
Des ris de veaux glacés,
Des foies gras à la d'Armagnac,
Des fèves de marais,
De truffes à la cendre,
Des épinards,
Des œufs à la huguenotte,

Un ragoût à la Hollandaise,
Une crème à l'Anglaise,
Une crème au chocolat
Des diabletins,
Des tartelettes,
Des petites jalousies,
Des tartelettes encadrées,
Des alimelles.

LE 13 AVRIL 1751.

Deux grandes entrées.

1. Quartier de veau de Pontoise,
1. Aloyau.

Deux ouilles.

1. Brunoise,
1. Au ris.

Deux potages.

1. Julienne,
1. Aux petits oignons.

Vingt entrées.

1. De petits pâtés à la Conti,
1. De pieds d'agneaux à la Sainte-Menehould,
1. De laitues à la dame Simone,
1. De petits pigeons à l'estragon,
1. D'un salpican dans des petits pots;
1. De filets de bœuf mignons, sauce piquante;
1. D'une blanquette d'agneau,
1. De cervelles d'agneaux en matelotte,
1. De lapreaux aux fines herbes,
1. De petits canetons aux pointes d'asperges,
1. De filets de poularde au soleil,
1. De filets de poule de Caux à la duchesse,
1. De côtelettes de veau à la chingara,
1. De petits bouchons de perdrix,

1. De dindonneaux à l'Anglaise,
1. D'une blanquette de poularde aux mousserons,
1. D'une noix de veau à l'oseille,
1. De langues de moutons à la duxelle,
1. De poulets gras en pain,
1. De poussins aux morilles.

Quatre relevées.

Un jambon à la broche,
Un quartier de sanglier,
Un pâté de viandes mêlées,
Deux chapons à l'oignon cru.

Deux grands entremets.

Un pâté de gibier,
Un gâteau au fromage.

Quatre moyens.

Une croquante,
Un dindon à la gelée,
Un buisson d'écrevisses,
Un poupelin.

Dix plats de rôts.

Vingt entremets.

. De foie gras à la d'Armagnac,
. De beignets de pommes,
. De crème blanche,
. De crème au chocolat,
. De gâteau de Boulogne,
. De morilles au lard,
. D'asperges au beurre,
. D'œufs au jus de veau,
. De crêtes au fenouil,
. De ragoût mêlé,
. De petits haricots verts,
. De petites génoises,

2. d'épinards;
2. D'artichauts frits;
2. D'un pain aux mousserons,
2. D'asperges à l'huile,

Remarque.

Ces cinq derniers menus que nous avons exactement copiés, d'après un recueil original des dîners servis par le grand Heliot, à la cour de Louis XV, nous donnent l'incontestable preuve des progrès infinis qu'a fait la cuisine moderne; car, en considérant les menus de M. Heliot, nous y retrouvons la même profusion et la même ordonnance que dans ceux de Vincent La Chapelle. Ainsi donc, ces menus sont marqués au coin de la mode du temps; assurément cette mode n'était pas de l'élégance, et si, par cette confusion de mets, on croyait être arrivé à l'état de splendeur où l'art culinaire est parvenu de nos jours seulement. On voit combien le goût des cuisiniers du dix-huitième siècle était matériel dans l'art de couvrir une table; une chose qui m'étonne sans cesse, ce sont leurs ouilles qu'ils composaient, tels que nous composons nos potages d'aujourd'hui, de consommés, de fumets et de purée au coulis; et, par un surcroît de profusion, ils appelaient potages des ragoûts, tels que les perdrix aux choux, les poulardes aux oignons blancs, les canetons aux navets, et les ris de veau glacés à blanc. Cela se servait sur des plats creux et ovales, et des consommés à part; mais il me paraît que, sur la fin du siècle dernier, les hommes qui raisonnaient le métier, ont compris, dans la nomenclature des potages, ce que leurs dévanciers dénommaient *ouilles* (ce qui était bien plus potage que leurs potages mêmes); ensuite ils trouvèrent plus convenable de servir dans des soupières (ce qu'on appelait avant-pots à *ouilles*) les potages ou ragoûts des anciens, dans d'excellents consommés. Par ce résultat, le nombre des bons potages devenait plus considérable. La cuisine moderne a encore perfectionné ce genre de potages; et si parfois on sert de nos jours une ouille, c'est pour grosse pièce, telle que je l'ai vu servir quelquefois à l'Élysée Bourbon par le célèbre Laguipierre. Le consommé clarifié se servait séparément; mais c'est plutôt une demi-glace servant de sauce qu'un consommé.

Dans les soixante-seize entrées de ce grand menu, nous en remarquerons une partie que nous avons conservée dans la cuisine moderne; mais aussi d'autres sont tout-à-fait oubliées, celles, par exemple, qui sont composées des issus de boucherie. De nos jours, ces sortes d'entrées sont dédaignées; cependant il est nécessaire d'en employer pour varier la composition des menus, mais avec discernement. Je me rappelle d'avoir vu un cuisinier servir une casserole au riz garnie de pieds d'agneaux à la poulette. C'était à coup sûr une entrée bien matérielle et bien ignoble.

Une remarque que je fais avec plaisir, c'est de voir ces quatre hors-d'œuvres chauds, servis devant le roi, savoir : les filets de poularde à la crème, les bécasses à la minute, les cotelettes d'agneau grillées, les filets de perdreaux à la Périgueux; ces quatre entrées appartiennent à la haute cuisine française : les bonnes choses ne vieillissent jamais.

Ensuite ces deux petits plats de rôts servis devant

Sa Majesté, dont un de perdreaux rouges et l'autre de guignards.

Mais ce que je n'aime pas voir, ce sont ces quarante entremets froids, composés de crèmes, de gâteaux, de perdreaux à la gelée, de pâtés, de gâteaux de lièvre et de langues de veau froides.

Ensuite ces quarante-huit entremets chauds, composés de légumes, de crêtes, de rognons, de ris d'agneau, d'alimelles, de ragoûts en tortues, de pattes de dindons; voilà une bizarrerie bien extrême. Pourquoi à chaque service des fragments de boucherie, de volailles et de gibier, n'est-ce donc point assez de choses substantielles dans les potages, les relevées, les entrées et les rôts, sans toujours voir paraître sur la table des ragoûts et des sauces?

Mais, vers la fin du règne de Louis XV et sous celui du *Roi Martyr*, les praticiens renommés, tels que MM. d'Alégre, Méselier, Souvent, Sabatier, Lefèvre, Robert, Laguipierre, Chaud, ces habiles cuisiniers changèrent le service et l'ordonnance des menus. Alors on servait dans les tables somptueuses un service de poisson avec les potages; ensuite un service de grosses pièces et d'entrées, et durant ce service on servait des sautés en assiettes volantes, puis un service de plats de rôts dont chaque espèce de gibier était désignée par une étiquette. Après le rôt et la salade, venait un service de pâtisseries et d'entremets de douceur, et pour le septième et dernier service des entremets de coquillages, de truffes, de champignons, et de toutes sortes de légumes et d'œufs.

Mais quel laps de temps devait demander cette série de services, il est vrai que le repas par excellence était alors le souper, et ce festin se prolongeait assez tard dans la nuit, ce dont les seigneurs et les financiers de ce temps étaient grands amateurs; mais en vérité cela était par trop de bombance. Cependant vers la même époque, en 1783 et 1786, nos cuisiniers fameux avaient déja entièrement changé la manière ancienne : ils ne servaient plus que deux grands services, tels que nous les faisons maintenant; c'est dans le même temps que les mêmes praticiens commencèrent à servir les soupers de famille en ambigu : mais, depuis la renaissance de la cuisine, nous avons même servi des diners de douze à quarante entrées en ambigu, mais plus particulièrement des grands diners et des soupers, des bals et des fêtes extraordinaires qui se donnèrent si souvent sous le règne de Napoléon Bonaparte.

Ainsi, la cuisine moderne, par suite des évènements, est devenue plus simple, plus élégante et moins dispendieuse: nos trois services portent le cachet du génie du dix-neuvième siècle, qui porta les arts et métiers au dernier degré de perfectionnement. Ceci n'est point un paradoxe, et l'art de la gastronomie est arrivé de nos jours vers son dernier accroissement. Mais, et c'est avec peine que j'en fais la remarque, depuis quelques années la science s'appauvrit, et bientôt l'art culinaire marchera infailliblement vers sa décadence, si quelques grands seigneurs français ne viennent à son secours, en faisant de leurs maisons l'école de la bonne cuisine. Ainsi, on voyait autrefois citer avec orgueil les maisons royales et celles de Condé, d'Orléans, Soubises, et tant d'autres maisons célèbres, réputées par la bonne chair qu'on y faisait, aussi les élèves de ces maisons faisaient d'excellents cuisiniers.

De grandes révolutions amènent de grands changements! Aujourd'hui, on ne fait presque plus de bons élèves, par la raison qu'il n'existe plus que très-peu de bonnes maisons. Dans mon discours préliminaire, je pense en avoir montré les causes dans les violentes secousses de la révolution : cependant, par le retour de l'ancienne noblesse, je pensais, avec raison voir refleurir quelques grandes maisons devant servir de sanctuaire à l'art culinaire du dix-neuvième siècle; mais la révolution du 20 mars a détruit toutes nos espérances.

Observations sur la manière d'écrire les menus.

Depuis vingt ans je me suis toujours occupé du perfectionnement de mon état, j'ai été assez heureux par ce résultat pour que mes travaux m'aient mis à même de participer aux travaux qui honorent le plus notre cuisine nationale. Après avoir été de longues années l'aide des cuisiniers les plus fameux du dix-neuvième siècle, je puis dire, sans vanité, que peu d'hommes de mon âge ont autant travaillé avec nos grands maîtres, dont j'étudiais sans cesse la gestion et le genre de travail.

Devenu à mon tour chef de cuisine de l'empereur des Russies, pendant les séjours de Sa Majesté à Paris et au congrès d'Aix-la-Chapelle; du roi d'Angleterre pendant huit mois; puis à Vienne, chez l'ambassadeur extraordinaire de Sa Majesté Britannique près la cour d'Autriche; à Paris chez le prince royal de Wurtemberg, et chez madame la princesse de B****.

C'est donc de nouveau le fruit de mes travaux que je soumets aux praticiens et aux amphitryons.

Dans mon *Pâtissier royal parisien*, je me suis plu à donner quelques menus que j'ai décrits avec une nouvelle méthode, afin que les entrées et les entremets soient désormais placés en parallèle, tels qu'ils doivent l'être sur la table. Cette méthode que j'ai imaginée à cette époque, va donc me servir de nouveau pour la rédaction de mes menus. Les chiffres que j'ai placés en marge des deux colonnes des entrées, servent à indiquer que le n° 1 doit être servi en parallèle avec l'autre n° 1, de même que le n° 20 fait le pendant du second n° 20, et ainsi de suite pour les autres numéros. Par ce nouveau procédé, nos entrées se trouvent réellement placées sur le menu, telles qu'elles doivent l'être sur la table. Il en est de même pour les entremets ; je trouve ce procédé plus important encore pour un menu de quarante entrées, le moment du service sera plus coulant et plus facile.

Dans cette grande série des menus, que je me propose de décrire, on remarquera sans doute que je répéterai plusieurs fois les articles qui les composent ; mais j'ai préféré ces répétitions à des citations d'entrées et d'entremets vulgaires. J'ai cela de commun avec nos artistes qui, après avoir écrit une centaine d'entrées toutes bien distinguées les unes des autres, se trouvent naturellement forcés de revenir sur leurs pas, et cela est tout simple, puisque ces Messieurs se font remarquer par l'originalité de leurs entrées et de leurs entremets ; mais je serais autant universel que possible, et cela me sera assez facile, ayant travaillé de longues années avec nos grands maîtres.

On doit observer que, dans nos entrées, j'ai indiqué celles de couleur par une étoile (*), puis les entrées froides par une double étoile; de même les entremets de pâtisserie sont marqués d'une étoile, et ceux de douceur par une double étoile. Ensuite j'ai divisé les entremets de manière que ceux de sucrerie soient éloignés des grosses pièces de pâtisserie avec lesquelles ces sortes d'entremets ont tant de ressemblance. Pour cela, j'ai toujours placé les entremets de légumes à côté des grosses pièces froides, et les petites étoiles que j'ai mises en marge des entrées et entremets qui doivent se trouver parallèlement ensemble, faciliteront le service, surtout lorsqu'on sera aidé par les chiffres qui les distinguent entre elles; ce nouveau procédé doit, ce me semble, jeter à l'avenir plus d'ensemble, plus de ton et plus d'élégance dans le service.

Pour donner encore plus d'harmonie aux détails des menus, nous avons placé dans la description des entrées les grosses pièces, telles qu'elles doivent être servies sur table; et en opérant de même pour les entremets, entre lesquels nous avons placé en ordre de service les grosses pièces froides et les plats de rôts : ce nouveau procédé donnera à coup sûr plus d'aplomb au moment du service, et, surtout dans une grande affaire; je vais en donner une idée plus juste dans cette nomenclature de menus, et ce sera avoir terminé d'une manière satisfaisante pour moi ce pénible travail.

A la suite de cette collection de menus, et pour le compléter d'une manière remarquable, je donnerai aussi quelques menus servis, d'après l'ordonnance de nos grands maîtres; le lecteur m'en saura quelque gré.

Remarque sur cet ouvrage.

Dernièrement, je montrais le manuscrit de ce travail à un homme que j'aime, parce que je suis sûr de son estime; il me disait assez tristement: « Je suis fâché que vous donniez sitôt ce traité de vos menus, parce qu'il va répandre des connaissances, et Dieu sait combien les hommes de notre état devraient vous être reconnaissants; et, au lieu de cela, ils ne sont qu'injustes envers l'homme qui sacrifie sa fortune pour accélérer leur aisance et leur renommée; — Précisément, lui dis-je, voilà, mon ami, à quoi je tente en donnant la publicité à mes travaux. L'homme qui a quelques lumières doit les répandre pour le bonheur de son semblable, et si les hommes sont injustes envers lui, ces injures ne peuvent l'atteindre, et il trouve des consolations dans le fond de son cœur, et mène une vie paisible dans la retraite, puisque nuls remords ne viennent troubler le repos de son ame. — A la bonne heure! mais, ajouta-t-il, les amphitryons qui reconnaissent un bon cuisinier à la manière de rédiger son menu; maintenant tout le monde, d'après votre assistance, paraîtra avoir le même talent. — Détrompez-vous, mon bon ami: l'homme à talent restera toujours supérieur, et si les seigneurs reçoivent des cuisiniers des menus à peu près semblables, ils ne pourront se tromper sur leur exécution : alors vous voyez que le vrai talent aura toujours sa supériorité et son cachet; et il parut tomber d'accord avec moi. — Cependant, ajouta-t-il, tous les cuisiniers seront désormais assurés d'avoir une grande variété dans leur travail, et leur service deviendra, par ce résultat, plus élégant qu'il n'aura jamais été. — Voilà, mon ami, telle fut mon intention; sans cela, je n'eusse point entrepris cette difficile collection des menus; c'est parce que ce grand traité est nouveau que je me suis plu à l'entreprendre; les praticiens, les amphitryons doivent avoir de justes idées des fatigues que j'ai dû éprouver dans son achèvement : l'esprit se rebute aisément à revenir sans cesse sur le même sujet; mais l'amour de la science m'a toujours soutenu, et je suis assuré que cette grande nomenclature de menus, entièrement neuve, rendra quelques services à notre art et aux amphityrons : dans cette pensée, nous trouvons la douce récompense de nos veilles, et des soins donnés par nous à cette nouvelle production.

« Relativement à notre grand traité sur la cuisine française, il paraîtra en quatre ouvrages distincts, afin d'en faciliter l'acquisition pour les jeunes gens jaloux de faire de rapides progrès dans cette science difficile et laborieuse; — Oui, ajouta mon ami, cela sera consolant pour vous d'achever cette grande entreprise; mais on vous pillera comme on vous l'a déjà fait pour votre premier ouvrage. — Mon ami, ces misérables plagiaires ne pourront tout me prendre, et j'aurai soin de signaler leurs vols, afin de les couvrir de honte et du mépris public; car, mon ami, quelle propriété fut jamais plus sacrée que celle du travail de l'esprit qui tend au progrès des arts et métiers. »

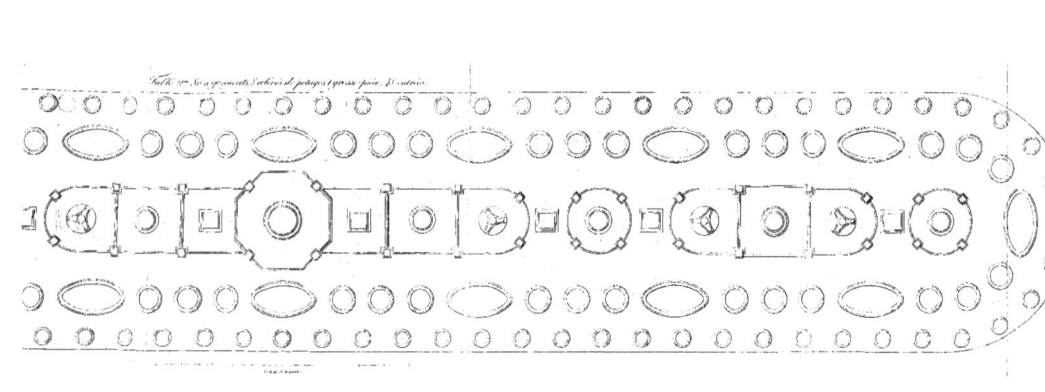

LE MAITRE D'HOTEL

FRANÇAIS.

CHAPITRE II.

Le mois de janvier est le plus favorable à la bonne chair; aussi les grands diners, les grands bals s'y succèdent avec rapidité: je commencerai donc par le premier janvier, en donnant tout le développement nécessaire aux menus qui peuvent servir dans cette saison si brillante pour la cuisine française. L'ordonnance de ces menus sera pour le service d'une table opulente, dont on servirait pour l'ordinaire deux et quatre entrées par jour, deux grands diners par semaine, et un et deux grands bals par mois. Par ce résultat, les chefs de cuisine des seigneurs français et étrangers, des ambassadeurs, des ministres, et même des souverains, trouveront dans cet ouvrage l'ordonnance des menus de la cuisine la plus élégante et la plus somptueuse.

Pour atteindre plus dignement le but que nous nous sommes proposé, c'est-à-dire d'être utile aux praticiens de la capitale et à ceux susceptibles de voyager à l'étranger, nous donnerons, à la suite de cette longue série des menus pour être servis à Paris, une collection des menus des diners que nous avons servis, à la russe, à Sa Majesté Impériale, pendant les séjours de Sa Majesté à l'Élysée-Bourbon. Une collection des grands diners que j'ai servis à la cour du roi d'Angleterre, alors prince-régent, pendant le voyage au pavillon; une collection des diners servis à Vienne à S. E. L. S., ambassadeur extraordinaire de Sa Majesté Britannique, près la cour d'Autriche.

Avant que d'entrer en matière, nous devons prévenir le lecteur que nous croyons sage de ne citer, que rarement dans cette grande nomenclature des menus, ces petits oiseaux de passage, tels que le pluvier doré (plus estimé que le pluvier gris), les rouge-gorges, les becfigues, les gelinottes des bois, les guignards, les albrans, les ortolans, les grives, et généralement tous les oiseaux gras que les neiges et les brouillards amènent dans nos contrées: ces sortes de menus gibiers manquent quelquefois dans nos marchés.

En plaçant le dessin du couvert de ce premier menu en parallèle avec la grande table dessinée par Vincent Lachapelle, nous avons voulu donner la preuve certaine de l'élégance du goût moderne comparé à celui de nos anciens; et si l'on compare la richesse de nos plateaux en vermeil, dont les galeries sont ornées de candélabres élégants, éclairant la table par cent quatre-vingt-douze bougies; je le répète, notre service moderne a de l'élégance, de la somptuosité sans confusion ni désordre. Nous n'avons point cru nécessaire d'ajouter à nos dessins le couvert de chaque convié, ainsi que les cristaux pour les vins et liqueurs, les hors-d'œuvres d'office, les salières, poivrières, tous ces détails sont du ressort du couvreur de table. Il nous intéressait seulement de donner le nombre des couverts par le placement des assiettes, tel que nous l'avons indiqué; mais ce qui nous intéressa plus particulièrement, ce fut le placement du service de cuisine; relativement au troisième service, ce qui comprend le dessert, cela regarde l'office, et nous n'en parlerons pas.

LE MAITRE D'HOTEL FRANÇAIS.

PREMIER TRAITÉ DES MENUS DE LA CUISINE MODERNE.

1ᵉʳ JANVIER, *Mardi*. Menu de 80 couverts.

HUIT POTAGES.

Le potage tortue à l'américaine,
L'orge perlé à la d'Artois,
Le potage à la Clermont,
Le macaroni lié à l'italienne,

Le potage à la royale,
Le potage de santé,
Le rossolli à la pollonaise,
La croute gratinnée au consommé.

HUIT RELEVÉS DE POISSONS.

Le saumon à la régence
La carpe à la marinière,
Le cabillaud à la hollandaise,
Les grosses perches au vin de champagne,

Les brochets glacés, sauce aux huitres,
Les filets de turbot à l'anglaise,
Le turban d'anguilles garni d'écrevisses,
La hure d'esturgeon, sauce poivrade.

HUIT GROSSES PIÈCES POUR LES EXTRÊMES FLANCS.

La pièce de bœuf à la cuillère,
La dinde aux truffes à la Périgueux,
Le jambon au vin de Madère et garni,
Les faisans au chasseur,

Le cochon de lait à la turque,
Le rosbif d'une selle de mouton des Ardennes,
Les poulardes à la Toulouse,
Le quartier de chevreuil mariné.

QUARANTE-HUIT ENTRÉES.

1. Les filets de volaille à la belle vue,
2. Les filets de chevreuil piqués, glacés, poivrade,
3. La sauté de sarcelles à la bourguignotte,
   LA PIÈCE DE BOEUF A LA CUILLÈRE.
4. Les ailes de pigeons panées à l'anglaise,
5*. Les petits pâtés dressés à la mauglas,
6. La blanquette de poulardes aux concombres,
   LA CARPE A LA MARINIÈRE.
7. Les poulets dépecés à la vénitienne,
8**. Les galantines de perdreaux à la gelée,
9. Les cotelettes de mouton à la Soubise.
   LA DINDE AUX TRUFFES A LA PÉRIGUEUX.
10. Les boudins de gibier à la moderne,
11. L'émincé de volaille à la chicorée,
12. Les bécasses à la financière, entrée de broche.
    LE CABILLAUD A LA HOLLANDAISE.
13. La poularde à l'ivoire, aspic chaude,
14. Les tendons de veau glacés à la nivernoise,
15. Le salmis de cailles au vin de Bordeaux.
    LE JAMBON AU VIN DE MADÈRE ET GARNI.
16. Les scalopes de levraut liées au sang,
17**. Le chaud-froid de poulets à la gelée,
18. Les papillottes de noisette de veaux à la duxelle.
    LES GROSSES PERCHES AU VIN DE CHAMPAGNE.
19. Les petits canetons aux champignons,
20*. Les petits vols-au-vent à la béchamel,
21. Le sauté de volaille à la lyonnaise.
    LES FAISANS AU CHASSEUR.
22. Les filets de soles à la royale,
23. Les ailerons de dindons à la purée de navets,
24. Les filets de lapereaux en lorgnette,

24. Le sauté de faisans aux truffes,
23. Les ris de veaux piqués, glacés, au céleri,
22. L'épigramme de poulardes à la tomate.
    LE COCHON DE LAIT A LA TURQUE.
21. Les balotines de volaille à la Conti,
20*. Les petites timbales de nouilles à la reine
19. Le turban de lapereaux à la royale.
    LES FILETS DE TURBOT A L'ANGLAISE.
18. Les hatereaux de palais de bœufs au gratin,
16. La magnonaise de volaille à la ravigote,
17**. Les filets de merlans à la provençale.
    LE ROSBIF DE MOUTON DES ARDENNES.
15. Les filets de volaille à la d'Artois,
14. Les pigeons innocents en homard,
13. Les poulets à la reine à la Chevry.
    LES BROCHETS GLACÉS, SAUCE AUX HUITRES.
12. Les perdreaux à la maquignon, demi-glaces,
11. Les ailes de volaille à la Pompadour,
10. L'émincé de présalé à la Clermont.
    LES POULARDES A LA TOULOUSE.
9. Les côtelettes d'agneau glacées au concombres,
8**. Le pain de gibier à la gelée,
7. La chevalier de poulets garnis, de conti.
   LE TURBAN D'ANGUILLES GARNI DE GROSSES ÉCREVISSES.
6. Les quenelles de volaille à l'italienne,
5. Les petites croustades de moviettes aux fines herbes,
4. Les foies gras à la Périgord,
   LE QUARTIER DE CHEVREUIL, SAUCE POIVRADE.
3. Le sauté de gelinottes au suprême,
2. Le hachis de volaille à la polonaise,
1. Les filets de canards sauvages à la bigarade.

TABLEAU N° II.

Suite de la page 67, Tome 1.

LE MAITRE D'HOTEL FRANÇAIS.

POUR EXTRA, DOUZE ASSIETTES VOLANTES.

3. De petits soufflés de gibier,
3. De filets mignons de poulardes à la Orly,

3. De soufflés de volaille,
3. De filets de merlans à la Orly.

HUIT GROSSES PIÈCES D'ENTREMETS.

Le nougat à la française,
Le pavillon irlandais,
Le babas à la polonaise,
La ruine d'Athènes dans une île,

Le gâteau à la royale,
La ruine de Palmyre,
Le biscuit de Savoie,
Le pavillon vénitien.

HUIT PLATS DE ROTS POUR LES EXTRÊMES FLANCS.

Les pluviers bardés,
Les poulets à la reine,
Les perdreaux rouges piqués,
Les chapons,

Les poulardes au cresson,
Les faisans garnis d'ortolans,
Les poulets gras,
Les bécassines bardées.

QUARANTE-HUIT ENTREMETS.

1*. Les pommes méringuées aux pistaches,
2. Les champignons à la provençale,
3*. Les petites bouchées d'abricots.
    LES PLUVIERS BARDÉS.
4. Les madelaines au cédrat,
5. Les choux fleurs au Parmesan,
6**. La gelée de framboises (conservée),
    LE NOUGAT A LA FRANÇAISE.
7**. Le pouding de cabinet,
8. Les pommes de terre à la hollandaise,
9. Les beignets à la dauphine.
    LES POULETS A LA REINE.
18*. Les petits pains à la paysanne,
11. Les concombres au velouté,
12**. La gelée de rhum.
    LE PAVILLON IRLANDAIS.
13**. Le fromage bavarois à la vanille,
14. Les épinards à l'anglaise,
15*. Les gaufres à la française,
    LES PERDREAUX ROUGES.
9*. Les petits gâteaux de Pithiviers,
17. Les petits choux de Bruxelles,
18**. La gelée d'orange de Malte.
    LE BABAS POLONAIS.
19**. Le blanc manger au café,
20. Les pieds de céleris à l'espagnole,
21*. Les choux à la mecque au gros sucre.
    LES CHAPONS AU CRESSON.
22*. Les gâteaux d'amandes glacés,
23. Les truffes à l'italienne,
24**. Le flan de nouilles aux abricots,

24**. Le flan suisse au fromage,
23. Les cardes à l'essence, à la moëlle,
22*. Les gâteaux royaux fourrés de crème.
    LES POULARDES AU CRESSON.
21*. Les génoises en diadème à la rose,
20. Les truffes au vin de Champagne,
19**. Le fromage bavarois aux avelines,
    LES GATEAUX DE MILLE FEUILLES A LA ROYALE.
18**. La gelée de marasquin moulée,
17. Les haricots verts à l'anglaise,
16*. Les petits soufflés de crème de riz.
    LES FAISANS BARDÉS
15*. Les nougats de pommes au gros sucre,
15. Les navets glacés à la Chatres,
13**. La crème plombier glacée.
    LE PAVILLON VENITIEN.
12**. La gelée d'épine-vinette,
11. Les fonds d'artichauds à la provençale,
10*. Les fanchonettes au citron.
    LES POULETS GRAS.
9*. Les beignets de marmelade d'abricots,
8. La croute aux champignons,
7**. La charlotte à la parisienne.
    LE BISCUIT DE SAVOIE.
6**. La gelée d'ananas garnie,
5**. Les petites carottes à la flamande,
4. Les gâteaux fourrés à la d'Artois,
    LES BÉCASSINES BARDÉES.
3*. Les darioles à l'orange,
2. Les laitues à l'essence,
1. Les pommes au riz.

EXTRA, DOUZE ASSIETTES VOLANTES DE PETITS SOUFFLÉS EN CAISSE.

2. De soufflés d'abricots,
2. De soufflés à l'orange,

2. De soufflés au chocolat,
2. De soufflés de pommes.

QUATRE DE FONDUS AU PARMESAN.

Observation.

Ce grand menu appartient tout entier à la cuisine du dix-neuvième siècle. Il est facile de s'apercevoir combien nous avons fait de progrès depuis la renaissance de l'art, en comparant ce menu avec ceux que nous avons cités.

Dans nos potages, nous en avons marqué trois garnis: la tortue, le rossolli et celui à la royale; mais ces potages réclament une main habile pour les confectionner : mes voyages à Londres, à Vienne et à Saint-Pétersbourg m'ont été fructueux; car j'ai retrouvé à l'étranger nos potages français, tels que nos grands cuisiniers les avaient perfectionnés vers la fin du règne de Louis XV et de Louis XVI: ils y avaient été portés par des hommes de talent qui émigrèrent dès le commencement de notre révolution. La noblesse française réfugiée et la noblesse étrangère continuèrent à se faire servir la veille cuisine, telle qu'on la confectionnait chez nous avant le 10 août; c'est surtout dans les cuisines du prince-régent d'Angleterre, actuellement George IV, que j'ai retrouvé quelques-uns de nos potages français, et la bonne manière de remplacer les potages par des relevées de poissons, telles que nous l'avons indiqué dans ce premier menu, et telles que je me propose de le faire dans le contenu de cet ouvrage. Cette manière de servir nos potages garnis et de les relever par des poissons fut sans doute délaissée par nos praticiens modernes, à cause des grandes dépenses que ce service exigeait. Cependant j'ai vu servir de ces sortes de potages par nos grands maîtres, mais rarement; en revanche la cuisine moderne fut, par nos cuisiniers de Paris, perfectionnée dans toutes les autres parties; j'en ai analysé les causes et les effets dans mon *Discours préliminaire*. J'ai pris part à tous nos grands travaux modernes; depuis j'ai voyagé, mais plutôt par le grand désir de voir (et j'ai vu) et de faire la différence de l'étranger avec la France.

Plutôt que de faire ma fortune, en me fixant à la cour d'Angleterre ou de Russie (on ne croira pas à ce grand désintéressement de la part d'un pauvre diable tel que moi), ma grande ambition fut d'être utile aux praticiens, en leur dévoilant le fruit de mes veilles, de mes travaux et de mes voyages; en laissant des marques du développement que nous avons donné à notre science, et de laisser après moi un ouvrage digne de porter le beau nom de *Cuisinier Français*, et digne encore du grand siècle où j'ai vécu. Notre difficile science est une des branches de l'industrie nationale, si agrandie de nos jours.

Mes Menus seront donc variés et enrichis de quelques potages russes, anglais, allemands et italiens, dont nous avons acquis la connaissance. Nous croyons rendre un véritable service à la cuisine du jour, par l'addition de ces potages, et des relevés de poissons; nous avons été à même de voir combien nos gastronomes de Paris sont amateurs de ces sortes de potages.

Pendant plus de deux ans (depuis mes voyages), que j'ai servi mes dîners, comme maître d'hôtel chez S. A. le prince royal de Wurtemberg, et de S. A. la princesse de B**, je me suis aperçu d'une infinité de choses essentielles à connaître pour les développements de l'art de bien faire vivre les grands seigneurs; connaissance qu'on ne peut acquérir qu'en servant à table. Assurément, cette manière de servir soi-même son dîner a de grands avantages pour la cuisine et pour les maîtres; le service se fait avec discernement, et, de plus, chaudement. Quand les seigneurs veulent savoir de quoi se compose tel ou tel mets, le praticien peut le satisfaire, sans avoir besoin de descendre à la cuisine et de consulter personne.

Mais revenons à l'ordonnance de notre Menu : nos huit relevés de poissons sont variés et somptueux; le saumon à la Régence peut seul faire la réputation d'un praticien; nos huit grosses pièces sont élégantes et fort distinguées; presque toutes nos quarante-huit entrées sont dépecées : ce qui distingue la cuisine du jour de celle de nos ancêtres. Je sais qu'autrefois la noblesse française avait la connaissance de l'art de dépecer à table; ce qui donnait plus de dignité à l'art du maître d'hôtel : mais d'autres temps, d'autres usages; et de nos jours, à l'instar des Romains, on créa les places d'écuyers tranchants : ce qui convient parfaitement dans la maison d'un grand seigneur.

Dans nos entrées, nous n'en avons employé que deux de poissons, en considération des relevés de poissons; et nous avons remarqué qu'il convenait mieux de choisir pour assiettes volantes, durant le service des entrées, des fritures, de volaille, de gibier et poisson, tels que nous l'avons marqué dans ce dîner, ainsi que les soufflés de volaille et de gibier.

Il est facile de voir, sur notre dessin de la planche 3e, toute l'élégance que ce Menu doit produire, aux premier et second services, et de la manière dont les entrées et grosses pièces sont coupées, ainsi que l'entremets de sucre, de pâtisseries, de légumes, des pièces montées et des plats de rôts; enfin par ce même dessin, en le comparant à celui du sieur Vincent La Chapelle, on verra, au premier coup d'œil, la distance infinie des deux époques, et le Lecteur sera d'accord avec moi sur la supériorité de la cuisine moderne.

Comme cette saison de janvier est peu favorable à l'entremets de légumes, nous en avons seulement marqué seize; seize de pâtisserie, et seize de douceurs. Il est à remarquer que nos anciens ne servaient pas de gelée, d'entremets. Ces gelées de fruits et de liqueurs appartenaient à l'office : nous nous sommes emparés de ces bonnes choses, depuis la renaissance de l'art; mais nous les avons infiniment améliorés et variées : ce sont les belles parties de l'entremets de sucre, des entrées froides et de la pâtisserie, qui ont le plus gagné depuis cette époque.

Pour terminer ce grand diner d'une manière splendide, nous avons marqué douze assiettes volantes de petits soufflés en caisses; ce qui est plus agréable pour les convives qui n'aiment point à attendre, et qui, par ce moyen prennent ces friandises sortant du four, tandis que les gros soufflés ont deux inconvénients bien réels : le premier, de faire quelquefois attendre, et le second, de s'affaisser à mesure qu'on les sert. Nous avons remarqué que cette manière de servir en caisse les soufflés convenait mieux aux seigneurs, et particulièrement à leurs dames.

JANVIER, *Mercredi*. Menu de 10 à 12 couverts.

Deux potages.

La purée de marrons aux petits croûtons,
Le potage au céleri, consommé de volaille.

Deux relevés de poissons.

La barbue au gratin, sauce au vin de Champagne,
Le saumon à l'Anglaise.

Deux grosses pièces.

La pièce de bœuf garnie à la Française,
Le dindonneau à la Financière.

Quatre entrées.

Les filets de lapereaux à la Vénitienne,
Les tendons de veau glacés aux laitues,
Les petites croustades de nouille à la Polonaise,
Le sauté de poulardes aux truffes.

Deux plats de rôts.

Les cailles bardées,
Les poulets à la Reine, au cresson.

Quatre entremets.

Les cardes à la moelle,
Les épinards à l'essence,
La gelée de citrons,
Le flan de pommes glacées.

JANVIER, *Jeudi*. Menu de 40 couverts.

Quatre potages.

Le potage de levrauts au Chasseur,
Le vermicelle à la Régence,
La Brunoise au consommé,
Le potage à la d'Artois.

Quatre relevés de poissons.

Le turbot à la Hollandaise,

Les perches à la Waterfiche,
La matelote au vin de Bordeaux,
La queue d'esturgeon glacée au four.

Quatre grosses pièces.

La dinde à la Godard,
La pièce de bœuf garnie à la Russe,
Le cochon de lait à la moderne,
La tête de veau en tortue, au Madère.

Vingt entrées.

Le sauté de perdreaux rouges au Suprême,
La fricassée de poulets à la Vénitienne.

La dinde à la Godard.

* La timbale de macaroni à la Milanaise,
Les ailes de poulets à la Tartare,
Les ris d'agneaux glacés à la chicorée.

Les perches.

Les escalopes de faisans aux truffes,
Les petits poulets à la Reine, sauce aux huîtres ;
* Les petits pâtés à l'Espagnole.

La pièce de bœuf garnie à la Russe.

Les filets de mouton marinés en chevreuil,
** L'aspic d'une blanquette à la Provençale.

** Le filet de bœuf à la gelée,
La petite poularde à la Montmorency.

Le cochon de lait à la moderne.

* Les croquettes à la Béchamel et en poires,
Le turban de quenelles de gibier,
Les petits canetons en haricots vierges.

L'esturgeon.

Les foies gras à la Saint-Cloud, sauce Madère ;
Les filets de poulardes à l'écarlate,
* La croustade de cailles au gratin.

LE MAÎTRE D'HÔTEL FRANÇAIS.

La tête de veau en tortue, au Madère.

Les côtelettes de veau à la Polonaise,
Les filets de sarcelles à la bigarade.

Pour extra, quatre assiettes de fritures.

2. De filets mignons à la Orly,
2. De filets de soles panés à l'Anglaise.

Quatre grosses pièces d'entremets.

Le casque à la Grecque,
Le buisson d'écrevisses sur un socle,
Le schako français,
Le buisson de grosses truffes sur un socle.

Quatre plats de rôts pour les extremes contre-flancs.

Les chapons au cresson,
Les gélinottes bardées et les ortolans,
Les faisans piqués glacés,
Les poulets à la Reine.

Vingt entremets.

Les concombres au Suprême,
*Le croque-en-bouche de marrons glacés.

Les chapons au cresson.

Les salsifis frits à la Villeroy,
** La gelée d'orange moulée,
Les œufs pochés à la chicorée.

Le buisson d'écrevisses.

Les épinards à l'essence,
** La crème française au cacao,
Les choux-fleurs à l'Espagnole.

Les gélinottes bardées.

Le flan de pommes meringuées,
Le céleri à la Béchamel.

Les haricots verts à l'Anglaise,
*Le pouding à la moëlle.

Les faisans piqués.
Les pommes de terre tournées et à la crème,
** Le fromage bavarois aux framboises,
Les choux de Bruxelles au velouté.
Le buisson de truffes.
Les œufs brouillés au jambon,
** La gelée au vin de Champagne rosé,
Les cardes au Parmesan.
Les poulets à la Reine.
*Les nougats aux pistaches,
Les champignons grillés, demi-glace.
Pour extrà, cinq assiettes volantes de fondus.

4 JANVIER, *Vendredi.* Menu de 10 à 12 couverts.

Deux potages.
Le sagou à la purée de navets,
Le potage à la Julienne.
Deux relevés de poissons.
Le cabillaud à l'Anglaise, sauce aux huîtres;
Les tronçons d'anguille glacés à l'Italienne.
Deux grosses pièces.
Le rosbif d'agneau à la maître d'hôtel,
Les faisans à la choucroûte française.
Quatre entrées.
Le pâté chaud de lapereaux à l'ancienne,
La fricassée de poulets à la Chevalier,
La noix de jambon aux épinards,
Les escalopes de filets de bœuf, sauce provençale.
Deux plats de rôts.
Les grives bardées,
Le dindon au cresson.
Quatre entremets.
Les choux-fleurs au beurre,
Les pommes de terre à la Lyonnaise,

La gelée de marasquin fouettée,
Les gâteaux glacés à la d'Artois.

JANVIER, *Samedi*. Menu de 10 à 12 couverts.

Deux potages.

La croûte gratinée aux laitues,
Les nouilles à la Napolitaine.

Deux relevés de poissons.

Le bar grillé à la Hollandaise,
Les truites de Seine, sauce Génoise.

Deux grosses pièces.

La noix de bœuf à la Royale,
Le chapon à la Montmorency.

Quatre entrées.

La casserole au riz à la Polonaise,
Le salmi de perdreaux au vin de Champagne,
L'épigramme d'agneau à la purée de céleri,
Les filets de canards sauvages à l'orange.

Deux plats de rôts.

Les poulets à la Reine et au cresson,
Les bécasses et les ortolans.

Quatre entremets.

Les truffes en croustades au Madère,
Les choux de Bruxelles au beurre,
Le fromage bavarois à la vanille,
Le gâteau d'amandes garni d'abricots.

JANVIER, *Dimanche jour des Rois*. Menu de 10 à 12 couverts.

Deux potages.

Le potage à la Reine,
Les pâtes d'Italie au consommé de volaille.

Deux relevés de poissons.

Les brochets à l'Espagnole,
La bonne morue à la maître d'hôtel.

Deux grosses pièces.

La poularde à l'Indienne,
Le rosbif à l'Anglaise.

Quatre entrées.

Les perdreaux à la Périgord,
Les ris de veau glacés, purée de champignons ;
Le sauté de poulets au Suprême,
Les boudins de carpe à la Richelieu.

Deux plats de rôts.

Les poulets gras,
Les grives bardées et les rouge-gorges.

Quatre entremets.

Les truffes à la cendre,
Les navets glacés au sucre.
La gelée de fraise (conserve).
Le gâteau de mille-feuilles.

Le *jour des Rois*, chez les grands seigneurs, doit toujours être fêté. Nous allons rapporter ici les menus d'un grand extraordinaire qui eut lieu à l'Élysée-Bourbon, à l'occasion du mariage d'une princesse étrangère. Ce travail me paraît d'autant plus intéressant, qu'il fut servi par petites tables, au même instant, et avec cet ensemble qui honore la cuisine moderne. Je vais donner les détails de ces mêmes menus (de MM. Robert et Laguipierre) qui furent divisés avec cette sagacité et cette harmonie parfaite qui est le cachet des grands talents. Nous eûmes vingt-cinq tables à servir, dans sept pièces différentes. Voici comment elles furent divisées :

PREMIER SALON. — QUATRE TABLES.

PREMIÈRE TABLE.

Deux potages.

potage à la reine,
potage de santé.

Deux entrées.

sauté de perdreaux aux truffes,
blanquette de ris de veau dans un bord de riz.

Deux entremets.

pommes à l'Anglaise,
artichauts à la barigoule.

Cinq assiettes de dessert.

DEUXIÈME TABLE.

Deux entrées.

chaud-froid de poulets à la gelée,
cailles à la Macédoine.

Deux entremets.

gelée d'oranges en écorce,
navets à la Chartres.

Cinq assiettes de dessert.

TROISIÈME TABLE.

Deux entrées.

ailes de poulardes piquées, glacées à la Toulouse;
tendrons de veau en épigramme.

Deux entremets.

haricots verts à l'Anglaise,
méringues à la rose.

Cinq assiettes de dessert.

QUATRIÈME TABLE.

Deux entrées.

côtelettes d'agneau sautées au suprême,

Les cassolettes de riz à la Polonaise.

Deux entremets.

La crème française au Moka,
Les petits pois à la Française.

Cinq assiettes de dessert.

DEUXIÈME SALON.—QUATRE TABLES

PREMIÈRE TABLE.

Deux potages.

La julienne,
Le riz à la Cressy.

Deux entrées.

Les filets de soles à l'Italienne,
Les filets de moutons piqués, glacés à la chirorée.

Deux entremets.

Les concombres farcies à l'essence.
Le fromage bavarois aux abricots.

Cinq assiettes de dessert.

DEUXIÈME TABLE.

Deux entrées.

Les quenelles de gibier à l'Espagnole.
Le sauté de poulets à la Macédoine.

Deux entremets.

Les champignons à la Provençale,
Les petits nougats à la Parisienne.

Cinq assiettes de dessert.

TROISIÈME TABLE.

Deux entrées.

Les tendrons d'agneau à la Pompadour.
Les filets de lapereaux Conti, aux truffes, garnis d'un esc
lope.

Deux entremets.

Les fèves de marais au velouté,
La gelée de citrons moulée.

Cinq assiettes de dessert.

QUATRIÈME TABLE.

Deux entrées.

Les langues de moutons glacées à la Soubise,
L'aspic de blanc de volaille.

Deux entremets.

Les choux-fleurs à la magnonaise,
Les petites bouchées au gros sucre.

Cinq assiettes de dessert.

TROISIÈME SALON. — QUATRE TABLES.

PREMIÈRE TABLE.

Deux potages.

Le potage au chasseur.
Les petits croûtons à la purée de navets.

Deux entrées.

Le vol-au-vent à la Nesle,
Les filets de volaille en épigramme.

Deux entremets.

Les épinards en Croustade,
Les pommes meringuées glacées.

Cinq assiettes de dessert.

SECONDE TABLE.

Deux entrées.

Les côtelettes de mouton sautées à l'Anglaise,
Les filets de perdreaux à la maréchale.

Deux entremets.

Les petits choux de Bruxelles à l'Espagnole,
Le flan de fruits.

Cinq assiettes de dessert.

TROISIÈME TABLE.

Deux entrées.

Les pigeons innocents à la financière,
Les filets de saumon sauté, sauce aux huîtres.

Deux entremets.

Les cardes à l'essence.
Le blanc manger au café.

Cinq assiettes de dessert.

QUATRIÈME TABLE.

Deux entrées.

Les noisettes de veaux glacées à la chicorée.
La bigarure de volaille à la Macédoine.

Deux entremets.

Les haricots blancs à la crème,
Les darioles soufflées au cédrat.

Cinq assiettes de dessert.

SALON VERT. — QUATRE TABLES.

PREMIÈRE TABLE.

Deux potages.

Le potage de santé,
Le riz à la Crécy.

Deux entrées.

Les filets de poulets à la gelée,
Le sauté de perdreaux à l'Allemande.

Deux entremets.

Les artichauts à la Lyonnaise,
La gelée de fruits.

Cinq assiettes de dessert.

TROISIÈME TABLE.

Deux entrées.

La blanquette de poulardes aux concombres,
Les perches à la magnonaise.

Deux entremets.

Les fèves de marais à la crème,
Les génoises perlées en croissant.

Cinq assiettes de dessert.

QUATRIÈME TABLE.

Deux entrées.

Les filets de levrauts glacés à la chicorée,
Les ris de veaux à la Saint-Cloud, sauce tomate.

Deux entremets.

Les choux-fleurs au beurre,
La gelée fouettée au marasquin.

Cinq assiettes de dessert.

SALON DORÉ.—QUATRE TABLES.

PREMIÈRE TABLE.

Deux potages.

La julienne,
Le potage à la reine.

Deux entrées.

L'escalope de mauviettes en croustade,
Les filets de turbot à la magnonaise.

Deux entremets.

Les cardes à la moëlle,
Les pommes en Suédoise.

Cinq assiettes de dessert.

DEUXIÈME TABLE.

Deux entrées.

Les hatelets de crêtes à l'aspic,
Les filets de pigeons à la Sainte-Menehould.

Deux entremets.

Les petits pois au sucre,
Les gaufres à la Parisienne.

Cinq assiettes de dessert.

TROISIÈME TABLE.

Deux entrées.

Le chaud-froid de perdreaux,
Le hachis de gibier à la Turque.

Deux entremets.

Les épinards à l'Anglaise.
La gelée de vin d'Espagne.

Cinq assiettes de dessert.

QUATRIÈME TABLE.

Deux entrées.

Les tendrons de veau glacés à la chicorée,
La fricassée de poulets (à la reine), à l'Italienne.

Deux entremest.

Les haricots blancs à la crème,
Les petits cannelons glacés au cassé.

Cinq assiettes de dessert.

SALLE DES HUISSIERS. — QUATRE TABLES.

PREMIÈRE TABLE.

Deux potages.

Le potage au chasseur,
La purée de pois aux petits croûtons.

Deux entrées.

Les côtelettes à la Soubise,
La galantine de volaille à la gelée.

Deux entremets.

Les concombres à la béchamel,
La gelée de fruits.

Cinq assiettes de dessert.

SECONDE TABLE.

Deux entrées.

Les filets de poulets à la d'Artois,
L'épigramme de ris d'agneaux à la Toulouse.

Deux entremets.

Les tomates à l'Italienne,
Les méringues aux pistaches.

Cinq assiettes de dessert.

TROISIÈME TABLE.

Deux entrées.

Le chaud-froid de perdreaux à la gelée,
La blanquette de poulardes aux truffes.

Deux entremets.

Les choux de Bruxelles au beurre,
Le blanc manger d'Avelines.

Cinq assiettes de dessert.

QUATRIÈME TABLE.

Deux entrées.

Les filets de lapereaux à la Conti,
La salade de brochets à la magnonaise ravigote.

Deux entremets.

La croûte aux champignons au velouté,
Les petits nougats de pommes.

Cinq assiettes de dessert.

SALON DORÉ.—TABLE DE TRENTE COUVERTS EN AMBIGU.

Deux potages.

Le potage à la reine,
Le potage de santé.

Quatre grosses pièces.

La carpe du Rhin à la Chambord,
Le jambon à la broche,
Le turbot à la Hollandaise,
Le pâté de perdreaux aux truffes.

Huit entrées.

Les côtelettes de mouton à la purée de navets,
Le petits poulets à la Saint-Cloud,

Les ris de veaux piqués à la chicorée,
La salade de volaille à la gelée,
L'aspic de gibier à la magnonaise,
Les filets de pigeons à la maréchale,
Le pâté chaud à la financière,
Le sauté de perdreaux aux truffes.

Quatre plats de rôts.

Le dindonneau piqué au cresson,
Les bécassines bardées,
La truite au bleu,
Les poulets normands.

Huit entremets.

Les gaufres aux pistaches,
Les artichauts à la barigoule,
Les concombres farcis,
Le fromage bavarois panaché au chocolat,
La gelée de citrons renversée,
Les haricots blancs à la maître d'hôtel,
Les tomates à la provençale,
Les petits soufflés de crème de riz.

Observations.

D'après cette donnée, on voit aisément que cha cun de ces mêmes menus porte le nom du salon auquel il était destiné. Cela me paraît parfaitement bien ordonné ; chaque menu se compose des détails du service des tables en particulier, ce qui me paru encore bien, mais ce qui me sembla encore mieux, c fut l'organisation du service par le fameux Laguipierre

Voici comment il se passa : les travaux étant ter minés, le grand chef divisa le tout en trois départe ments ; M. Laguipierre se conserva les entrées et le entremets des trois derniers menus qu'il devait ser vir, et chargea le fameux Riquette du soin d'en servir deux autres; il me confia le service des deux derniers, de manière que nous avions réuni tout le matériel de nos menus dans trois cuisines différentes. Dès que le contrôleur (le célèbre Robert) demanda le service, nous fûmes prêts tous trois en un moment, sans confusion, et dans un ensemble réellement admirable. Enfin, chaque salon avait son maître d'hôtel séparément, qui demandait le service, en nommant le salon où il se trouvait.

Toutes ces tables furent servies à la suite du bal; les dames seules s'assirent, et les messieurs rendaient visite à un splendide buffet où le service de cuisine était très-brillant et en très-grande abondance. C'est ainsi que le tout se passa.

Remarque.

Les deux potages qui se trouvent en tête de chaque menu, servaient pour les quatre tables, sur lesquelles ils n'ont point paru, c'est-à-dire, que le maître d'hôtel garnissait simplement les assiettes qui lui étaient présentées, et, dans les cinq assiettes de dessert, il y en avait une montée qui servait de milieu; les quatre autres étaient placées entre les entrées et les entremets. (Extrait de mon *Pâtissier royal.*)

Maintenant il me reste à donner dans ce nouveau traité les détails de ce grand buffet, que nous avons représenté en composant le dessin de la planche septième. Ces palmiers, ces trophées militaires, ces belles draperies, ces casques, ces lyres, ces cassolettes, ces pièces montées, l'élégance de notre pâtisserie moderne; ces suédoises de pommes, ces gelées de fruits savoureux et limpides; ces entremets de gâteaux brillants de confitures; ces socles décorés, supportant des dindes en daube, des jambons glacés et historiés; ces grands poissons, ces plats de rôts, de faisans et de poulardes; ces entrées froides, de salmis, de perdreaux rouges à la gelée; de salade de volaille à la Magnonaise; d'entremets, de légumes à l'Italienne et à la Provençale; tout annonce la munificence d'un grand personnage. Voilà, je le répète, l'effet que doivent produire ces grandes fêtes données par les seigneurs et les princes, et où tant d'argent se dépense pour le luxe de la table; certes, ces tables-là sont autrement servies que ces misérables buffets que nous avons vus dans les mêmes temps. Je n'ai pu en retenir la censure dans la revue des grands bals donnés en 1810 et 1811, que j'ai consignée dans mon premier ouvrage. Les hommes de la science qui n'ont pas vu nos travaux, jugeront, par ce dessin, si j'eus si grand tort de tonner contre ces grands extraordinaires si tristement achevés et si préjudiciables à l'honneur de l'art culinaire.

Voici donc les détails du menu de ce grand buffet.

6 JANVIER, *Dimanche*. Menu d'un buffet pour 300 personnes.

Quatre potages.
Le potage à la Reine pour 75 personnes,
Le potage au riz, à la Crécy, pour 75 personnes;
Le potage de santé pour 75 personnes,
Le potage au Chasseur pour 75 personnes.

Quatre poissons froids.
Le saumon au bleu,

Le turbot à l'eau de sel,
L'esturgeon au court-bouillon,
La grosse carpe du Rhin.

Quarante entrées froides.

2. De salades de volaille à la Magnonaise,
2. D'aspics de crêtes et rognons,
2. De salmis de perdreaux rouges à la gelée,
2. De bastillons d'anguilles au beurre de Montpellier,
2. De Magnonaises de volailles à la ravigote,
2. De noix de veau historiées à la gelée,
2. De darnes de saumon au beurre de Montpellier.
2. De fricassée de poulets à la gelée,
2. De pains de foies gras à la gelée,
2. De galantines de perdreaux à la gelée,
10. Bordures de légumes,
10. En beurre de couleur.

Douze plats de rôts.

2. De faisans,
2. De poulets à la Reine,
2. De cailles bardées,
2. De poulardes,
2. De perdreaux rouges,
2. De chapons.

Huit grosses pièces froides.

2. Dindes en galantines sur des socles,
2. De longes de veau,
2. Jambons glacés sur des socles,
2. Gros gâteaux de lièvres à la gelée.

Huit grosses pièces de pâtisserie de fond.

2. Babas au vin de Madère,
2. Pâtés froids de volaille et gibier,
2. Biscuits de fécule de pommes de terre,
2. Gros nougats à la Française.

Huit grosses pièces montées.

2. Casques anciens et modernes,
2. De cassolettes brûlant de l'encens,
2. De lyres enlacées de couronnes de laurier,
2. De trophées à palmier.

Quarante entremets.

4. De suédoises de pommes,
2. De gelées d'oranges en ruban,
2. De fromages bavarois aux abricots,
2. De gelées d'épines-vinette,
2. De petits pains à la Duchesse,
2. De tartelettes au gros sucre,
2. De génoises aux pistaches,
2. De salades à l'Italienne,
2. De macédoines en croustades,
4. De pommes au riz historiées,
2. De gelées de citrons,
2. De crèmes françaises à la fleur d'orange,
2. De gelées aux framboises conservées,
2. De gâteaux d'amandes au cédrat,
2. De Gaufres à l'Allemande,
2. De mosaïques glacées à la rose,
2. De salades de salsifix,
2. De choux-fleurs à la Provençale.

Observations.

Une grande partie de ce service de cuisine se trouva placé sur le buffet et sur la table de service; dans cette grande salle du buffet, on avait placé dix petites tables chargées de couverts, et où les cavaliers mangeaient sans s'asseoir. On commença par servir les potages, les poissons, le rôt, les entrées froides et entremets de toutes espèces qui étaient en réserve; ensuite on attaqua le buffet. Des maîtres d'hôtel avaient le soin de garnir les petites tables, sitôt que le service l'exigeait, et des valets de pied changeaient les assiettes avec célérité; des officiers avaient soin de servir un riche dessert, et d'autres avaient la surveillance des vins de France et étrangers.

Le contrôleur se répandait partout à la fois, voyant tout, ordonnant partout, remédiant à tout; et cette fête fut sans contredit l'une des plus extraordinaires qui se sont données sous le gouvernement de Bonaparte. Plus de douze cents personnes y ont assisté.

7 JANVIER, *Lundi*. Menu de 10 à 12 couverts.

Deux potages.

La croûte gratinée à la purée de lentilles,
Le potage de mouton à l'Anglaise.

Deux relevés de poissons.

La carpe glacée au four à la Polonaise,
La truite à la Génoise, au vin de Bordeaux.

Deux grosses pièces.

Le dinde aux truffes à la moderne,
La pièce de bœuf glacée au vin de Madère.

Quatre entrées.

Les filets de lapereaux piqués garnis d'escalopes,
Les poulets à la Maquignon, sauce tomate,
La blanquette de ris d'agneaux, bordure de riz,
Les ailerons de dindons à la purée de champignons,

Deux plats de rôts.

Les faisans bardés,
Le chapon au cresson.

Quatre entremets.

Les cardes à la moëlle,

Les œufs pochés à la chicorée,
La charlotte à l'Américaine,
La gélée d'oranges dans un bol.

Observation.

En composant ces sept premiers menus, nous avons pensé qu'en donnant notre grand diner le mardi, et le deuxième le jeudi, ce service deviendrait moins coûteux, attendu qu'un cuisinier habile mettant à profit les objets de dessert, sait en tirer un grand parti; l'économie d'une grande maison réclame tout le savoir et tous les soins d'un praticien renommé; les amphitryons devraient toujours donner des grands diners de cette manière; les dépenses seraient moins fortes, et le chef de cuisine moins tourmenté dans son travail et ses dépenses. Ainsi, nos grands diners seront toujours pour le mardi et jeudi de chaque semaine.

Si je continuais à décrire tous mes menus de la manière que ceux cités ci-dessus, je manquerais assurément en grande partie le but que je me suis proposé dans cet ouvrage. Cette cuisine somptueuse que je viens de décrire, convient seulement pour les grands seigneurs; mais les cuisiniers des financiers et des personnes qui tiennent un état de maison ordinaire, sont en plus grand nombre. Donc je dois diviser ce travail en deux parties, tel que je l'ai déjà annoncé, et chaque partie par semaine, afin que la saison soit la même pour la variété des diners. La première partie comprendra le traité des menus de la haute cuisine, suivant la nouvelle ordonnance, telle que je viens de la décrire, ce qui constituera le premier traité; le second traité des menus comprendra l'ordonnance des menus, tels que nos confrères servent leurs dîners dans le goût du jour. Ainsi, je passerai de semaine en semaine de l'une à l'autre cuisine, toujours guidé par l'esprit d'amélioration que je veux porter partout, dans l'espoir d'être utile aux amphitryons qui aiment à faire bonne chère avec ordre et économie, et à ceux qui sont chargés de leurs dépenses. Ainsi, lorsque l'on voudra consulter les menus de la cuisine somptueuse, on verra le premier traité des menus, et les personnes qui ne pourraient atteindre jusque-là, doivent consulter le second traité, dans lequel je donnerai le menu de deux grands dîners de seize entrées par semaine, et celui d'un grand bal par mois; ceci sera l'ordinaire des maisons opulentes de la capitale.

DEUXIÈME TRAITÉ DES MENUS

DE LA CUISINE MODERNE.

8 JANVIER, *Mardi*. Menu de 30 à 36 couverts.

Deux potages.

Le potage de laitue au consommé,
Le potage à la d'Artois.

Deux relevés de potages.

La carpe à la Chambord,
La dinde braisée aux marrons glacés.

Deux grosses pièces pour les bouts.

La pièce de bœuf à la Manglas,
Le jambon glacé aux épinards.

Seize entrées.

Le sauté de bécasses aux truffes,

** La Magnonaise de volaille à la gelée,
 * Le pâté chaud de pigeons à l'ancienne,
La noix de veau glacée en surprise.
La carpe à la Chambord.
Les poulets à la Reine, au vin de Madère;
 * Les filets de soles à la Orly,
** L'aspic de cervelles d'agneaux,
Les petits canetons à la purée de champignons.

Les escalopes de saumon à la maître d'hôtel,
** Le salmis de perdreaux à la gelée,
 * Le fritot de poulets à la Maringo,
Les attereaux de palais de bœufs au gratin.
La dinde braisée aux marrons glacés.
Les côtelettes de mouton à la minute,
 * Les petites croustades à la Béchamel,
** La salade de filets de brochet à la Provençale,
Les ailes de poulardes à la Chevalier.
Quatre grosses pièces d'entremets pour les contre-flancs.
La brioche à la crème,
Le buisson de grosses écrevisses,
Le flan de pommes méringuées,
Le buisson de truffes.
Quatre plats de rôts.
Les cailles bardées,
Les gougeons de Seine en aiguillettes,
Les merlans panés à l'Anglaise,
Les poulets gras au cresson.
Seize entremets.
** Le blanc manger renversé,
Les pieds de céleri à l'Espagnole.
La brioche à la crème.
Les choux de Bruxelles à l'Anglaise,
 * Les pains à la Duchesse.

Les cailles bardées.
* Les petits pains aux pistaches,
Les pommes de terre à la Bretonne.
Le buisson d'écrevisses.
Les concombres farcis,
* La gelée de café à l'eau.

---

* La gelée d'oranges renversée,
Les cardes à la moëlle.
Le flan de pommes.
Les œufs pochés à l'essence,
* Les gâteaux glacés d'abricots.
Les poulets gras au cresson.
* Les bouchées perlées au gros sucre,
Les épinards en croustades.
Le buisson de truffes.
La croûte aux champignons,
* Le fromage bavarois au cédrat.
Pour *extrà*, six assiettes de fondus.

JANVIER, *Mercredi.* Menu de 6 à 8 couverts.

Un potage.
Les quenelles de volaille au consommé.
Une grosse pièce.
La pièce de bœuf garnie de racines glacées.
Deux entrées.
Les poulets à la Périgueux, entrée de broche;
Les filets de truites sautés aux fines herbes.
Un plat de rôt.
Les perdreaux rouges bardés.
Deux entremets.
Les choux-fleurs au Parmesan,
La gelée aux framboises (conserve).
Pour *extrà*, les petits choux à la d'Artois.

10 JANVIER, *Jeudi.* Menu de 30 à 36 couverts.

Deux potages.

Le potage de santé,
Le riz à la Crécy.

Deux relevés de potages.

Le gros brochet à la Régence,
Les poulardes à la Montmorency.

Deux grosses pièces pour les bouts.

Le rosbif d'aloyau à l'Anglaise,
Le quartier de chevreuil mariné.

Seize entrées.

Le sauté de volaille aux truffes,
* La casserole au riz à la Toulouse,
** La darne de saumon au beurre de Montpellier,
L'épigramme d'agneau garnie d'un escalope.

Le brochet à la Régence.

La blanquette de poulardes aux concombres,
Les perdreaux à la Périgueux,
* La fricassée de poulets à la Villeroy,
Les côtelettes de veau à la Dreux.

Les carbonades de mouton glacées, purée d'oseille,
* Les filets de merlans panés à l'Anglaise,
Les poulets dépecés, sauce tomate,
Les cailles au gratin, garnies de croûtons farcis.

Les poulardes à la Montmorency.

Les escalopes de levrauts liés au sang,
** La salade de volaille à la ravigote,
* La timbale de lazannes à la Napolitaine,
Les boudins de poissons au beurre d'écrevisses.

Quatre grosses pièces d'entremets pour les contre-flancs.

Le pâté de jambon à la gelée,
La meringue à la Parisienne,

Le congloffe à la Viennoise,
Le croque-en-bouche glacé aux pistaches.

Quatre plats de rôts.

Les poulets à la Reine,
Les grives bardées,
Les faisans piqués,
Le dindonneau au cresson.

Seize entremets.

** La gelée de marasquin fouettée,
Les haricots verts à l'Anglaise.

Le pâté de jambon à la gelée.

Les concombres en cardes,
* Les gâteaux d'abricots.

Les poulets à la Reine.

* Les dauphines à l'orange,
Les fonds d'artichauts à la Béchamel.

La méringue à la Parisienne.

Les truffes à l'Italienne,
* La Charlotte à la Française.

** Les pommes glacées au riz,
Les choux-fleurs au beurre.

Le congloffe à la Viennoise.

Les pommes de terre frites à la Lyonnaise,
* Les petits pains à la paysanne.

Les faisans piqués.

* Les Madelaines glacées au gros sucre,
Les œufs pochés à la purée de céleri.

Le croque-en-bouche aux pistaches.

Les cardes à l'Espagnole,
** La gelée de citrons moulée.

Pour *extra*, 6 assiettes de soufflés au café.

Ces menus sont assurément moins somptueux que les précédents; c'est la même cuisine, mais ils dif-

fèrent beaucoup plus par leur ordonnance : ils so[nt]
plus faciles à exécuter, et plus convenables pour [la]
généralité des praticiens qui trop souvent sont priv[és]
de bras capables de les aider, ordre de choses q[ui]
n'annonce rien moins que la décadence de l'art, [si]
quelque grand seigneur ne remédie au mal, qui [va]
toujours en croissant. Enfin nos menus journalie[rs]
sont en rapport avec les grands diners ; et no[us]
pensons fortement que nous avons pris le bon pa[rti]
de diviser cette collection de menus en deux trait[és.]

11 JANVIER, *Vendredi*. Menu de 6 à 9 couver[ts.]

Un potage.

Le potage de choux à la Russe.

Un relevé.

Le turbot à la Hollandaise.

Deux entrées.

Le filet de bœuf au vin de Madère,
Le sauté de poulets au Suprême.

Un plat de rôt.

Les selles de levrauts piquées, glacées.

Deux entremets.

Les épinards au jus,
Le flan suisse au fromage de Gruyère.

Pour *extra*, la gelée d'oranges en petits pots.

12 JANVIER, *Samedi*. Menu de 6 à 9 couvert[s.]

Un potage.

Les nouilles à l'Allemande,

Une grosse pièce.

La selle de mouton à l'Anglaise.

Deux entrées.

Les filets de soles à la Orly,
Le chapon au gros sel.

Un plat de rôt.

Les bécasses bardées.

Deux entremets.

Les champignons à la Provençale,
Le fromage bavarois à l'anis.

Pour *extra*, les fondus.

13 JANVIER, *Dimanche*. Menu de 6 à 9 couverts.

Un potage.

L'orge perlée au consommé de volaille.

Une grosse pièce.

La hure de saumon à la Génoise.

Deux entrées.

Le ris de veaux glacés à la chicorée,
Le salmis de perdreaux au vin de Bordeaux.

Un plat de rôt.

Le dindonneau au cresson.

Deux entremets.

Les choux de Bruxelles à l'Espagnole,
La gelée d'oranges moulée.

Pour *extra*, des gâteaux à la crème.

14 JANVIER, *Lundi*. Menu de 6 à 9 couverts.

Un potage.

La croûte gratinée à la purée de haricots rouges.

Une grosse pièce.

La pièce de bœuf garnie à la Maréchale.

Deux entrées.

Les poulets à la Reine à la ravigote,
Le vole-au-vent de bonne morue à la Béchamel.

Un plat de rôt.

Les cailles bardées.

Deux entremets.

Les œufs à l'Aurore,
Le gâteau de Pithiviers glacé.

LE MAITRE D'HOTEL FRANÇAIS.

PREMIER TRAITÉ DES MENUS DE LA CUISINE MODERNE.

15 JANVIER, *Mardi*. Menu de 60 couverts.

QUATRE POTAGES.

Le potage de grives à la Russe,
La croûte gratinée aux racines,

La bisque de volaille liée au beurre d'écrevisses,
La julienne au blond de veau.

QUATRE RELEVÉS DE POISSONS.

Le cabillaud à la maître d'hôtel,
Le brochet glacé au four à l'Espagnole,

Le saumon, sauce au vin de Champagne,
Le turbot à la Hollandaise.

QUATRE GROSSES PIÈCES POUR LES CONTRE-FLANCS.

La dinde truffée garnie à la moderne,
La longe de veau à la crème,

Le rosbif d'aloyau à l'Anglaise,
Les faisans glacés à la choucroute Française.

TRENTE-DEUX ENTRÉES.

1. La matelote de foies gras au Madère,
2. Les filets de poulets à la Pompadour,
3*. Les petites croustades à la béchamel,
4. Les quenelles de faisans au suprême.
   LA DINDE GARNIE A LA MODERNE.
5. Les papillottes de bécassines aux fines herbes,
6**. Les cervelles de veaux à la magnonaise,
7. Les ailerons de dindons glacés au céleri,
8. Le filet de bœuf roulé aux truffes.
   LE CABILLAUD A LA MAÎTRE D'HÔTEL.
9. Les poulets à la reine, à l'estragon,
10. Le turban de filets de lapereaux piqués, glacés,
11**. La salade de volaille à la magnonaise,
12. Les pigeons à la cuillère.
    LA LONGE DE VEAU A LA CRÈME.
13. Les escalopes de poulardes aux concombres,
14*. Le pâté chaud de mauviettes,
15. Les oreilles d'agneaux en menu droit,
16. Le sauté de poulets à la d'Artois,

16. Les ailes de poulardes à la chevalier,
15. Les cailles au vin de Champagne,
14*. La croustade garnie d'escalopes de levrauts,
13. Les filets de volaille sautés aux truffes.
    LE ROSBIF A L'ANGLAISE.
12. La poularde glacée à la Maquignon,
11**. La galantine d'anguille au beurre de Montpellier,
10. Le pain de gibier à la royale,
9. Les côtelettes de mouton à l'Allemande.
   LE TURBOT A LA HOLLANDAISE.
8. Les bécasses à la mirpoix, financière,
7. L'émincé de volaille au gratin,
6**. Le salmis de perdreaux froids à la gelée,
5. Les noisettes de veaux glacées à la Soubise.
   LES FAISANS GLACÉS A LA CHOUCROUTE.
4. Les petits canetons à la Macédoine,
3*. Les petites cassolettes de ris à la reine,
2. Les boudins de volaille à la Troyenne,
1. Les filets de canards sauvages à la Bourguignotte.

POUR EXTRA, HUIT ASSIETTES DE FILETS DE POISSONS A LA ORLY.

QUATRE GROSSES PIÈCES D'ENTREMETS.

La ruine de Rome antique,
Le nougat à la Parisienne,

La cascade demi-circulaire,
Le croque-en-bouche à la reine.

QUATRE PLATS DE ROT.

Les perdreaux rouges piqués,
Les poulets gras au cresson,

Les bartavelles bardées,
Les chapons à l'Anglaise.

TRENTE-DEUX ENTREMETS, DONT QUATRE CASSEROLES D'ARGENT.

1. Les concombres glacés à la tomate,
2**. La gelée de Panch,
3. Les champignons à la Provençale,
4*. Les gâteaux d'amandes.
   LES PERDREAUX ROUGES PIQUÉS.
5*. Les bouchées d'abricots glacés au gros sucre,
6. Les œufs brouillés aux truffes,
7**. Le fromage Bavarois aux framboises,
8. Les brocolis au beurre.
   LA RUINE DE ROME ANTIQUE.
9. La salade de salsifis à la gelée,
10**. Le pouding à la moëlle,
11. Les laitues à l'essence,
12*. Les tartelettes de crème au chocolat.
    LES POULETS GRAS AU CRESSON.
13*. Les Madelaines en surprise,
14. Les haricots verts à l'Anglaise,
15**. La gelée d'oranges moulée,
16. Les truffes à l'Italienne,

16. Les choux de Bruxelles à l'Espagnole,
15**. La gelée d'épines-vinettes,
14. Les petits pois à la Française,
13*. Les pains à la duchesse et aux pistaches.
    LES CHAPONS A L'ANGLAISE.
12*. Les mirlitons aux citrons,
11. Les épinards en croustade,
10**. La Charlotte à la Française,
9. Les fonds d'artichauts à la magnonaise.
   LA CASCADE DEMI-CIRCULAIRE.
8. Les cardes à l'essence,
7**. Le blanc manger au Moka,
6. Les truffes au vin de Champagne,
5*. Les génoises au marasquin.
    LES BARTAVELLES BARDÉES.
4*. Les nougats de pommes au gros sucre,
3. La purée de pommes de terre à la crème,
2**. La gelée d'anisette de Bordeaux,
1. Les navets à la Chartres glacés.

POUR EXTRA, HUIT ASSIETTES VOLANTES DE FONDUS.

TABLEAU N° III.

Suite de la page 99, *Tome 1.*

16 JANVIER, *Mercredi*. Menu de 10 à 12 couverts.

DEUX POTAGES.

La gerbure à la Suisse,
Le vermicelle à la régence.

DEUX RELEVÉS DE POISSONS.

L'anguille à la Tartare,
Le turbot, sauce aux crevettes.

DEUX GROSSES PIÈCES.

La belle poularde à l'Indienne,
La pièce de bœuf à l'étendard.

QUATRE ENTRÉES.

La blanquette de ris de veaux en croustade,
Les bécasses à la Périgueux, entrée de broche,
Les filets de porc-frais glacés, sauce Robert,
La fricassée de poulets à la chevalier.

DEUX PLATS DE RÔTS.

Les gelinottes bardées,
Le dindonneau au cresson.

QUATRE ENTREMETS.

Les truffes à l'eau de sel,
Les choux de Bruxelles au velouté,
La gelée de cédrat,
Le soufflé de crème de riz.

17 JANVIER, *Jeudi*. Menu de 40 à 45 couverts.

QUATRE POTAGES.

Le potage tortue à l'Américaine,
Les pâtes d'Italie au consommé,
Le potage aux oignons blancs et glacés,
Le potage à la Monglas.

DEUX RELEVÉS DE POISSONS POUR LES MILIEUX.

Le turbot à la Hollandaise,
La carpe du Rhin, sauce matelote.

DEUX GROSSES PIÈCES POUR LES BOUTS.

Les poulardes à la Périgueux,
La selle de mouton des Ardennes.

QUATRE CONTRE-FLANCS EN TERRINES.

La queue de bœuf en hochepot,
Le macaroni à la Milanaise,
Les perdrix aux choux,
Les ailerons de dindons, purée de navets.

VINGT-QUATRE ENTRÉES.

1. Le ris de veaux à la Saint-Cloud,
2**. Les hatelets d'aspic garnis de filets sautés,
3. Le hachis de perdreaux à la Turque.

LA QUEUE DE BOEUF EN HOCHEPOT.

4. Le sauté de poulardes à la Provençale,
5*. Les croquettes de riz garnies de gibier,
6. Les filets de lapereaux en lorgnette.

LE TURBOT A LA HOLLANDAISE.

7. Les boudins de carpes à la moderne, sauce aux huîtres,
8*. Le vol-au-vent à la Toulouse,
9. L'épigramme de volaille à la chicorée.

LE MACARONI A LA MILANAISE.

10. Les poulets à la reine, financière,
11**. Les salmis de faisans à la gelée,
12. Les côtelettes d'agneau sautées aux champignons,

12. Les côtelettes de mouton à la Soubise,
11**. La magnonaise de volaille à la ravigote,
10. Le turban de quenelles de gibier au fumet.

LES PERDRIX AUX CHOUX.

9. La bigarrure de cuisses de volaille à la Toulouse,
8*. La timbale en pâté chaud de pigeons,
7. Les filets de canetons à la bigarade.

LA CARPE DU RHIN, SAUCE MATELOTE.

6. La fricassée de poulets à la Saint-Lambert,
5*. Les croustades de nouilles à la reine,
4. La caisse de foies gras aux fines herbes.

LES AILERONS DE DINDONS A LA PURÉE DE NAVETS.

3. Les escalopes de faisans aux truffes,
2**. La darne de saumon au beurre de Montpellier,
1. Les filets de veaux piqués à la purée de céleri.

POUR EXTRA, SIX ASSIETTES VOLANTES DE PETITE SOUFFLÉE DE GIBIER ET DE VOLAILLE.

QUATRE GROSSES PIÈCES D'ENTREMETS POUR LES CONTRE-FLANCS.

Le buisson de petits homards,
Le flan à la Suisse,
Le poupelin glacé au four,
Le buisson de truffes à la serviette.

QUATRE PLATS DE RÔTS.

Les sarcelles à l'orange,
Les chapons au cresson,
Les poulets à la reine,
Les bécasses bardées.

VINGT-QUATRE ENTREMETS.

1*. Le gâteau de riz glacé,
2. Les cardes à la moëlle,
3**. La gelée de citrons moulée.

LE BUISSON DE PETITS HOMARDS.

4*. Les nougats à la Chantilly,
5. Les épinards à l'Anglaise,
6**. La crème Française au chocolat.

LES SARCELLES A L'ORANGE.

7**. Le blanc manger aux avelines,
8. Les pommes de terre à la Lyonnaise,
9*. Les gâteaux glacés à la dauphine.

LE FLAN A LA SUISSE.

10**. La gelée d'oranges de Malte,
11. Les choux de Bruxelles au velouté,
12*. Les beignets de pommes glacés aux pistaches,

12*. Le flan de poires méringuées,
11. Les choux-fleurs à la Hollandaise,
10**. La gelée d'épines-vinettes.

LE POUPELIN GLACÉ AU FOUR.

9*. Les tartelettes glacées aux abricots,
8. Les salsifis à la magnonaise,
7**. Le fromage Bavarois aux fraises, (conserve).

LES POULETS A LA REINE.

6**. La crème au caramel et au bain-marie,
5. Les champignons à la Provençale,
4*. Les darioles à la vanille.

LE BUISSON DE TRUFFES.

3**. La gelée de vin de Madère sec,
2. Les concombres à la béchamel,
1*. Le pouding aux marrons et au rhum.

POUR EXTRA, HUIT ASSIETTES VOLANTES DE SOUFFLÉ AUX ZESTES D'ORANGES.

...RANCAIS.

...de foies gras aux fines herbes.
...ONS DE DINDONS A LA PURÉE DE NAVETS.
...opes de faisans aux truffes,
...de saumon au beurre de Montpellier,
...de veaux piqués à la purée de céleri.

...E DE GIBIER ET DE VOLAILLE.

LES CONTRE-FLANCS.

...lin glacé au four,
...on de truffes à la serviette.

...ets à la reine,
...ses bardées.

...TS.
...e poires méringuées,
...x-fleurs à la Hollandaise,
...d'épines-vinettes.

LE POUPELIN GLACÉ AU FOUR.

...lettes glacées aux abricots,
...is à la magnonaise,
...ge Bavarois aux fraises, (conserve).

LES POULETS A LA REINE.

... au caramel et au bain-marie;
...npignons à la Provençale,
...olles à la vanille.

LE BUISSON DE TRUFFES.

...de vin de Madère sec,
...ombres à la béchamel,
...ing aux marrons et au rhum.

...FLÉ AUX ZESTES D'ORANGES.

18 JANVIER, *Vendredi*. Menu de 10 à 12 couverts.

Deux potages.

Le potage aux choux de Bruxelles,
Le potage de quenelles à l'Allemande.

Deux relevés de poissons.

Le saumon à la Vénitienne,
Les perches à la Hollandaise.

Deux grosses pièces.

L'échine de porc frais à la sauce Robert,
La dinde braisée à l'Anglaise.

Quatre entrées.

Les noisettes de veaux glacées aux laitues,
Les perdreaux à la financière,
Les filets de poulardes à la Pompadour,
Les croquettes à la béchamel.

Deux plats de rôts.

Les faisans piqués,
Les poulets à la reine.

Quatre entremets.

Les salsifis frits à la Villeroy,
Les truffes au vin de Champagne,
La gelée de café à l'eau,
Les méringues au marasquin.

19 JANVIER, *Samedi*. Menu de 10 à 12 couverts.

Deux potages.

Le potage de riz à l'Italienne,
Le potage à la Clermont.

Deux relevées de poissons.

La barbue au gratin, au vin de Champagne;
Le tronçon d'esturgeon à la broche.

Deux grosses pièces.

Le filet de bœuf à la Napolitaine,
Les faisans à la Périgord.

Quatre entrées.

La timbale de nouilles à la Polonaise ;
La poularde à l'ivoire, aspic chaude ;
Les côtelettes de veau à l'Allemande,
Les boudins de volaille à la Richelieu.

Deux plats de rôts.

Les pigeons ramiers,
Les canetons de Rouen.

Quatre entremets.

Les épinards en croustade,
La purée de haricots à la crème,
Les pommes méringuées en hérisson,
Le gâteau d'amandes au raisin.

20 JANVIER, *Dimanche*. Menu de 10 à 12 couverts.

Deux potages.

Le potage à la Condé,
Le potage à la Monglas.

Deux relevés de poissons.

Les soles au vin blanc de Bordeaux ;
Le turbot à l'Anglaise, sauce aux huîtres.

Deux grosses pièces.

La pièce de bœuf à la royale,
Le rosbif d'une selle d'agneau à la maître d'hôtel.

Quatre entrées.

Le chapon au riz,
Le salmis de faisans aux truffes,
L'émincé de volaille à la béchamel, au gratin ;
Les papillottes de pigeons à la duxelle.

Deux plats de rôts.

Les poulets à la reine,
Les gelinottes bardées.

Quatre entremets.

Les œufs à la chicorée, à la crème ;

La tourte de truffes au Madère,
La gelée d'oranges de Malte,
Les talmouses au fromage de Viry.

21 JANVIER, *Lundi*. Menu de 10 à 12 couverts.

Deux potages.

Le sagou à la Provençale,
Le potage au chasseur.

Deux relevés de poissons.

La truite de Seine au bleu,
La carpe étuvée garnie de laitances.

Deux grosses pièces.

Le rosbif de présalé des Ardennes,
La dinde truffée à la maquignon.

Quatre entrées.

La côte de bœuf aux racines glacées,
Les poulets à la Chévry, sauce ravigote;
Le pain de gibier à la Périgueux,
Les filets de volaille à la chevalier.

Deux plats de rôts.

Les sarcelles à l'orange,
La poularde à l'Anglaise.

Quatre entremets.

Les concombres farcis à l'Espagnole,
Les choux de Bruxelles au beurre,
Les pommes au riz glacées,
Les petits pains à la paysanne et à la vanille.

DEUXIÈME RRAITÉ DES MENUS

DE LA CUISINE MODERNE.

22 JANVIER, *Mardi*. Menu de 30 à 36 couverts.

Deux potages.

La purée de marrons aux petits croûtons,
Le potage de santé.

Deux relevés de potages.

Le cabillaud à la Hollandaise,
La dinde braisée à la Toulouse.

Deux grosses pièces pour les bouts.

La pièce de bœuf à la Flamande,
Le quartier d'agneau à l'Anglaise.

Seize entrées.

** La magnonaise de cervelles de veaux,
* Les petits vol-au-vents à la béchamel,
Les ailes de poulardes glacées aux concombres,
Les filets de mouton en chevreuil, sauce poivrade.

Le cabillaud à la Hollandaise.

Les canetons de cuisses de volaille à la Nivernaise,
Les filets de canards sauvages à l'orange,
* Les filets de merlans à la orly,
La timbale de macaroni à la Parisienne.

Le pain de carpe au beurre d'écrevisses,
* Les cuisses de volaille à la Villeroy,
L'émincé de langues de moutons à la Clermont,
Les côtelettes de lapereaux à l'Allemande.

La dinde braisée à la Toulouse.

La noix de veau glacée, purée d'oseille;
Le sauté de poulardes aux truffes,
* Les petits pâtés de moviettes,
** Les bastillons d'anguilles à la gelée.

Quatre grosses pièces d'entremets pour les contre-flancs.

Le pavillon Romain sur un rocher,
Le biscuit aux amandes,
Le babas au vin de Madère,
L'hermitage à la Russe.

Quatre plats de rôts.

Les perdreaux piqués,
Les hatelets d'éperlans,

Les soles frites panées à l'Anglaise,
Les poulets à la reine au cresson.

Seize entremets.

** La gelée d'oranges renversée,
Les choux-fleurs au beurre.

Le pavillon Romain sur un rocher.

Les œufs brouillés aux truffes,
* Les gâteaux à la Turque.

Les perdreaux piqués.

* Les bouchées perlées à la gelée de groseilles,
Les céleris à la béchamel.

Le biscuit aux amendes.

Les épinards à l'essence,
** Le fromage Bavarois aux macarons amers.

** Le pouding de cabinet au Corinthe,
La croûte aux champignons.

Le babas au vin de Madère.

Les choux-fleurs au Parmesan,
* Les gaufres au gros sucre.

Les soles frites panées à l'Anglaise.

* Les manons d'abricots glacées,
Les cardes à l'Espagnole.

L'hermitage à la Russe.

Les œufs à la purée d'oseille,
** La gelée de fraises (conserve).

23 JANVIER, *Mercredi.* Menu de 6 à 9 couverts.

Un potage.

La garbure aux racines.

Une grosse pièce.

Le rosbif de mouton.

Deux entrées.

Les filets de soles à la Vénitienne,
Le chapon au consommé,

Un plat de rôt.

Les bécasses bardées.

Deux entremets.

Les navets glacés à la Chartres,
Le gâteau fourré d'abricots.

Pour extra, la gelée d'oranges dans un bol.

24 JANVIER, *Jeudi.* Menu de 30 à 36 couverts.

Deux potages.

Le vermicelle à la régence,
Le potage à la Brunoise.

Deux relevés de potages.

Le turbot, sauce aux homards;
Les poulets gras à la Périgueux.

Deux grosses pièces pour les bouts.

Le jambon à la maillau,
La pièce de bœuf à la choucroûte.

Seize entrées.

Les balottines de volaille à la Macédoine,
** Les perches à la magnonaise et à la gelée,
 * La casserole au riz à la nesle,
Le salmis de bécasses à l'ancienne.

Le turbot, sauce aux homards.

Les ailes de volaille à la d'Armagnac,
 * Les attelets de ris d'agneaux à la Villeroy,
La darne d'esturgeon au vin de Madère,
L'émincée de poulardes à la chicorée.

Le hachis de gibier à la Polonaise,
Le sauté de poulardes au suprême.
Les côtelettes de mouton à la purée de pommes de terre,
 * La Orly de filets de brochets,

Les poulets gras à la Périgueux.

Les filets de levrauts à la Conti,

* Le vol-au-vent de bonne morue,
** La galantine de volaille à la gelée,
Les pigeons gautiers à la Toulouse.

Quatre grosses pièces d'entremets.

Le gâteau de mille-feuilles à la moderne,
La coupe garnie de fruits glacés,
La brioche au fromage,
Le vase garni d'une gerbe.

Quatre plats de rôts.

Le dindonneau au cresson,
Les merlans panés à l'Anglaise,
Les cailles bardées,
Les poulets à la reine.

Seize entremets.

** La gelée d'oranges moulée,
Les cardes à l'Espagnole.

Le gâteau de mille-feuilles.

Les pommes de terre à la Bretonne,
* Les madelaines au cédrat.

Le dindonneau au cresson.

* Les gâteaux à la royale,
Les concombres à la poulette.

La coupe garnie de fruits.

La purée de haricots à la crème,
** La crème Française au thé.

** Le fromage Bavarois aux abricots (conserve),
Les œufs pochés à l'essence.

La brioche au fromage.

Les cardes à l'Espagnole,
* Les méringues à l'orange.

Les cailles bardées.

Les petits pains de cerises,
Les choux-fleurs à la ravigote.

Le vase garni d'une gerbe.
Les champignons grillés, demi-glace;
* La gelée de citrons.

25 JANVIER, *Vendredi*. Menu de 6 à 9 couverts.

Un potage.
La croûte gratinée à la Condé.
Une grosse pièce.
La pièce de bœuf à la cuillère.
Deux entrées.
Les poulets à l'Anglaise, sauce aux huîtres,
La noix de veau glacée, sauce tomate.
Un plat de rôt.
Les bécasses bardées.
Deux entremets.
Les pommes de terre frites à la Lyonnaise,
Les pannequets à la crème.
Pour extra, *la gelée d'oranges.*

26 JANVIER, *Samedi*. Menu de 6 à 9 couverts.

Un potage.
Les nouilles à la Milanaise.
Une grosse pièce.
Le quartier de chevreuil, sauce poivrade.
Deux entrées.
La darne de bar grillée au beurre d'anchoix,
La marinade de poulets à la Provençale.
Un plat de rôt.
Le dindonneau au cresson.
Deux entremets.
Les cardes à l'essence,
Le fondu en caisse.
Pour extra, *la gelée de rhum.*

26 JANVIER, *Samedi.* Menu d'un souper servi en fer à cheval, en ambigu pour 120 couverts.

Quatre potages dans les contre-flancs.
Le potage de riz à la célestine au lait d'amande,
Le potage de santé au consommé de volaille,
Le macaroni à l'Italienne,
Le potage à la Condé.

Quatre relevés de poissons.
Le saumon à la marinière,
Le turbot à la Hollandaise,
La hure d'esturgeon au vin de Champagne,
La carpe de Seine au bleu.

Quatre grosses pièces pour les milieux et pour les bouts.
La dinde aux truffes, sauce Périgord;
La longe de veau à la crème,
La noix de bœuf à la royale,
Les chapons au riz.

Seize entrées chaudes.
2. De sautés de volaille aux truffes,
2. De côtelettes d'agneaux sautées aux concombres,
2. De casseroles au riz à la Polonaise,
2. De filets de canetons à la bigarade,
2. De ris de veaux à la Saint-Cloud,
2. De filets de poulardes à la chevalier,
2. De turbans de filets de lapereaux à la Conti,
2. De petits canetons à la Toulouse.

Seize entrées froides.
2. De noix de veau au beurre de Montpellier,
2. De magnonaises de volaille à la gelée,
2. De salade de filets de soles à la gelée,
2. De filets de bœuf glacés à la gelée,
2. De galantines d'anguilles en bastillon,
2. De salmis de perdreaux froids à la gelée,

2. De pains de volaille à la gelée,
2. D'aspics de blancs de poulardes.

Huit grosses pièces de pâtisserie pour les contre-flancs.

La lyre enlacée de couronnes,
Le trophée à palmier,
La cassolette garnie d'une sultane,
Le casque à la Française,
Le nougat au gros sucre,
Le crocque-en-bouche aux pistaches,
Le pâté de gibier à la gelée,
Le gâteau de Compiègne à la crème.

Seize plats de rôts.

2. De faisans piqués,
2. De poulardes au cresson,
2. De soles frites à l'Anglaise,
2. De bécasses bardées,
2. De dindonneaux,
2. De cailles bardées,
2. De poulets à la reine,
2. De filets de merlans à la Orly.

Seize entremets de légumes.

2. De croûtes aux champignons,
2. De cardes à l'essence,
2. De choux de Bruxelles au velouté,
2. De truffes au vin de Champagne,
2. De choux-fleurs à la magnonaise,
2. De salades à l'Italienne,
2. De salsifis à la magnonaise ravigote,
2. De fonds d'artichauts à la Provençale.

Seize entremets de douceurs.

2. De gelées d'épines-vinettes moulées,
2. De fromages bavarois aux framboises,
2. De gelées de citrons,
2. De suédoises de pommes,

2. De génoises en diadème,
2. De gâteaux en croissant à la royale,
2. De choux à la Mecque,
2. De gâteaux glacés aux pistaches.

Remarque.

Les quatre-vingt-dix articles composant ce menu, suffisent pour un souper de 120 couverts servi en ambigu; ce qui fait une grande différence comparativement au service ordinaire, puisqu'il est facile de voir que, d'après l'ordonnance de mes diners, on devrait servir pour une table de 120 couverts, huit potages, huit relevés de potages, huit grosses pièces, et 72 entrées dans lesquelles seraient comprises huit grosses entrées de couleurs, pour servir dans les extrêmes contreflancs, ce qui donnerait quatre-vingt-douze objets : le second service en exigerait autant; ainsi, les dépenses doivent infailliblement se doubler; mais ces deux manières de servir ne peuvent nullement soutenir le parallèle. Les menus à deux services sont le luxe de la bonne chair; les services en ambigu en sont des fragments qui ont encore quelques restes d'élégance.

Nous nous sommes permis, dans ce menu, de doubler les entrées, les rôts et les entremets. Cette manière accélère les travaux, sans nuire à la variété du service; il faut avoir le soin de poser la moitié du service en opposition à l'autre moitié. Mais pour familiariser nos confrères avec ce menu en ambigu, nous allons disposer les grosses pièces, les entrées, les rôts et les entremets, tels que nous allons l'indiquer. Ainsi, nous commençons par une grosse pièce:

La longe de veau à la crème.
Le sauté de volailles aux truffes,
** La suédoise de pommes.
Les faisans piqués.
Les cardes à l'essence,
La salade de filets de soles à la gelée.
La lyre enlacée d'une couronne.
Les ris de veaux à la Saint-Cloud,
Les salsifis à la magnonaise,
Le dindonneau au cresson., rôt.
*Les génoises en diadème,
Le pain de volaille à la gelée.
Le saumon à la marinière.
Les filets de canetons à la bigarade,
** La gelée d'épines-vinettes moulée.
Les soles frites panées à l'Anglaise, rôt.
Les truffes au vin de Champagne,
Le salmis de perdreaux à la gelée.
Le nougat au gros sucre.
La casserole au riz à la Polonaise,
Les choux de Bruxelles au velouté.
Les cailles bardées, rôt.
*Les gâteaux glacés aux pistaches,
La galantine d'anguille en bastillon.
Les chapons au riz.—Milieux.
Les côtelettes d'agneau aux concombres,
*Les choux à la Mecque.
Les bécasses bardées, rôt.
La salade à l'Italienne,
Le filet de bœuf à la gelée.
Le gâteau de Compiègne.
Les filets de poulets à la chevalier,
Les choux-fleurs à la magnonaise.

Les poulardes au cresson, rôt.
* Le fromage bavarois aux framboises,
L'aspic de blanc de volaille.
Le turbot à la Hollandaise.
Les petits canetons à la Toulouse,
* Les gâteaux en croissant à la royale.
Les filets de merlans à la Orly, rôt.
La croûte aux champignons,
La magnonaise de volaille.
Le casque à la Française.
Le turban de filets de lapereaux à la Conti,
Les fonds d'artichauts à la Provençale.
Les poulets à la reine, rôt.
** La gelée de citrons moulée,
La noix de veau au beurre de Montpellier.

Assurément, ce service de cuisine, ainsi placé sur la table, doit avoir de l'élégance, et surtout sera d'un effet pittoresque et séduisant, si toutes ses parties sont brillantes par le travail. On voit que j'ai toujours le soin de couper les plats de rôts par les entremets, et les grosses pièces par les entrées; on doit relever les potages par les poissons, afin que les quatre soupières restent un moment sur la table : ces grosses pièces d'argenterie jettent de l'éclat dans notre service ; ensuite, si l'on veut donner plus de ton à ce souper, au moment où on commence à servir les entrées, on doit faire passer huit assiettes volantes composées de croquettes et de petits vols-au-vent, de même que pour le second service quelques entremets chauds de légumes, et des petits soufflés en caisse.

Maintenant, je vais donner le menu du buffet que

j'ai représenté sur la planche huitième ; il est composé pour cent cinquante personnes :

Six grosses pièces froides.

Le turbot froid, la sauce à part ;
Le saumon froid, la sauce à part ;
La longe de veau à la gelée,
Le rosbif à la gelée,
Le jambon glacé sur un socle,
La dinde en galantine sur un socle.

Six grosses pièces de pâtisserie.

La cascade des seize colonnes,
La fontaine des arcades,
La ruine de la grande rotonde,
La ruine de Palmyre,
Le pâté de levrauts à la gelée,
Le gros biscuit à la fécule.

Huit plats de rôts.

2. De poulardes au cresson,
2. De bécasses bardées,
2. De poulets à la reine,
2. De cailles bardées.

Seize entrées froides.

2. D'aspics de crêtes et rognons.
2. De magnonaises de cervelles,
2. De salades de filets de soles,
2. De pains de foies gras à la gelée,
2. De fricassées de poulets à la gelée,
2. De galantines d'anguilles au beurre de Montpellier,
2. De magnonaises de volaille à la ravigote,
2. De petites balotines de volailles à la gelée.

Seize entremets froids.

2. De salsifis à la Provençale,
2. De choux-fleurs à la ravigote,

2. De salade à l'Italienne,
2. De gelée d'oranges moulée,
2. De suédoises de pommes,
2. De gelée au rhum,
4. De pâtisseries mêlées.

Les personnes chargées de poser les buffets doivent avoir le soin de les rendre faciles à l'approche des personnes conviées ; et lorsque les salles destinées à les recevoir ne sont pas assez vastes pour contenir de petites tables, on doit placer ces derniers dans des pièces voisines, en ayant le soin de faire garnir les embrâsures de croisées de planches recouvertes de nappes, pour servir à déposer les vins et le service des assiettes ; elles peuvent dans un cas pressé servir aux conviés.

Ensuite, si la salle à manger ne peut recevoir un fer à cheval de cent vingt couverts, on peut disposer le service de cuisine en deux ou quatre tables. Mon menu est disposé pour être divisé selon la distribution des appartements ; c'est par cette même considération que j'ai décrit mon grand bal du 6 janvier par petites tables. Ce service a plus d'élégance, le ton de la société invitée l'exige ; chaque petite table reçoit une compagnie différente, et les amis, se trouvant par ce moyen en petit comité, causent avec plus d'intimité.

Mais si l'homme chargé de ces détails de la fête n'a point la capacité, tout est manqué : ce n'est plus que confusion et désordre ; l'impatience, l'ennui, s'emparent des personnes invitées : on médit du maître de la maison dont les dépenses ne seront pas moins considérables que si le bal était bien servi. Voilà les motifs qui justifient ma critique : ces grands bals donnés en 1810 et 1811, et qui furent si mal rendus dans leur ensemble. Les amphitryons paraissent toujours coupables de ces désordres, ils doivent donc avoir le soin de s'entourer d'un homme capable, d'un praticien, et tout ira bien.

27 JANVIER, *Dimanche.* Diner de 6 à 9 couverts.

Un potage.

La julienne au blond de veau.

Une grosse pièce.

Le turbot à l'eau, sauce au beurre d'anchois.

Deux entrées.

Les biftecks glacés, purée de pommes de terre ;
La poularde au consommé.

Un plat de rôt.

Les cailles bardées.

Deux entremets.

Les champignons grillés, demi-glace,
La gelée de citrons ;
Pour *extra*, les choux à la d'Artois.

28 JANVIER, *Lundi.* Menu de 6 à 9 couverts.

Un potage.

Le riz à l'Italienne.

Une grosse pièce.

La pièce de bœuf garnie à la Russe.

Deux entrées.

Les cervelles de veaux à la ravigote,
Le sauté de poulardes aux truffes.

Un plat de rôt.

Les perdreaux rouges.

Deux entremets.

Les épinards à l'essence,
Le pouding de pommes ;
Pour *extra*, la méringue aux pistaches.

LE MAITRE D'HOTEL FRANÇAIS.

PREMIER TRAITÉ DES MENUS DE LA CUISINE MODERNE.

29 JANVIER, *Mardi.* Menu de 60 couverts.

QUATRE POTAGES.

Le riz à la Crécy,
Le potage à la reine,

Le potage à la d'Artois,
La gibelotte d'oies au vin de Madère.

QUATRE RELEVÉS DE POISSONS.

La truite saumonée à l'Italienne,
La carpe à la Chambord moderne,

Les anguilles à la Tartare ravigote,
Le cabillaud à la Hollandaise.

QUATRE GROSSES PIÈCES POUR LES CONTRE-FLANCS.

La pièce de bœuf à la royale,
Les faisans truffés à la Périgueux,

Le jambon à la broche, à la financière;
Les poulardes à la Chevry.

TRENTE-DEUX ENTRÉES.

1. Le sauté de poulardes au suprême,
2*. Les petites croustades de mauviettes au gratin,
3. Les foies gras à la Conti, demi-Espagnols,
4. Les perdreaux au vin de Madère.

LA PIÈCE DE BOEUF A LA ROYALE.

5. Les escalopes de levrauts liés au sang,
6**. Le pain de gibier à la gelée,
7. L'épigramme de poulardes à la Toulouse,
8. Les attereaux de palais de bœuf au gratin.

LA TRUITE SAUMONÉE A L'ITALIENNE.

9. Les quenelles de volaille en turban,
10. Les filets de lapereaux piqués, glacés;
11**. La salade de brochets à la ravigote,
12. Les poulets dépecés à la Vénitienne.

LES FAISANS TRUFFÉS A LA PÉRIGUEUX.

13. L'émincé de volaille à la chicorée,
14. Les côtelettes de mouton à l'Anglaise,
15*. Les petits pâtés à la Monglas,
16. Le sauté de bécasses aux croûtons farcis,

16. Les filets de sarcelles à l'orange,
15*. Les truffes en surprise à la purée de gibier,
14. Les noix de veaux en damier, demi-glace;
13. Les pigeons à la Mirpoix, financière.

LES POULARDES A LA CHEVRY.

12. Le hachis de faisans à la turque,
11**. La darne d'esturgeon au beurre de Montpellier,
10. La fricassée de poulets à la chevalier,
9. Les ailes de perdreaux rouges à la Pampadour.

LES ANGUILLES A LA TARTARE RAVIGOTE.

8. La blanquette de ris d'agneaux aux concombres,
7. Les ailerons de volaille en Karic,
6**. Le salmis de cailles à la gelée,
5. Les poulets à la reine en demi-deuil.

LE JAMBON A LA BROCHE, A LA FINANCIÈRE.

4. Les boudins de carpe au beurre d'écrevisses,
3. Les petits canetons à la Périgueux,
2*. Les petites timbales de nouilles à la Béchamel,
1. Les filets de volaille sautés à la Provençale.

QUATRE GROSSES PIÈCES MONTÉES POUR LES CONTRE-FLANCS.

La cascade Égyptienne,
Le berceau des palmiers,

Le pavillon Moscovite,
La cascade de Poestum.

QUATRE PLATS DE ROTS.

Les becfigues bardés,
Les canards sauvages,

Les gelinottes,
Les poulets gras.

TRENTE-DEUX ENTREMETS.

1**. Le pouding à l'Américaine,
2. Le céleri à l'Espagnole,
3*. Les puits d'amour glacés aux pistaches,
4. La chicorée à la béchamel.

LA CASCADE ÉGYPTIENNE.

5. Les truffes à l'Italienne,
6**. La gelée de framboises (conserve),
7. Les épinards à l'essence,
8*. Les génoises glacées à la rose,

LES BÉCASSINES BARDÉES.

9*. Les mosaïques glacées au caramel,
10. Les carottes à la Flamande,
11**. Le blanc-manger aux avelines,
12. Les écrevisses au vin de Madère.

LE BERCEAU DES PALMIERS.

13. Les œufs pochés à la purée de champignons,
14. Les méringues à la vanille,
15. Les haricots verts à l'Anglaise,
16**. Les pommes au riz glacées.

16**. Les poires glacées en miroton,
15. Les navets glacés à la Chartres,
14*. Les madelaines glacées au gros sucre,
13. Les œufs brouillés aux truffes.

LE PAVILLON MOSCOVITE.

12. Les choux de Bruxelles au beurre,
11**. Le fromage bavarois aux abricots,
10. Les crevettes en hérisson,
9*. Les tartelettes de groseilles rouges.

LES GELINOTTES.

8*. Les petits pains à la duchesse,
7. Les pommes de terre à la Hollandaise,
6**. La gelée d'oranges rosée,
5. Les truffes à la serviette.

LA CASCADE DE POESTUM.

4. Les cardes à l'essence,
3*. Les fantaisies panachées aux pistaches,
2. Les concombres farcis,
1**. La charlotte à la Française.

LE MAITRE D'HOTEL FRANÇAIS.

30 JANVIER, *Mercredi*. Menu de 10 à 12 couverts.

DEUX POTAGES.
Le potage à la Provençale,
Le potage à la chiffonade.

DEUX RELEVÉS DE POISSONS.
Les soles au gratin, sauce au Champagne,
Le cabillaud d'ostande à la Hollandaise.

DEUX GROSSES PIÈCES.
La dinde aux truffes à la Périgord,
Le filet de bœuf glacé à l'Italienne.

QUATRE ENTRÉES.
La blanquette de ris de veaux en croustade,
Les perdreaux à la Montmorency,
Le fritot de poulets à la Maringo,
Les ailerons de dindons à la purée de navets.

DEUX PLATS DE RÔTS.
Les pigeons romains,
Les poulets à la reine.

QUATRE ENTREMETS.
Les œufs à la dauphine,
Les épinards à l'essence,
Les beignets de riz garnis d'abricots,
La gelée d'épines-vinettes.

31 JANVIER, *Jeudi*. Menu de 40 à 45 couverts.

QUATRE POTAGES.
Le potage de perdreaux à l'Indienne,
Le potage à la d'Artois,
Le vermicelle au cerfeuil,
Les quenelles de volaille au consommé.

QUATRE RELEVÉS DE POISSONS.
La hure d'esturgeon en tortue,
Le saumon à la Vénitienne,
Le bar grillé à la Hollandaise,
Le torbot, sauce aux homards.

QUATRE GROSSES PIÈCES POUR LES CONTRE-FLANCS.
Le rosbif d'aloyau à l'Anglaise,
Les poulardes à la Chevry ravigote,
Les faisans à la Française,
Le jambon glacé aux épinards.

VINGT-QUATRE ENTRÉES.
1. Le sauté de gelinottes aux truffes,
2*. La noix de veau au beurre de Montpellier,
3. Les petits canetons à la Macédoine.

12. Les ailes de volaille à la chevalier,
11**. La salade de brochets à la Provençale,
10. Le pain de foies gras à la Dauphine.

LES POULARDES A LA CHEVRY.
4. Le salmis de bécasses au vin de Bordeaux,
5*. La timbale de nouilles à la reine,
6. Les côtelettes de lapereaux, purée de champignons.

LE JAMBON GLACÉ AUX ÉPINARDS.
9. Les côtelettes de veau à la Polonaise,
8*. La casserole au riz à l'Allemande,
7. L'émincé de levrauts à la Clermont.

L'ESTURGEON EN TORTUE.
7. L'épigramme d'agneau à la Toulouse,
8.* Le vol-au-vent de bonne morue à la Béchamel,
9. Les filets de volaille à la Lyonnaise.

LE TURBOT, SAUCE AUX HOMARDS.
6. Les pigeons à la financière,
5*. La croustade de grives au gratin,
4. Les escalopes de poulardes aux truffes.

LE ROSBIF D'ALOYAU.
10. Les boudins de gibier à la moderne,
11**. Les petits aspics de cervelles de faisans,
12. Le sauté de poulardes à la royale,

LES FAISANS A LA FRANÇAISE.
3. Les noisettes de veaux glacées à la chicorée,
2**. La magnonaise de volaille à la gelée,
1. Les filets de sarcelles à la Bourguignotte.

POUR EXTRA, HUIT ASSIETTES VOLANTES DE FRITURE DE ORLY DE POISSONS, DE GIBIER ET VOLAILLE.

QUATRE GROSSES PIÈCES D'ENTREMETS.
Le buisson de truffes dans la gondole Vénitienne,
La rotonde grecque,
La tente à la moderne,
Le buisson d'écrevisses dans le navire chinois.

QUATRE PLATS DE RÔTS.
Les canetons de Rouen,
Les bécasses bardées,
Les poulets à la reine,
Les ortolans et les pluviers.

VINGT-QUATRE ENTREMETS.
1*. Les beignets soufflés à l'Allemande,
2. La croûte aux champignons,
3**. La crème française à la vanille.

12*. Le pouding de pommes au raisin muscat,
11. Les haricots verts à la Française,
10**. La gelée d'oranges moulée.

LA ROTONDE GRECQUE.
4. Les œufs pochés à la tomate,
5*. Les gâteaux à la Saint-Cloud,
6. La purée de haricots blancs.

LE BUISSON D'ÉCREVISSES DANS LE NAVIRE CHINOIS.
9. Les pieds de céleri à l'essence,
8*. Les petits paniers aux pistaches,
7. Les pommes de terre à la Lyonnaise.

LES CANETONS DE ROUEN.
7. Les épinards en croustade,
8*. Les bouchées d'abricots,
9. Les concombres au suprême.

LES POULETS A LA REINE.
6. Les œufs au Parmesan,
5*. Les madelaines à l'orange,
4. Les champignons à la Provençale.

LE BUISSON DE TRUFFES DANS LA GONDOLE VÉNITIENNE.
10**. La gelée d'ananas garnie de fruits,
11. Les cardes à l'Espagnole,
12*. Les pannequets à la crème de chocolat,

LA TENTE A LA MODERNE.
3**. Le blanc-manger au Moka,
2. Les fonds d'artichauts au velouté,
1*. Les beignets de crème à la Parisienne.

L FRANÇAIS.

de 10 à 12 couverts.

Les perdreaux à la Montmorency,
Le fritot de poulets à la Maringo,
Les ailerons de dindons à la purée de navets.
DEUX PLATS DE RÔTS.
Les pigeons romains,
Les poulets à la reine.
QUATRE ENTREMETS.
Les œufs à la dauphine,
Les épinards à l'essence,
Les beignets de riz garnis d'abricots,
La gelée d'épines-vinettes.

40 à 45 couverts.

ES.
Le vermicelle au cerfeuil,
Les quenelles de volaille au consommé.
POISSONS.
Le bar grillé à la Hollandaise,
Le torbot, sauce aux homards.
ES CONTRE-FLANCS.
Les faisans à la Française,
Le jambon glacé aux épinards.
TRÉES.
Les ailes de volaille à la chevalier,
La salade de brochets à la Provençale,
Le pain de foies gras à la Dauphine.
Les beignets de crême à la Parisienne.

Observations.

Nous avons indiqué les raisons qui nous avaient décidé à séparer nos menus en deux parties, afin d'être plus utile à la généralité de nos confrères : ceux d'entre eux qui auraient de grands extra susceptibles de réclamer des menus plus considérables que ceux que nous avons donnés dans la seconde partie, il leur sera bien facile d'y remédier en réunissant deux menus en un; mais je leur conseillerai de préférence de doubler les entrées : par ce moyen ils abrégeront des travaux toujours trop pénibles lorsque le manque d'aides se fait sentir.

Nous avons employé dans ces menus quelques-uns des entremets de légumes et des fruits conservés d'après les procédés du fameux Appert. Cet estimable officier de bouche mérite la reconnaissance nationale pour ses conserves de tous genres : pour notre particulier, nous lui témoignons ici un hommage public de notre reconnaissance; oui, certes, le sieur Appert a rendu d'importants services à l'art culinaire, en nous donnant, durant la saison rigoureuse de l'hiver, des fruits conservés dont la saveur et le parfum ne le cèdent en rien à ceux de la belle saison, de même que ses légumes.

Nous nous sommes imposé de ne pas employer dans nos entremets des huîtres, des queues d'écrevisses, de homards en gratin, d'alimelles et d'amourettes, de ragoûts de crêtes et de rognons; des caisses de laitances, de poissons marinés et fumés; de ces canapés aux anchois et au jambon; nous avons de préférence employé ces sortes de choses pour les garnitures de nos grosses pièces et des entrées. C'est à l'ouvrier à savoir varier ces sortes de ragoûts selon les objets auxquels il les destine.

Nous nous sommes également abstenu de ne point citer dans nos grands menus ces grosses pièces de venaison, telles que le quartier de sanglier, de marcassin, de daim et de cerf; le chevreuil seul est recherché. Les autres venaisons se servent dans les grandes maisons, ou ils proviennent ordinairement de la chasse du seigneur. Le cuisinier doit en tirer le parti le plus convenable en conservant pour la table les quartiers, et les filets pour des côtelettes; les épaules et les poitrines se servent à l'office.

Nous allons donc suivre la même méthode pour la description des mois qui succèdent à janvier.

CHAPITRE III.

1er FÉVRIER, *Vendredi*. Menu de 10 à 12 couverts.

Deux potages.
Le potage à la Bernoise,
La tortue au vin de Madère.

Deux relevés de poissons.
Les perches à la Vaterfiche,
Les darnes de saumon grillées, sauce Hollandaise.

Deux grosses pièces.
Le quartier de chevreuil mariné, sauce poivrade;
Le chapon à la crème et au riz.

Quatre entrées.
Les escalopes de lapereaux au suprême,
L'émincé de langues de moutons à la Clermont,

Les perdreaux à la Périgord,
La fricassée de poulets à la Villeroy.
Deux plats de rôts.
Les bartavelles bardées,
Les poulets à la reine, au cresson.
Quatre entremets.
La croustade de truffes,
Les concombres à la béchamel,
La gelée de marasquin fouettée,
Le gâteau de semoule au raisin de Corinthe.

2 FÉVRIER, *Samedi.* Menu de 10 à 12 couverts.

Deux potages.
Le potage de santé,
Le potage de rossolis à la Polonaise.
Deux relevés de poissons.
Le cabillaud à la béchamel maigre,
Le brochet garni de laitances de carpes.
Deux grosses pièces.
La pièce de bœuf au vin de Madère,
L'oie braisée aux marrons et racines glacées.
Quatre entrées.
Le sauté de poulardes aux truffes,
Les ris de veaux glacés à la chicorée,
Le salmis de bécasses au vin de Bordeaux,
Les petits pâtés à la béchamel.
Deux plats de rôts.
Le dindonneau au cresson,
Les grives bardées.
Quatre entremets.
Les champignons grillés, demi-glace,
Les pommes de terre frites à la Lyonnaise,
La gelée de Champagne rosé ;
La tourte aux épinards à la moëlle.

3 FÉVRIER, *Dimanche*. Menu de 10 à 12 couverts.

Deux potages.

La croûte gratinée au Parmesan,
Le potage de levrauts à l'Anglaise.

Deux relevés de poissons.

Le turbot, sauce aux huîtres ;
La carpe à la Chambord moderne.

Deux grosses pièces.

La selle de mouton des Ardennes,
La dinde aux truffes et à la Maquignon.

Quatre entrées.

Le pâté chaud de cailles aux fines herbes,
La blanquette de palais de bœufs à l'Allemande,
Les boudins de volaille à la Richelieu,
Les filets de sarcelles à l'orange.

Deux plats de rôts.

Les perdreaux rouges piqués,
Le chapon au cresson.

Quatre entremets.

Les salsifis à la Hollandaise,
Les œufs frits à la sauce tomate,
La gelée de café moka,
Le flan de pommes méringuées.

4 FÉVRIER, *Lundi*. Menu de 10 à 12 couverts.

Deux potages.

Le potage à la julienne,
Le potage de grives à la Russe.

Deux relevés de poissons.

La queue d'esturgeon en tortue,
L'anguille glacée à l'Italienne.

Deux grosses pièces.

La pièce de bœuf à la maréchale,

Le cochon de lait à la Grecque.

Quatre entrées.

La belle poularde à l'ivoire, à l'estragon,
Les escalopes de riz d'agneaux à la Provençale,
Les perdreaux aux truffes à la Maquignon,
Le vol-au-vent à la Nesle, à l'Allemande.

Deux plats de rôts.

Les lapereaux bardés,
Les poulets gras.

Quatre entremets.

Les cardes à la moëlle,
Les œufs pochés à la chicorée,
Le fromage bavarois aux abricots,
Le biscuit aux amandes.

DEUXIÈME TRAITÉ DES MENUS

DE LA CUISINE MODERNE.

5 FÉVRIER, *Mardi*. Menu de 30 à 36 couverts.

Deux potages.

Le potage de macaroni à la Napolitaine,
La croûte gratinée au consommé.

Deux relevés de potages.

Le turbot, sauce aux crevettes;
Les chapons à la régence.

Deux grosses pièces pour les bouts.

Le rosbif d'aloyau à l'Anglaise,
La longe de veau à la crème.

Seize entrées.

La noix de veau glacée à la chicorée,
*Le fritot de poulets à la tomate,

Les grives au gratin, demi-espagnole;
Le sauté de poulets aux truffes.

Le turbot, sauce aux crevettes.

Les filets de lapereaux à la dauphine,
L'anguille roulée, glacée au four;
*Les petites croustades à la Monglas,
** Le pain de perdreaux à la gelée.

** Le filet de bœuf glacé à la gelée,
* Les croquettes de volaille à l'Allemande,
Le salmis de bécassines au vin de Madère,
Les bigarrures de cuisses de poulets à la Toulouse.

Les chapons à la régence.

Les filets de canetons à la Bourguignotte,
Les ailes de volailles à la chevalier,
*Les filets de soles à la Orly,
Le turban de quenelles de volaille à la Périgueux.

Quatre grosses pièces d'entremets.

Le jambon à la gelée,
Le biscuit à la royale,
Le dinde en galantine à la gelée,
Le croque-en-bouche de marrons glacés.

Quatre plats de rôts pour les contreflancs.

Les reins de levrauts, piqués marinés,
Les pigeons romains,
Les poulets à la reine,
Les cailles bardées.

Seize entremets.

Les cardes à l'essence,
** La crême française aux macarons amers.

Les reins de levrauts piqués.

*Les nougats de pommes,
Les œufs pochés au fumet de gibier.

Le jambon à la gelée.

La croûte aux champignons,
*Les dariolles à la fleur-d'orange.

Les pigeons romains.

**La gelée de fraises (conserve),
Les pommes de terre à la maître d'hôtel.

Les choux-fleurs à la ravigote,
**La gelée de bigarades.

Les poulets à la reine.

Les méringues à la crème, au café;
Les navets à la Chartres.

La dinde en galantine à la gelée.

Les truffes à la serviette,
*Les tartelettes d'abricots.

Les cailles bardées.

**Le fromage bavarois aux pistaches,
Les épinards à l'Anglaise,
Pour *extra*, six assiettes volantes de petits soufflés à l'orange.

6 FÉVRIER, *Mercredi.* Menu de 6 à 9 couverts.

Un potage.

Le riz à la Crécy.

Une grosse pièce.

La selle d'agneau à l'Anglaise.

Deux entrées.

La darne de saumon au beurre d'anchoix,
La poularde au consommé.

Un plat de rôt.

Les lapereaux bardés.

Deux entremets.

Les choux-fleurs au beurre,

La crème frite à la Parisienne ;
Pour *extra*, la gelée d'oranges.

7 FÉVRIER, *Jeudi.* Menu de 30 à 36 couverts.

Deux potages.

Le potage de choux à la Russe,
Le vermicelle au blond de veau.

Deux relevés de potages.

Le cabillaud à la crème,
La dinde truffée à la Périgord.

Deux grosses pièces pour les bouts.

La pièce de bœuf à l'étendard,
Le quartier de sanglier mariné, sauce poivrade.

Seize entrées.

La matelote de foies gras au vin de Madère,
*La timbale de macaroni à la Piémontaise,
**La magnonaise de cervelles de veaux,
Le sauté de poulardes à l'écarlate.

Le cabillaud à la crème.

Les filets de lapereaux à la maréchale,
Le darne de saumon grillé,
Les filets de pigeons à la Orly,
Les langues de moutons à la Bretonne.

Le hachis de volaille à la Turque,
*La orly de filets de carpes,
Les escalopes de mauviettes aux croûtons farcis,
Les côtelettes de moutons à la purée de pommes de terre.

La dinde truffée à la Périgord.

Le sauté de perdreaux au suprême,
**La fricassée de poulets froide à la gelée,
*Le pâté chaud à la ciboulette,
Les quenelles de gibier au fumet.

Quatre grosses pièces.

Le buisson de homards,
Le nougat à la Française,
Le buisson de truffes au Madère,
La brioche à la crème.

Quatre plats de rôts, pour les contre-flancs.

Les éperlans en hatelets,
Les poulets à la Reine,
Les chapons au cresson,
Les grives bardées.

Seize entremets.

Les laitues au consommé,
** Le fromage bavarois au cédrat.

Les éperlans en hatelets.

*Les gaufres aux raisins de Corinthe,
Les œufs aux truffes en dés.

Le buisson de homards.

Les choux de Bruxelles au velouté,
*Les gâteaux d'abricots.

Les poulets à la Reine.

** La gelée d'oranges,
Les artichauts au velouté.

Les pommes de terre frites,
** La gelée de grenades.

Les chapons au cresson.

Les manons glacées à la groseille,
Les champignons à la Provençale.

Le buisson de truffes.

Les épinards au jus,
*Les petits soufflés de crème de riz.

Les grives bardées.

** Le blanc-manger renversé,
Les cardes au Parmesan.

Pour *extra*, six assiettes de fondus.

8 FÉVRIER, *Vendredi*. Menu de 6 à 9 couverts.

Un potage.

Le potage au céleri.

Une grosse pièce.

La pièce de bœuf à la Flamande.

Deux entrées.

Les papillottes de filets de carpes à la Duxelle,
Les perdreaux à la Périgord.

Un plat de rôt.

Le chapon au cresson.

Deux entremets.

Les œufs à la Dauphine,
La gelée de fraises (conserve).

Pour *extra*, les darioles à l'orange.

9 FÉVRIER, *Samedi*. Menu de 6 à 9 couverts.

Un potage.

Le potage de semoule au consommé.

Une grosse pièce.

Le turbotin grillé à la maître d'hôtel.

Deux entrées.

Le filet de bœuf au vin de Madère,
Le fritot de poulets à la Viennoise.

Un plat de rôt.

Les grives bardées.

Deux entremets.

Les choux de Bruxelles au beurre,
La crème Plombier à l'abricot.

Pour *extra*, les soufflés au café.

10 FÉVRIER, *Dimanche*. Menu de 6 à 9 couverts.

Un potage.

L'orge perlée à la d'Orléans.

Une grosse pièce.

Le quartier de chevreuil mariné, poivrade.

Deux entrées.

Les escalopes de saumon à l'Italienne,
Les poulets braisés à l'Anglaise.

Un plat de rôt.

Le levraut piqué, glacé.

Deux entremets.

Les concombres farcis,
La gelée d'oranges dans un bol.

Pour *extra*, le flan à la Suisse.

11 FÉVRIER, *Lundi*. Menu de 6 à 9 couverts.

Un potage.

Les quenelles de volaille au consommé.

Une grosse pièce.

Le rosbif de présalé des Ardennes.

Deux entrées.

Les filets de soles à la Vénitienne,
La noix de veau glacée aux épinards.

Un plat de rôt.

La poularde au cresson.

Deux entremets.

Les cardes à la moëlle,
Le pouding anglo-français.

Pour *extra*, les choux à la Mecque.

LE MAITRE D'HOTEL FRANÇAIS.

PREMIER TRAITÉ DES MENUS DE LA CUISINE MODERNE.

12 FEVRIER, *Mardi*. Menu de 60 couverts.

QUATRE POTAGES.

Le potage de lièvres à l'Anglaise,   Le sagou à la Lyonnaise,
Le potage de santé, au consommé de volaille,   La croûte gratinée aux laitues.

QUATRE RELEVÉS DE POISSONS.

Le brochet à la régence,   Le cabillaud à la maître d'hôtel liée,
Le saumon à la Vénitienne,   Les perches au vin de Champagne.

QUATRE GROSSES PIÈCES POUR LES CONTRE-FLANCS.

Les filets de bœuf à l'Italienne,   Les poulardes glacées à la Toulouse,
Les perdrix à la choucroute et racines glacées,   Le quartier de daim, sauce chevreuil.

TRENTE-DEUX ENTRÉES.

1. Les ailerons de dindons à la purée de navets,
2*. Les petites croustades de mauviettes au gratin,
3. L'épigramme d'agneau aux pointes d'asperges,
4. Les poulets à la reine, sauce aux huîtres.

   LES FILETS DE BOEUF A L'ITALIENNE.

5. Les pigeons gautiers au beurre d'écrevisses,
6**. La galantine d'anguille au beurre de Montpellier,
7. Le hachis de volaille à la Polonaise,
8. Le sauté de lapereaux à la Vénitienne.

   LE BROCHET A LA RÉGENCE.

9. Les filets de canards sauvages à l'orange,
10. Les petites caisses de foies gras à la Monglas,
11**. La salade de volaille à la Provençale,
12. Les filets de poulardes en demi-deuil.

    LES PERDRIX A LA CHOUCROUTE.

13. Les boudins de faisans à la moderne,
14. Les poulets dépecés à l'estragon,
15*. Le vol-au-vent à la Nesle, à l'Allemande,
16. Les oreilles de veaux à la tortue, au Madère.

16. La blanquette de ris de veaux aux concombres,
15*. Les petites cassolettes de ris à la reine,
14. Le faisan à la Périgueux,
13. Les côtelettes de levrauts à la maréchale.

    LES POULARDES GLACÉES A LA TOULOUSE.

12. L'éminée de chevreuil à la Clermont,
11**. Le salmis de bécasses à la gelée,
10. Les petits canetons de volaille à la tomate,
9. Les filets de bartavelles sautés au suprême.

   LE CABILLAUD A LA MAÎTRE D'HÔTEL.

8. Les ailes de poulardes à la Chevalier,
7. Le sauté de cailles aux truffes,
6**. La côte de bœuf à la gelée,
3. La fricassée de poulets aux champignons.

   LE QUARTIER DE DAIM, SAUCE CHEVREUIL.

4. Le turban de filets de soles à la Conti,
5. Les papillottes de filets de poulets à la maître d'hôtel,
2*. Les petites timbales de nouilles aux crevettes,
1. Les côtelettes de mouton sautées à l'Anglaise.

POUR EXTRA, DIX ASSIETTES VOLANTES DE FRITURE, DE ORLY DE FILETS, DE VOLAILLE ET DE POISSONS.

QUATRE GROSSES PIÈCES D'ENTREMETS.

Le flan de pommes à la Portugaise,   Le nougat au gros sucre et aux pistaches,
Le biscuit au marasquin,   Le pâté de gibier aux truffes.

QUATRE PLATS DE ROTS.

Les chapons au cresson,   Les pluviers dorés bardés,
Les faisans piqués, glacés,   Les poulets à la reine.

TRENTE-DEUX ENTREMETS

1*. Le croque-en-bouche de quartiers d'oranges,
2. Les choux-fleurs à la magnonaise,
3*. Les petits soufflés de riz au cédrat,
4. Les pommes de terre à la Bretonne.

   LE FLAN DE POMMES A LA PORTUGAISE.

5. Les laitues à l'essence de jambon,
**. La gelée des quatre fruits,
7. Les navets glacés à la Chartres,
8*. Les gâteaux glacés aux pistaches.

   LES CHAPONS AU CRESSON.

9*. Les beignets de poires en quartier,
10. Les épinards à l'essence,
11**. Le blanc-manger aux avelines,
12. Les truffes au vin de Champagne.

    LE BISCUIT AU MARASQUIN.

13. Les salsifis à la maître d'hôtel liée,
14*. Les bouchées d'abricots glacées,
15. Les haricots verts à l'Anglaise,
16*. La charlotte à la Française.

16*. La méringue à l'essence de roses,
15. Les cardes à l'Espagnole,
14*. Les pains à la Mecque aux anis,
13. Les petits pois à la Française.

    LE NOUGAT AU GROS SUCRE.

12. Les œufs pochés à la chicorée,
11**. Le fromage Bavarois aux abricots (conserve),
10. Les concombres à la Béchamel,
9*. Les croquettes de riz à l'orange.

   LES PLUVIERS DORÉS BARDÉES.

8*. Les génoises de nouilles à l'Allemande,
7. Les champignons à la Provençale,
6**. La gelée de citrons,
5. Les brocolits au beurre.

   LE PATÉ DE GIBIER AUX TRUFFES.

4. Les fonds d'artichauts au velouté,
3*. Les petites fantaisies panachées,
2. La salade à l'Italienne,
1*. Le croque-en-bouche à la reine.

POUR EXTRA, DIX ASSIETTES DE FONDUS.

TABLEAU N° V.   *Suite de la page* 129, *Tome I.*

LE MAITRE D'HOTEL FRANÇAIS.

13 FEVRIER, *Mercredi*. Menu de 10 à 12 couverts.

DEUX POTAGES.
Le potage de tortue à l'Américaine,
Le potage à la Brunoise, au consommé.

DEUX RELEVÉS DE POISSONS.
Le saumon, sauce aux huîtres;
Les anguilles glacées à l'Italienne.

DEUX GROSSES PIÈCES.
La pièce de bœuf aux racines glacées,
Les poulets à la reine et aux truffes.

QUATRE ENTRÉES.
Le sauté de perdreaux rouges au fumet,
Les côtelettes de veau à la Dreux,
La croustade garnie d'un escalope de volaille,
Les filets de sarcelles à la bigarade.

DEUX PLATS DE RÔTS.
Le dindonneau au cresson,
Les faisans bardés et piqués.

QUATRE ENTREMETS.
Les truffes sautées à l'Italienne,
Les œufs brouillés au jambon,
La gelée d'anisette de Bordeaux,
Le biscuit aux amandes.

14 FEVRIER, *Jeudi*. Menu de 40 à 45 couverts.

QUATRE POTAGES.

Le potage Rossolis à la Polonaise,
La garbure aux choux,
La Julienne au blond de veau,
Le potage de cailles à la Russe.

QUATRE RELEVÉS DE POISSONS.

La carpe à la Chambord moderne,
Le turbot à la Hollandaise,
La truite de Seine à la Vénitienne,
Les brochets, sauce aux huîtres.

QUATRE TERRINES POUR LES CONTRE-FLANCS.

La tête de veau en tortue,
Les cuisses de canetons à la Provençale,
Les lazannes à la Napolitaine,
Les queues de moutons aux racines glacées.

VINGT-QUATRE ENTRÉES.

1. Les papillottes de filets de merlans à la Duxelle,
2**. Le salmis de faisans à la gelée,
3. La poularde à la Montmorency

LA TÊTE DE VEAU EN TORTUE.
4. Les quenelles de volaille au suprême,
5*. Le pâté chaud de Godiveau à l'ancienne,
6. Le filet de bœuf au vin de Madère.

LE TURBOT A LA HOLLANDAISE.
7. Les filets de canards sauvages à la minute,
8*. Le fritot de poulets à la royale,
9. Les escalopes de saumon à la maître d'hôtel.

LES CUISSES D'OIES A LA PROVENÇALE.
10. Les perdreaux rouges à la Périgord,
11**. Les hatelets de crêtes à l'aspic ravigote,
12. Les côtelettes de pigeons à la d'Armagnac,

12. La bigarrure de poulets à la Conti,
11**. Les perches à la magnonaise,
10. Le faisan à la Maquignon, Toulouse.

LES LAZANNES A LA NAPOLITAINE.
9. La caisse de foies gras à la Périgueux,
8*. Les filets de soles panées à l'Anglaise,
7. Le sauté de volaille à la royale.

LA TRUITE DE SEINE A LA VÉNITIENNE.
6. Les côtelettes de veau à la Polonaise,
5*. La casserole au ris, au chasseur;
4. Les poulets à la reine en demi-deuil.

LES QUEUES DE MOUTONS AUX RACINES GLACÉES.
3. Le gratin de cabillaud à la Béchamel,
2**. Les filets de poulardes à l'écarlate et à la gelée,
1. Les filets de lapereaux piqués, glacés au four.

QUATRE GROSSES PIÈCES D'ENTREMETS.

L'hermitage Suédois,
La grosse méringue à la Parisienne,
Le croque-en-bouche aux pistaches,
L'hermitage Chinois.

QUATRE PLATS DE ROTS POUR LES CONTRE-FLANCS.

Les grives bardées,
Les poulets à la reine,
Les dindonneaux à l'Anglaise,
Les sarcelles au jus d'orange.

VINGT-QUATRE ENTREMETS.

1. Les écrevisses de Seine,
2*. Les marrons à la crème aux avelines,
3. Les truffes à la Provençale.

LES GRIVES BARDÉES.
4. Les cardes à l'Espagnole,
5**. La gelée de rhum,
6. Les champignons grillés, demi-glace.

L'HERMITAGE SUÉDOIS.
7. La purée de haricots à la crème,
8**. La crème au caramel, au bain-marie,
9. Les pommes de terre frites.

LES POULETS A LA REINE.
10. Les petites carottes à la Béchamel,
11*. Les petits pains au chocolat,
12. Les œufs pochés à la purée d'oseille,

12. Les œufs farcis à la dauphine,
11*. Les darioles soufflées à l'orange,
10. Les navets glacés au sucre.

LES DINDONNEAUX A L'ANGLAISE.
9. Les choux-fleurs au Parmesan,
8**. Le fromage Bavarois aux pistaches,
7. Les concombres au suprême.

L'HERMITAGE CHINOIS.
6. Les laitues glacées à l'essence,
5**. La gelée de citrons,
4. Les salsifis à la Villeroy.

LES SARCELLES AU JUS D'ORANGE.
3. Les choux de Bruxelles au velouté,
2*. Les tartelettes de cerises glacées au caramel,
1. Le buisson de petits homards au Madère.

POUR EXTRA, SIX ASSIETTES VOLANTES DE PETITS SOUFFLÉS AUX ABRICOTS.

15 FÉVRIER, *Vendredi*. Menu de 10 à 12 couverts.

Deux potages.

Le potage de perdrix à l'Espagnole,
Le vermicelle au consommé.

Deux relevés de poissons.

La carpe farcie à la Polonaise,
Le cabillaud à la crème.

Deux grosses pièces.

La pièce de bœuf à la gendarme,
Le cochon de lait à la moderne.

Quatre entrées.

Les croquettes de blanc-manger,
Les escalopes de poulardes au concombres,
Les filets de veaux piqués aux laitues,
Les bécasses à la Périgueux, entrée de broche.

Deux plats de rôts.

Les poulets à la Reine et au cresson,
Les merlans frits à l'Anglaise.

Quatre entremets.

Les pommes de terre à la Hollandaise,
Les petites omelettes au Parmesan,
Le fromage bavarois aux framboises,
Le gâteau au riz, au raisin muscat.

16 FÉVRIER, *Samedi*. Menu de 10 à 12 couverts.

Deux potages.

Le potage à la d'Artois,
Le potage de santé au consommé.

Deux relevés de poissons.

La barbue au gratin, au vin de Champagne ;
Les tronçons d'anguilles, à la Tartare.

Deux grosses pièces.

Le rosbif de présalé des Ardennes,

La dinde aux truffes à la Périgord.
Quatre entrées.
Le pâté chaud à la Financière,
Les côtelettes d'agneau glacées aux pointes d'asperges,
Le sauté de faisans au Suprême,
Les petits poulets aux huîtres.
Deux plats de rôts.
Les canetons de Rouen,
Les poulets gras au cresson.
Quatre entremets.
Les truffes à la serviette,
Les épinards à l'Anglaise,
Les pains à la Duchesse et à la gelée de groseilles,
La gelée d'oranges dans un bol.

16 FÉVRIER, *Samedi.* Menu d'un Souper de 200 couverts, servi en ambigu et en 10 Tables à 20 couverts. Première Table, 20 couverts, servie en ambigu.

(Voyez le dessin du n° 7 de la *planche* 6°.)

Deux potages.
Le potage à la Condé,
Le karic de poulets à l'Indienne.
Deux grosses pièces.
Le turbot à la Hollandaise,
La dinde à la Périgord.
Quatre entrées, dont deux froides.
La casserole au riz à la Polonaise,
La fricassée de poulets à la Chevalier,
La salade de filets de soles à la Provençale,
La galantine de perdreaux à la gelée.
Deux plats de rôts.
Les faisans piqués glacés,
Les sarcelles garnies de citrons.

Quatre entremets.

Les truffes au vin de Bourgogne,
Les choux-fleurs à la Magnonaise,
La gelée d'oranges,
Le fromage aux abricots (conserve).

Pour le milieu de la table, un plateau, ou une grosse pièce de pâtisserie, telle que la Ruine d'Athènes. On doit placer, entre cette grosse pièce et le service de cuisine, douze assiettes de dessert, dont quatre de four.

Pour *extra*, les petits vols-au-vent à la Béchamel, des petits soufflés, en caisse, au moka, des glaces de toute espèce.

On doit servir les deux grosses pièces chaudes, ainsi que deux entrées et les plats de rôts, si l'on veut ajouter encore deux entremets de légumes chauds, pour relever à l'entremets ceux qui ont été posés sur la table au commencement du service.

Les Tables qui vont suivre doivent être servies de la même manière que celles-ci. Les potages ne doivent pas être servis sur la Table.

SOUPER DU 16 FÉVRIER. Deuxième Table de 20 couverts, servie en ambigu.

Deux potages.

Le potage à la Provençale,
Le potage de perdrix au Chasseur.

Deux grosses pièces.

La hure d'esturgeon au vin de Champagne,
Les poulardes à la Montmorency.

Quatre entrées, dont deux froides.

Les cailles au gratin, demi-glace ;
La noix de veau glacée à la chicorée,
La darne de saumon au beurre de Montpellier,
Les poulets à la Chevry, aspic froid.

Deux plats de rôts.

Le chapon au cresson,
Les bécasses bardées.

Quatre entremets.

Les cardes à la moëlle, et à l'Espagnole,
La croustade garnie de truffes sautées,
La gelée de citrons,
La crème française à l'orange.

Pour le milieu de la table, une grosse pièce de pâtisserie, la Cascade demi-circulaire, et douze assiettes de dessert.

Pour *extra*, les petites croustades de nouilles à la Reine, les darioles à la vanille, les glaces moulées en fruits.

SOUPER DU 16 FÉVRIER. Troisième Table de 20 couverts, servie en ambigu.

Deux potages.

Le potage de santé au blond de veau,
Le potage de tortue au vin de Madère.

Deux grosses pièces.

La truite saumonée, sauce génoise ;
Le quartier de chevreuil mariné, sauce poivrade.

Quatre entrées, dont deux froides.

Le faisan à la Périgueux,
La salade de volaille à la Provençale,
Les filets de canetons à la bigarade,

Le filet de bœuf glacé à la gelée.

Deux plats de rôts.

Les poulets à la Reine et au cresson,
Des grives et ortolans bardés.

Quatre entremets.

Les choux-fleurs au Parmesan,
Les truffes à la serviette,
La gelée d'oranges,
Les pommes au riz historiées.

Pour le milieu de la table, une grosse pièce de pâtisserie, le Pavillon Asiatique, et douze assiettes de dessert.

Pour *extra*, les petits pâtés à la Monglas, les soufflés de fécules à la bigarade, les glaces moulées en brique.

SOUPER DU 16 FÉVRIER. Quatrième Table de 20 couverts, servie en ambigu.

Deux potages.

Le potage de poulets à l'Indienne,
Le potage à la d'Artois.

Deux grosses pièces.

Le cabillaud, sauce aux huîtres;
La longe de veau marinée en chevreuil.

Quatre entrées, dont deux froides.

La poularde à la Régence,
L'anguille en arcade, au beurre de Montpellier;
Le sauté de perdreaux rouges aux truffes,
L'aspic garni de crêtes et rognons.

Deux plats de rôts.

Les canards sauvages,
Les poulets gras.

Quatre entremets.

Les truffes à l'Italienne,
Les piés de céleri à l'Espagnole,
La gelée de Champagne rosé,
La charlotte à la Parisienne.

Pour le milieu de la table, une grosse pièce de pâtisserie, la Fontaine de Scio, et douze assiettes de dessert.

Pour *extra*, les petits vols-au-vent à la purée de gibier, les soufflés de pommes, les glaces variées, moulées en fruit.

SOUPER DU 16 FÉVRIER. Cinquième Table de 20 couverts, servie en ambigu.

Deux potages.

Le potage au chasseur,
Le vermicelle à la Régence,

Deux grosses pièces.

La barbue au gratin, au vin de Champagne;
La noix de bœuf à la Royale.

Quatre entrées, dont deux froides.

La timbale de macaroni à la Napolitaine,
La darne de saumon au beurre d'écrevisses,
Les filets de volaille à la Chevalier,
Les cailles en galantine à la gelée.

Quatre entremets.

Les épinards en croustades,
Les truffes à la serviette,
La gelée d'ananas garnie de fruits,
Le fromage bavarois aux avelines grillées.

Pour le milieu de la table, une grosse pièce de

pâtisserie, la Ruine de Palmyre, et douze assiettes de dessert.

Pour *extra*, la Orly de filets de soles, les soufflés au rhum, les glaces moulées.

SOUPER DU 16 FÉVRIER. Sixième Table de 20 couverts, servie en ambigu.

Deux potages.

Le potage à la Provençale,
Le potage de tortue au vin de Madère.

Deux grosses pièces.

Le brochet à la Régence,
La dinde à la Godard.

Quatre entrées, dont deux froides.

Les filets de sarcelles à la bigarade,
La galantine de perdreaux à la gelée,
Les ailes de poulardes à la Pompadour,
La salade de filets de soles à la Provençale.

Deux plats de rôts.

Les gélinottes et pluviers dorés,
Le dindonneau au cresson.

Quatre entremets.

La croûte aux champignons,
Les concombres en cardes, au velouté,
La gelée au café à l'eau,
La suédoise de pommes.

Pour milieu, une grosse pièce de pâtisserie, le Pavillon des Palmiers, et douze assiettes de dessert.

Pour *extra*, les petites cassolettes de riz à la reine, les petits soufflés à la Parisienne.

SOUPER DU 16 FÉVRIER. Septième Table de 2 couverts, servie en ambigu.

Deux potages.

Le potage à la Crécy,
Le potage karic à l'Indienne.

Deux grosses pièces.

Le saumon, sauce vénitienne,
Les filets de bœuf à l'Anglaise.

Quatre entrées, dont deux froides.

La poularde au riz,
La noix de veau au beurre de Montpellier,
Les perdreaux à la Périgord,
La galantine de poulets à la gelée.

Deux plats de rôts.

Le chapon au cresson,
Les pluviers dorés.

Quatre entremets.

Les truffes à la Provençale,
Les pommes de terre à la Lyonnaise,
La gelée d'orange en écorce,
La crème à la Française et au thé.

Pour le milieu de la table, une grosse pièce de pâtisserie, l'hermitage Indien, et douze assiettes de dessert.

Pour extra, *les cannelons à la Luxembourg, les soufflés à l'orange, les glaces.*

SOUPER DU 16 FÉVRIER. Huitième Table de 20 couverts servie, en ambigu.

Deux potages.

Le potage à la tortue, au vin de Madère,
Le potage de santé au consommé.

Deux grosses pièces.

La carpe garnie d'une matelote d'anguilles,
La dinde à l'Anglaise.

Quatre entrées, dont deux froides.

La côte de bœuf glacée aux racines,
La blanquette de poularde à la gelée,
La timbale de nouilles à la Milanaise,
La galantine de faisan à la gelée.

Deux plats de rôts.

Les canards sauvages à la bigarade,
Les cailles bardées.

Quatre entremets.

Les choux de Bruxelles au velouté,
Les champignons à la Provençale,
La gelée de rhum,
Le blanc-manger aux avelines.

Pour le milieu de la table, une grosse pièce de pâtisserie, la grande chaumière Russe, et douze assiettes de dessert.
Pour extra, les croquettes de riz à la Monglas, les fondus au Parmesan, les glaces moulées aux fruits.

SOUPER DU 16 FÉVRIER. Neuvième Table de 20 couverts, servie en ambigu.

Le potage de perdrix au chasseur,
Le potage à la Provençale.

Deux grosses pièces.

Le gros tronçon d'esturgeon à la broche,
Le quartier de sanglier mariné.

Quatre entrées, dont deux froides.

La casserole au riz à la reine,
La fricassée de poulets froids à la gelée,
Le chapon à l'Indienne,
La salade de perdreaux à la magnonaise,

Deux plats de rôts.

Les bécasses bardées,
Les poulets gras au cresson.

Quatre entremets.

Les champignons à la Provençale,
Les concombres à la béchamel,
La gelée au rhum,
Les pommes au riz.

Pour milieu une grosse pièce de pâtisserie, le pavillon Persan, douze assiettes de dessert.

Pour extra, *les croquettes de gibier.*

SOUPER DU 16 FÉVRIER. Dixième et dernière Table de 20 couverts, servie en ambigu.

Deux potages.

Le riz à la Crécy,
Le potage de santé.

Deux grosses pièces.

Le cabillaud à la crème,
Le rond de veau à la royale.

Quatre entrées, dont deux froides.

La croustade de mauviettes au gratin,
Les poulets à la reine et à la Périgueux,
Le filet de bœuf au vin de Madère, à la gelée;
Les galantines de cailles à la gelée.

Deux plats de rôts.

Les faisans piqués,
La poularde au cresson.

Quatre entremets.

Le céleri à la Française,
Les truffes à la serviette,
La gelée de marasquin,
La charlotte à l'Américaine.

Pour milieu une grosse pièce de pâtisserie, la cascade de Rome antique, et douze assiettes de dessert.

Pour extra, *les petits pâtés à la béchamel, les soufflés à la vanille, les glaces aux fruits à la Napolitaine.*

En réunissant ces menus par deux, on pourrait également avoir cinq tables de quarante couverts, servies en ambigu.

Cette réunion donnerait quatre potages, quatre grosses pièces, quatre entrées chaudes et quatre froides, quatre plats de rôts, deux grosses pièces montées, auxquelles on ajouterait deux grosses pièces de fonds de pâtisserie, de même qu'on ajouterait quatre entremets de pâtisserie aux huit déja indiqués; et ces cinq tables auraient de l'élégance étant garnies d'un plateau en vermeil et d'un riche dessert.

SOUPER DU 16 FÉVRIER. Menu d'un buffet pour 200 personnes.

Quatre potages.

Le potage au chasseur,
Le riz à la purée de navets,
Le potage à la tortue, au Madère;
Le potage de santé.

Quatre poissons froids.

Le turbot,
Le cabillaud,
Le brochet de Seine,
Le saumon au bleu.

Quatre grosses pièces.

Le jambon glacé à la gelée,
Le gâteau de gibier sur un socle,

La galantine de volaille sur un socle,
La longe de veau à la gelée.

Quatre grosses pièces de pâtisserie, de fonds.

Le pâté de perdreaux aux truffes,
Le babas à la Polonaise,
Le nougat au gros sucre,
Le croque-en-bouche à la moderne.

Quatre grosses pièces montées.

La cascade des Arcades,
La fontaine Vénitienne,
Le pavillon musulman,
La rotonde à la Grecque.

Huit plats de rôts.

2. De faisans,
2. De poulardes,
2. De sarcelles,
2. De poulets à la reine.

Vingt-quatre entrées froides.

2. De noix de veau à la gelée,
2. De darnes de saumon au beurre de Montpellier,
2. De salades de volailles à la gelée,
2. D'aspics garnis de crêtes et rognons,
2. De galantines de perdreaux à la gelée,
2. De fricassées de poulets froids à la gelée,
2. De magnonaises de volailles à la gelée,
2. De galantines d'anguilles au beurre de Montpellier,
2. De salmis de perdreaux à la gelée,
4. De pains de volailles à la gelée,
2. De galantines de cailles à la gelée.

Quarante entremets.

2. De gelées de citrons en petits paniers,
2. De gelées d'oranges moulée,
2. De gelées de marasquin,
2. De blanc-manger au café moka,

2. De fromages bavarois aux abricots,
2. De suédoises de pommes historiées,
2. De charlottes à la Parisienne,
2. De génoises perlées en croissant,
2. De nougats de pommes,
2. De méringues à la vanille,
2. De gâteaux aux pistaches,
2. De petits diadèmes,
2. De gâteaux d'amandes glacés à la royale,
2. De bouchées au gros sucre,
2. De madelaines au raisin de Corinthe,
2. De choux à la Mecque,
2. De gaufres à la Parisienne,
2. De salsifis à la gelée,
2. De salades à la Provençale,
2. De choux-fleurs à la magnonaise.

Ce menu n'est pas à proportion aussi fort dans son ensemble pour deux cents personnes, que celui que nous avons donné le 6 janvier; mais tel qu'il est, il aura encore de l'élégance, si toutes les parties sont brillantes par le travail, et son ensemble produira de l'effet, pourvu, cependant, que le buffet sur lequel ce service sera posé, ressemble au dessin que je donne à la planche 8e.

17 FÉVRIER, *Dimanche*. Menu de 10 à 12 couverts.

Deux potages.
L'orge perlée à la Russe,
Le potage de laitues braisées.
Deux relevés de poissons.
Le cabillaud à la Hollandaise,
La truite de Seine au bleu, ravigote froide.

Deux grosses pièces.

La dinde à la Périgord,
Le rosbif d'une selle de mouton des Ardennes.

Quatre entrées.

Les petits pâtés à la béchamel,
Le sauté de perdreaux aux truffes,
Les cailles au gratin, garnies de croûtons farcis;
Les poulets à l'ivoire, à l'essence.

Deux plats de rôts.

Les faisans piqués,
Les canards sauvages.

Quatre entremets.

Les cardes à l'essence,
Les truffes à l'Italienne,
La gelée d'orange,
Le soufflé de pommes au riz.

18 FÉVRIER, *Lundi.* Menu de 10 à 12 couverts.

Deux potages.

Le potage de riz à la Piémontaise,
Le potage à la reine.

Deux relevés de poissons.

La carpe du Rhin à la Polonaise,
Le turbot grillé, sauce aux anchois.

Deux grosses pièces.

Les poulets à la reine, à la Montmorency;
La pièce de bœuf à la Française.

Quatre entrées.

Les petites timbales de nouilles à la Monglas,
Les oreilles de veaux en menu droit,
La fricassée de poulets à la Chevalier,
Les quenelles de gibier au fumet.

Deux plats de rôts.

Les sarcelles au citron,

Les faisans glacés.

Quatre entremets.

Les laitues farcies à l'essence de jambon,
La croûte aux champignons,
La gelée d'ananas,
Le flan de pommes à la Portugaise.

DEUXIÈME TRAITÉ DES MENUS

DE LA CUISINE MODERNE.

19 FÉVRIER, *Mardi.* Menu de 30 à 36 couverts.

Deux potages.

Le potage au céleri,
Le potage de quenelles au chasseur.
Deux relevés.
Le cochon de lait à la moderne,
La truite saumonée, sauce Vénitienne.
Deux grosses pièces pour les bouts.
La longe de veau à la crème,
La pièce de bœuf garnie à la Russe.
Seize entrées.
Les filets de sarcelles à la minute,
* Les oreilles d'agneaux farcies à la Villeroy.
** L'aspic garni de filets de soles,
Le sauté de poulardes aux concombres.
Le cochon de lait.
Le pain de gibier à la Dauphine,
Les poulets à la reine, à la ravigote;
* La timbale de macaroni à l'Italienne,
Les carbonnades de mouton à l'oseille.

La blanquette de palais de bœufs à l'Allemande,
* Le vol-au-vent à la Nesle,

Les perdreaux à la Périgord,
Les escalopes de turbot à la Béchamel,
La truite saumonée.
Les filets de volaille en demi-deuil,
** La noix de veau au beurre de Montpellier,
* Le fritot de poulets à la Viennoise,
Les mauviettes au gratin, demi-glace.

Quatre grosses pièces d'entremets pour les contre-flancs.
Le buisson d'écrevisses,
Le nougat à la Française,
Le buisson de truffes au vin de Champagne,
Le croque-en-bouche aux pistaches.

Quatre plats de rôts.
Les soles frites à l'Anglaise,
Les bécasses bardées,
Les poulets gras au cresson,
Les grives bardées.

Seize entremets.
** Le fromage bavarois aux abricots (conserve),
La purée d'haricots à la crème.
Le nougat à la Française.
Les champignons à la Provençale,
* Les petits pains au gros sucre.
Les soles frites à l'Anglaise.
* Les gâteaux d'amandes au chocolat,
Les choux-fleurs au Parmesan.
Le buisson d'écrevisses.
Les œufs à la dauphine,
** Le pouding à la moëlle.

** Les beignets glacés à la crème de riz,
Les concombres au velouté.
Le buisson de truffes.
Les épinards à l'Anglaise,

* Les méringues à la vanille.
Les poulets au cresson.
* Les bouchées à la gelée de groseilles,
Les salsifis au beurre.
Le croque-en-bouche aux pistaches.
** La gelée d'oranges moulée,
Les navets à la Chartres.
Pour extra, six assiettes volantes de fondus.

20 FÉVRIER, *Mercredi*. Menu de 6 à 9 couverts.

Un potage.
Le potage de riz à la Crécy.
Une grosse pièce.
La barbue grillée à la maître d'hôtel.
Deux entrées.
Les langues de moutons glacées à la Bretonne,
La chevalier de poulets garnie à la Conti.
Un plat de rôt.
Les cailles bardées.
Deux entremets.
Les pommes de terre à la Hollandaise,
La gelée de punch.
Pour extra, *les gâteaux à la dauphine.*

21 FÉVRIER, *Jeudi*. Menu de 30 à 36 couverts.

Deux potages.
Le potage de sagou à la d'Artois,
Le potage aux cardes à l'essence.
Deux relevés.
Le turbot, sauce aux huîtres,
Le dinde à l'Anglaise.
Deux grosses pièces pour les bouts.
Le rosbif de chevreuil piqué, mariné ;
Les filets de bœuf à l'Italienne.

Seize entrées.

Les tendons d'agneaux aux concombres,
* La casserole au riz à la Toulouse,
Le faisan braisé aux racines glacées,
Les petites caisses de foies gras à l'Espagnole.

Le turbot, sauce aux huîtres.

Les filets de poulardes à la chevalier,
** Les escalopes de saumon à la magnonaise,
* Les croquettes de gibier au fumet,
Les balotines de poulets à la Dreux.

Le turban de quenelles à la Périgueux,
* La fricassée de poulets à la Villeroy,
** Les galantines de cailles à la gelée,
Le sauté de filets de soles à la royale.

La dinde à l'Anglaise.

Les aiguillettes de canards sauvages à l'orange,
La petite poularde à la régence,
* Le pâté chaud de lapereaux à l'ancienne,
Les noisettes de veaux à la chicorée.

Quatre grosses pièces d'entremets pour les contre-flancs.

Le jambon glacé à la gelée,
La brioche à la crème,
Le biscuit aux amandes,
Le rond de veau à la gelée.

Quatre plats de rôts.

Les perdreaux rouges,
Les merlans frits panés à l'Anglaise,
Les poulets normands,
Les sarcelles au citron.

Seize entremets.

** La gelée de citrons moulée,
Les cardes à l'essence.

Le jambon glacée à la gelée.
Les haricots verts à l'Anglaise,
* Les génoises glacées à la rose.
Les perdreaux rouges.
* Les gâteaux glacés aux pistaches,
Les truffes sautées à l'Italienne.
La brioche à la crème.
Les œufs pochés à la purée d'oseille,
** Les pannequets à la crème et vanille.

~~~~~~~~~~

** La charlotte de pommes glacées,
Les épinards en croustades.
Le biscuit aux amandes.
Les carottes à la Flamande,
* Les pains à la paysanne.
Les poulets normands.
* Les petites fantaisies perlées,
La chicorée à la Béchamel.
Le rond de veau à la gelée.
Le céleri à l'Espagnole,
* Le blanc-manger au café.

22 FÉVRIER, *Vendredi.* Menu de 6 à 9 couverts.

Un potage.
Le potage à l'oseille liée.
Une grosse pièce.
Le bœuf garni d'oignons glacés.
Deux entrées.
La poularde à l'ivoire et à l'estragon,
Les oreilles de veaux à la tortue.
Un plat de rôt.
Les perdreaux bardés.
Deux entremets.
Les navets glacés à l'essence,

La charlotte à l'Américaine.

Pour extra, *les gaufres à l'Allemande.*

23 FÉVRIER, *Samedi.* Menu de 6 à 9 couverts.

Un potage.

L'orge perlée à la royale.

Une grosse pièce.

Le brochet à la Polonaise.

Deux entrées.

La côte de bœuf aux oignons glacés,
Le vol-au-vent à la Nesle.

Un plat de rôt.

Les poulets à la reine.

Deux entremets.

Les champignons à l'Italienne,
La gelée de Madère.

Pour extra, *les méringues.*

24 FÉVRIER, *Dimanche.* Menu de 6 à 9 couverts.

Un potage.

Le potage à la Condé.

Une grosse pièce.

La longe de veau marinée en chevreuil.

Deux entrées.

Les cailles au gratin demi-glace,
Le fritot de poulets à la Viennoise.

Un plat de rôt.

Les lapereaux bardés.

Deux entremets.

Les petits choux de Bruxelles,
Le fromage bavarois au Moka.

Pour extra, *la gelée d'oranges.*

25 FÉVRIER, *Lundi*. Menu de 6 à 9 couverts.

Un potage.
Le potage à la faubonne ou consommé.
Une grosse pièce.
Le filet de bœuf à l'Anglaise.
Deux entrées.
Le chapon à la Maquignon,
Les escalopes de cabillaud à la Béchamel.
Un plat de rôt.
Les mauviettes bardées.
Deux entremets.
Les œufs pochés à la chicorée,
La gelée des quatre fruits.
Pour extra, *les choux à la d'Artois.*

LE MAITRE D'HOTEL FRANÇAIS.

PREMIER TRAITÉ DES MENUS DE LA CUISINE MODERNE.

26 FEVRIER, *Mardi*, Menu de 60 à 70 couverts.

QUATRE POTAGES.

Le potage à la royale,
Le potage à la Brunoise à l'essence,

Le potage à la Provençale,
Le vermicelle à la régence.

QUATRE RELEVÉS DE POISSONS.

L'esturgeon à la broche, sauce poivrade,
Les perches au vin de Champagne,

Les anguilles glacées à l'Italienne,
Le turbot à la Hollandaise.

QUATRE GROSSES PIÈCES EN TERRINE.

Les lazannes à la Milanaise,
Les cuisses d'oies aux haricots verts,

Les langues de moutons glacées à la chicorée,
Les ailerons de dindons à la Macédoine.

TRENTE-DEUX ENTRÉES.

1. La poularde à la Montmorency,
2*. Les petits pâtés à l'Espagnole,
3. La noix de veau à la Saint-Cloud,
4. Les filets de perdreaux à la d'Orléans.
   LA TERRINE DE LAZANNES A LA MILANAISE.
5. Les filets de volaille glacés aux concombres,
6**. Les filets de soles à la magnonaise,
7. La blanquette de lapereaux à l'Allemande,
8. Les boudins de volaille à la royale.
   L'ESTURGEON A LA BROCHE.
9. Les escalopes de poulardes au suprême,
10. L'émincé de filets de bœuf à la Clermont,
11**. Le salmis de perdreaux à la gelée,
12. Le sauté de poulardes à l'écarlate.
    LA TERRINE DE CUISSES D'OIES.
13. Le pain de gibier à la dauphine,
14. Les filets de mouton en chevreuil, poivrade,
15*. Les crèmeskis de volaille à la Polonaise,
16. Le faisan à la choucroute, bordure de racines.

16. Les gelinottes à la financière, entrée de broche;
15*. Les petits vols-au-vent à la reine,
14. Les petits canetons de poulets à la Nivernoise,
13. Les pigeons gautiers à la Toulouse.
    LES LANGUES DE MOUTONS A LA CHICORÉE.
12. Les filets de lapereaux piqués glacés,
11**. La salade de volaille aux laitues,
10. Les papillottes de cailles à la Duxelle,
9. Les ailes de poulardes à la Pompadour.
   LE TURBOT A LA HOLLANDAISE.
8. Les quenelles de poulardes à l'Italienne,
7. Les foies gras au vin de Madère,
6**. Les petits aspics à la moderne,
5. Les côtelettes d'agneaux à l'Allemande.
   LA TERRINE D'AILERONS A LA MACÉDOINE.
4. Le turban de filets de merlans à la Conti,
3. Les filets de volaille à la chevalier,
2*. Les petites croustades d'ortolans au gratin,
1. Les poulets à la Périgueux.

POUR EXTRA, DIX ASSIETTES VOLANTES DE FRITURES.

5. De filets mignons à la Orly,
5. De petits soufflés de gibier.

QUATRE GROSSES PIÈCES D'ENTREMÊTS POUR LES CONTRE-FLANCS.

Le gâteau de mille-feuilles à la moderne,
Le buisson de truffes dans la gondole Vénitienne,

Le buisson de truffes dans le navire Chinois,
Le gâteau à la royale.

QUATRE PLATS DE ROTS.

Les perdreaux piqués,
Les poulardes au cresson,

Les poulets gras bardés,
Les gelinottes bardées.

TRENTE-DEUX ENTREMETS.

1. La croûte aux champignons,
2**. Le flan de pommes méringué,
3. Les concombres farcis à l'Espagnole,
4*. Les choux à la Mecque.
   LES PERDREAUX BARDÉS.
5*. Les gâteaux au miroir à la crème,
6. Les choux de Bruxelles au velouté,
7**. La gelée de groseilles (conserve),
8. Les pommes de terre à la maître d'hôtel.
   LE BUISSON DE TRUFFES DANS LA GONDOLE.
9. Les épinards à l'Anglaise,
10**. La gelée de citrons à la belle vue,
11. Les œufs pochés à l'essence de jambon,
12*. Les gaufres à la Parisienne.
   LES POULARDES AU CRESSON.
13*. Les darioles à la vanille,
14. Les haricots verts à la Française,
15**. La charlotte à la Prussienne,
16. Les huîtres au gratin et en caisse,

16. Les navets à la Chartres,
15**. Le pouding de cabinet au rhum,
14. Les homards au gratin,
13*. Les madelaines en surprise.
    LES POULETS GRAS.
12*. Les gâteaux à la royale,
11. Les laitues à l'essence,
10**. La gelée d'oranges en petit panier,
9. Les choux-fleurs au Parmesan.
   LE BUISSON D'ÉCREVISSES DANS LE NAVIRE.
8. Les champignons à la Provençale,
7**. La gelée d'ananas garnie de fruits,
6. Le céleri à la Béchamel,
5*. Les petites bouchées d'abricots.
   LES GELINOTTES BARDÉES.
4*. Les petits soufflés de riz,
3. Les œufs à l'aurore,
2**. Le flan de poires au vin de Champagne,
1. Les cardes à l'Espagnole.

POUR EXTRA, DIX ASSIETTES VOLANTES DE SOUFFLÉS EN CROUSTADES.

TABLEAU Nº VI.   *Suite de la page* 151, *Tome I.*

LE MAITRE D'HOTEL FRANÇAIS.

27 FEVRIER, *Mercredi*. Menu de 10 à 12 couverts.

DEUX POTAGES.
Le potage de tortue au vin de Madère,
Le potage à la Brunoise.

DEUX RELEVÉS DE POISSONS.
La truite au bleu à la mayonnaise,
Le brochet, sauce matelote.

DEUX GROSSES PIÈCES.
La dinde à la Piémontaise,
La pièce de bœuf à la royale.

QUATRE ENTRÉES.
Les filets de canetons à la bigarade,
Les noisettes de veaux glacées à l'oseille,
Les perdreaux à la Périgord,
Le pâté de godiveau à l'ancienne.

DEUX PLATS DE RÔTS.
Les grives bardées,
Les poulets à la reine.

QUATRE ENTREMETS.
Les laitues farcies à l'essence,
Les choux de Bruxelles à l'Espagnole,
La gelée d'oranges dans un bol,
Le flan de pommes au riz glacé.

28 FEVRIER, *Jeudi*. Menu de 40 à 45 couverts.

QUATRE POTAGES.
L'orge perlée à la Russe,
Le potage de nouilles à l'Italienne,
Les queneffes à l'Allemande,
La Crécy aux petits croûtons.

QUATRE RELEVÉS DE POISSONS.
La grosse carpe du Rhin au bleu,
Le cabillaud à la crème,
Le saumon à la régence,
Le turbot, sauce aux homards.

QUATRE GROSSES PIÈCES POUR LES CONTRE-FLANCS.
Le jambon glacé à la Mailloux,
Les faisans à la Périgord,
Les poulardes à la Chevry, à l'Anglaise,
Le rosbif d'aloyau garni de raiforts.

VINGT-QUATRE ENTRÉES.
1. Les petits canetons de poulets à la Viennoise,
2*. Les petites timbales de nouilles à la reine,
3. L'épigramme de perdreaux au suprême,
    LE JAMBON A LA MAILLOUX.
5. La noix de veau piquée, *glacée au céleri*;
6**. Le pain de gibier à la gelée,
8. Le sauté de canards sauvages aux truffes.
    LE CABILLAUD A LA CRÈME.
9. La blanquette de filets mignons à la Béchamel,
11**. L'anguille roulée en galantine à la gelée,
12. Le sauté de poulardes à la Vesphalienne.
    LES FAISANS A LA PÉRIGORD.
13. La caisse de cailles aux fines herbes,
14*. Les petits pâtés de foies gras,
15. L'émincée de volaille à la chicorée.

16. Les côtelettes d'agneaux glacées aux pointes d'asperges,
15*. Les petites croustades de mauviettes au gratin,
14. Le turban de quenelles de volaille à la royale.
    LES POULARDES A LA CHEVRY.
12. Le hachis de gibier à la Polonaise,
11**. Les filets de brochets en salade à la poivrade,
9. Les filets de poulardes à la Chevalier.
    LE SAUMON A LA RÉGENCE.
7. Les petits poulets à la reine au vin de Madère,
6**. Les hatelets de crêtes et rognons à la gelée,
5. Les filets de lapereaux à la purée de champignons.
    LE ROSBIF D'ALLOYAU.
4. Les ailes de poulardes à la maître d'hôtel,
2*. Les petites cassolettes de riz à la purée de faisans,
1. Les ailerons de dindons aux haricots vierges.

POUR EXTRA, SIX ASSIETTES DE FRITURES.
3. De filets de gibier à l'Orly,
3. De filets de volaille à l'Allemande.

QUATRE GROSSES PIÈCES D'ENTREMETS.
Le casque à la moderne,
La lyre enlassée d'une couronne,
Le palmier aux boucliers,
Le casque Grec.

QUATRE PLATS DE RÔTS POUR LES CONTRE-FLANCS.
Les gelinottes bardées,
Les poulets au cresson,
Les chapons à l'Anglaise,
Les perdreaux rouges piqués.

VINGT-QUATRE ENTREMETS.
1. Les concombres à la poulette,
2**. La gelée de fraises (conserve),
3*. Les biscotes à la Parisienne.
    LES GELINOTTES.
4*. Les gâteaux d'abricots glacés,
5**. La Suédoise de pommes en cascade,
6. Les truffes à la Provençale.
    LA LYRE ENLASSÉE D'UNE COURONNE.
7. Les œufs à la dauphine,
8**. La charlotte à l'Américaine,
9*. Les petits gâteaux à la Turque.
    LES POULETS AU CRESSON.
10*. Les gaufres au raisin de Corinthe,
11**. La gelée de Malaga,
12. Les cardes à l'essence.

12. Le céleri à l'Espagnole,
11**. La gelée d'anisette de Bordeaux,
10*. Les petits diadèmes en croissant.
    LES CHAPONS A L'ANGLAISE.
9*. Les choux glacés aux pistaches,
8**. Le pouding de riz au raisin d'Espagne,
7. Les œufs pochés à la chicorée.
    LE PALMIER AUX BOUCLIERS.
6. Les truffes sautées à l'Italienne,
5**. La pyramide de pommes au riz,
4*. Les meringues à la vanille.
    LES PERDREAUX ROUGES PIQUÉS.
3*. Les tartelettes de cerises pralinées,
2**. La gelée d'oranges moulée,
1. La croûte aux champignons.

POUR EXTRA, SIX ASSIETTES VOLANTES DE SOUFFLÉS EN CAISSE.
3. De fondus au Parmesan.
3. De soufflés aux abricots (conserve).

L FRANÇAIS.

de 10 à 12 couverts.

Les noisettes de veaux glacées à l'oseille,
Les perdreaux à la Périgord,
Le pâté de godiveau à l'ancienne.

DEUX PLATS DE RÔTS.
Les grives bardées,
Les poulets à la reine.

QUATRE EMTREMETS.
Les laitues farcies à l'essence,
Les choux de Bruxelles à l'Espagnole,
La gelée d'oranges dans un bol,
Le flan de pommes au riz glacé.

40 à 45 couverts.

ES.
Les queneffes à l'Allemande,
La Crécy aux petits croûtons.

POISSONS.
Le saumon à la régence,
Le turbot, sauce aux homards.

LES CONTRE-FLANCS.
Les poulardes à la Chevry, à l'Anglaise,
Le rosbif d'aloyau garni de raiforts.

TRÉES.
Les côtelettes d'agneaux glacées aux pointes d'asperges,
Les petites croustades de mauviettes au gratin,
Le turban de quenelles de volaille à la royale.

LES POULARDES A LA CHEVRY.
Le hachis de gibier à la Polonaise,

TRAITÉ DE LA CUISINE EN MAIGRE.

Le mois de mars va se composer de la cuisine en maigre, nous y suivrons la même ordonnance dans nos menus, en donnant une semaine à quatre entrées par jour, et deux grands diners, et la suivante à deux entrées et deux grands menus, tels que je l'ai décrit dans le mois de janvier et février; nous donnerons autant de variété que possible à cette cuisine difficile, par le peu de ressources que nous trouvons dans la nomenclature des comestibles qui la composent.

CHAPITRE IV.

1er MARS, *Vendredi*. Menu en maigre, de 10 à 12 couverts.

Deux potages.
Le potage de santé à l'essence de racines,
L'escalope de saumon à la Provençale.
Deux relevés de potages.
Les filets de soles à la Villeroy,
Les croquettes de queues de crevettes.
Deux grosses pièces.
Les perches au gratin, au vin de Champagne;
Le bar grillé, sauce au beurre d'anchois.
Quatre entrées.
La timbale d'anguille à la Périgueux,
Les lamproies à la Bourguignotte,
Les boudins de carpes à la soubise,
La darne de cabillaud à la Hollandaise,

Deux plats de rôts.

Les rouges,
Les éperlans en aiguillette.

Deux relevés de plats de rôts.

Le gâteaux de semoule au raisin muscat,
Le poupelin glacé à la marmelade d'abricots.

Quatre entremets.

Les truffes à la cendre,
Les petits choux de Bruxelles au beurre,
La gelée de vin muscat,
Le flan de mirabelle (conserve).

2 MARS, *Samedi*. Menu en maigre, de 10 à 12 couverts.

Deux potages.

La croûte gratinée aux queues de crevettes,
La Crécy à l'essence de racines.

Deux relevés de potages.

Les croquettes de homards aux champignons,
Les cannelons de poissons à la Luxembourg.

Deux grosses pièces.

Le turbot à la Hollandaise,
La carpe à la Polonaise.

Quatre entrées.

La casserole au ris de cabillaud, à la béchamel;
La darne de saumon à la Vénitienne,
Les papillottes de laitances à la duxelle,
Le sauté de poules d'eau aux truffes.

Deux plats de rôts.

Les soles panées à l'Anglaise,
Les gougeons de Seine.

Deux relevés de plats de rôts.

Le soufflé à la fleur d'orange grillée,
Le flan de pommes méringuées.

Quatre entremets.

Les œufs à la béchamel,
Les cardes au consommé,
La gelée d'oranges dans un bol,
Le fromage Bavarois aux pistaches.

3 MARS, *Dimanche*. Menu en maigre de 10 à 12 couverts.

Deux potages.

Le potage de quenelles de merlans,
La julienne à l'essence de racines.

Deux relevés de potages.

Les petits pâtés aux huîtres,
Les filets de plies à la Orly.

Deux grosses pièces.

Les darnes d'esturgeons grillées, sauce poivrade;
Les brochets à l'Italienne.

Quatre entrées.

Les lottes à la poulette,
Le sauté de filets de soles à la royale,
Le pain de carpes au beurre d'écrevisses,
Les escalopes de truite à la Périgueux.

Deux plats de rôts.

Les hattelets d'éparlans panés à l'Anglaise,
Les sarcelles au citron.

Deux relevés de plats de rôts.

Le flan à la Suisse,
Le buisson d'écrevisses.

Quatre entremets.

Les pommes de terre frites à la Lyonnaise,
Les épinards à l'Anglaise,
La gelée de framboises (conserve),
Les gâteaux glacés à la crème aux pistaches.

4 MARS, *Lundi*. Menu en maigre, de 10 à 1' couverts.

Deux potages.

Le potage aux nouilles au cerfeuil,
Le potage de santé à l'essence de racines.

Deux relevés de potages.

Les filets de lottes à la Orly,
Les troquettes de grondins à la Béchamel.

Quatre entrées.

Le turban de filets de merlans à la Conti,
La matelote de lamproies au vin de Bordeaux,
Les escalopes de bonne morue à la maître d'hôtel,
La salade de filets de brochets aux laitues.

Deux plats de rôts.

Les gougeons panés à l'Anglaise,
Les Judelles bardées.

Deux relevés de plats de rôts.

Le flan de poires glacées,
La grosse méringue à la crème.

Quatre entremets.

Les truffes sautées à l'Italienne,
Les choux-fleurs au beurre,
La gelée d'oranges,
Le fromage Bavarois aux avelines grillées.

DEUXIÈME TRAITÉ DES MENUS

DE LA CUISINE MODERNE.

5 MARS, *Mardi*. Menu en maigre, de 36 à 40 couverts

Quatre potages.

Le riz à la Crécy, essence de racines,
Le potage aux laitues,
Le potage de filets de soles,

Le potage de quenelles de carpes aux champignons.
Quatre relevés de potages.
Les filets de carlets à la Orly,
Les rissoles de poisson à l'Allemande,
Les hatelets de gougeons panés à l'Anglaise,
Les croquettes de saumon aux truffes.
Quatre grosses pièces.
La carpe à la Polonaise,
Le turbot à la Hollandaise,
La hure d'esturgeon au vin de Champagne,
Le brochet à la régence.
Seize entrées.
Les plies à la Bourguignotte,
* Le vol-au-vent de laitances de carpes,
Les boudins de poisson au beurre d'écrevisses,
La darne de saumon à la Vénitienne.
Les filets de carrelets à la Orly.
** La salade de homards à la Provençale,
Les escalopes de cabillaud à la Hollandaise,
* Les petits pâtés de filets de soles à la Béchamel,
Les rougets grillés, sauce à l'Italienne.

Les papillottes d'aloses à la duxelle,
* Les petites timbales de nouilles aux crevettes,
** Les filets de soles à la magnonaise,
Les vives grillées, sauce tomate.
Les perches à la magnonaise.
Le turban de merlans à la Conti,
La caisse d'huîtres et laitances à l'Italienne,
* Le pâté chaud d'anguilles à l'ancienne,
La bonne morue au gratin.
Quatre grosses pièces d'entremets.
Le buisson d'écrevisses,
Le poupelin glacé au four,

Le gâteau au riz soufflé,
De buisson de truffes.
    Quatre plats de rôts.
La truite au bleu,
Les plongeons bardés,
Les sarcelles au citron,
Les merlans frits panés à l'Anglaise.
    Seize entremets.
** La gelée de marasquin,
Les œufs à la dauphine.
    Le buisson d'écrevisses.
Les cardes à la moëlle,
* Les génoises pralinées.
    Les plongeons bardés.
* Les tartelettes de pommes glacées,
Les épinards au jus.
    Le poupelin glacé au four.
Le céleri à la Béchamel,
** La crème Française au cédrat.

** Le fromage Bavarois aux framboises (conserve),
Les pommes de terre à la maître d'hôtel.
    Les gâteaux au riz soufflés.
Les champignons à l'Espagnole,
* Les gâteaux à la d'Artois.
    Les pilets au citron.
* Les chaux glacés au caramel,
Les laitues farcies à l'essence.
    Le buisson de truffes.
Les œufs brouillés au jambon,
** La gelée d'oranges moulée.
Pour extra, six assiettes volantes de soufflés à la vanille.

6 MARS, *Mercredi.* Menu de 6 à 9 couverts.

Un potage.
Le potage de sagou à la purée de pois.
Un relevé de potage.
Les filets de limandes à la Orly.
Une grosse pièce.
Le cabillaud à la crème.
Deux entrées.
La darne de saumon grillée,
Les quenelles de merlans à la Béchamel.
Un plat de rôt.
Les gougeons de Seine.
Un relevé de plat de rôt.
Les méringues à la rose.
Deux entremets.
Les œufs à l'oseille,
La gelée de Champagne rosé.

7 MARS, *Jeudi.* Menu en maigre de 36 à 40 couverts.

Quatre potages.
La croûte gratinée aux huîtres,
Le vermicelle à l'essence de racines,
Le riz à la bisque d'écrevisses,
Le potage de lamproies au vin de Bordeaux.
Quatre relevés de potages.
Les croquettes de poissons aux champignons,
La Orly de filets de carpes,
Les filets de merlans panés à l'Anglaise,
Les laitances à la Orly.
Quatre grosses pièces.
Le saumon à la royale,
Le bar grillé au beurre d'anchois,
Les perches à la Waterfish,

La matelote à la marinière.
Seize entrées.
Les attereaux de filets de merlans,
* La timbale de lasannes à la Milanaise,
Les côtelettes de lamproies aux champignons,
** La salade de filets de barbues.
Le bar grillé au beurre d'anchois.
Le pain de carpe à la Béchamel,
Les boudins de poisson à la Périgueux,
* La croustade garnie de laitances,
Les surmulets grillés, sauce au beurre.

Le sauté de plies au velouté,
* La casserole au ris de bonne morue,
L'anguille roulée glacée au four,
La darne d'esturgeon au beurre d'écrevisses.
Le saumon à la royale.
** Les filets de soles à la magnonaise,
Les papillottes de lottes à la maître d'hôtel,
* Le vol-au-vent d'escalope de truite,
La caisse de thon à la Provençale.
Quatre grosses pièces d'entremets.
Le babas au vin de Madère,
La méringue à la Parisienne,
Le nougat aux pistaches,
Le biscuit de fécule à l'orange.
Quatre plats de rôts.
Les moltons bardés,
Les soles panées à l'Allemande,
La carpe au bleu,
Les pluviers de mer.
Seize entremets.
** La charlotte à l'Américaine,
Les cardes à l'essence.

Le babas au Madère.

Les œufs à la Béchamel,
*Les madelaines au Corinthe.

Les soles panées à l'Allemande.

*Les bouchées d'abricots,
Les pommes de terre à la Hollandaise.

La méringue à la Parisienne.

Les truffes à l'Italienne,
La gelée d'anisette de Bordeaux.

*La gelée de citrons.
Les champignons à la Provençale.

Le nougat aux pistaches.

Les navets à la Chartres,
*Les pains à la duchesse.

La carpe au bleu.

*Les gâteaux à la royale,
Les choux-fleurs à la ravigote.

Le biscuit de fécule à l'orange.

Les œufs au miroir,
**La crème française au cacao.

Pour extra, 6 assiettes volantes de fondus.

8 MARS, *Vendredi*. Menu en maigre de 6 à 9 couverts.

Un potage.

La julienne à l'essence de racines.

Un relevé de potage.

Les croquettes de filets de soles.

Une grosse pièce.

Le turbotin au gratin et aux champignons.

Deux entrées.

Les lamproies à la Tartare,
Les quenelles de brochets au beurre d'écrevisses.

Un plat de rôt.

Les gougeons panés à l'Allemande.

Deux entremets.

Les truffes à la serviette,
La gelée de rhum.

Pour extra, *les soufflés de pommes.*

9 MARS, *Samedi*. Menu en maigre de 6 à 9 couverts.

Un potage.

La croûte gratinée à la purée de lentilles.

Un relevé de potages.

Les filets de tanches panés à l'Allemande.

Une grosse pièce.

Les perches à la Hollandaise.

Deux entrées.

Le pâté chaud de saumon,
Le sauté de filets de merlans aux truffes.

Un plat de rôt.

Les poules d'eau.

Deux entremets.

Les œufs pochés à la tomate,
La gelée de café à l'eau.

Pour extra, *les choux soufflés.*

10 MARS, *Dimanche*. Menu en maigre de 6 à 9 couverts.

Un potage.

Les filets de lottes à la Clermont.

Un relevé de potages.

Les petits pâtés aux huîtres.

Une grosse pièce.

La carpe grillée, sauce Italienne.

Deux entrées.

Les filets de soles à la royale,
Les plies à la Bourguignotte.

Un plat de rôt.

Les plongeons.

Deux entremets.

Les choux-fleurs au beurre,
La gelée d'oranges dans un bol.

Pour extra, *les manons glacées.*

11. MARS, *Lundi.* Menu en maigre de 6 à 9 couverts.

Un potage.

Le potage de santé à l'essence de racines.

Un relevé de potage.

Les filets de merlans à la Villeroy.

Une grosse pièce.

Les tronçons d'anguilles à la Tartare.

Deux entrées.

Le gratin de cabillaud à la Béchamel,
Les escalopes de truites à la maître d'hôtel.

Un plat de rôt.

Les soles frites à l'Anglaise.

Deux entremets.

Les épinards au jus,
La gelée de framboises (conserve).

Pour extra, *les darioles à la crème.*

PREMIER TRAITÉ DES MENUS DE LA CUISINE MODERNE.

12 MARS, *Mardi*. Menu en maigre de 60 à 70 couverts.

QUATRE POTAGES.

Le potage de poisson à la Russe,
Les nouilles à l'essence de racines,

Le potage à la d'Artois à l'essence de racines,
Les filets de lottes aux écrevisses.

QUATRE RELEVÉS DE POISSONS.

Les croquettes de brochets à la Béchamel,
La marinade de bonne morue,

Les filets de soles à la dauphine,
La Orly de filets de carrelets.

QUATRE GROSSES PIÈCES.

Le turbot au beurre d'anchois,
La grosse anguille à la régence,

Le bar à la Vénitienne,
Le saumon, sauce aux huîtres.

TRENTE-DEUX ENTRÉES.

1. Les escalopes de truites aux fines herbes,
2. Le sauté de filets de plongeons au suprême,
3*. Le vol-au-vent de poissons à la Nesle,
4. Les petites caisses de foies de lottes.

LES CROQUETTES DE BROCHETS.

5. La raie bouclée à la Hollandaise,
6**. La magnonaise de filets de soles,
7. Les quenelles de poissons à l'Italienne,
8. Les grondins grillés, sauce au beurre.

LA GROSSE ANGUILLE A LA RÉGENCE.

9. La blanquette de turbot à la Béchamel,
10. Le pain de carpes au beurre d'écrevisses,
11**. La salade de filets de brochets aux laitues,
12. Les filets d'aloses à l'oseille.

LA MARINADE DE BONNE MORUE.

13. Les plies à la poulette,
14*. Le pâté chaud de lamproies,
15. Les pluviers de mer en entrée de broche,
16. La brème à la maître d'hôtel.

16. Les rougets à la Hollandaise,
15. Les filets de sarcelles à la bigarade,
14*. La timbale de macaroni garnie de laitances,
13. L'émincée de turbotin gratiné.

LES FILETS DE SOLES A LA DAUPHINE.

12. Les perches au vin de Champagne,
11**. La darne d'esturgeon au beurre de Montpellier,
10. Le turban de filets de merlans à la Conti,
9. Les escalopes de morue à la Provençale.

LE BAR A LA VÉNITIENNE.

8. Les papillottes de surmulet à la Duxelle,
7. Les boudins de poissons à la Richelieu,
6**. Les vives froides à la Provençale,
5. Le sauté de lottes aux truffes.

LA ORLY DE FILETS DE CARRELETS.

4. La caisse d'huîtres aux fines herbes.
3*. Les escalopes de barbue en croustade,
2. Les filets de poules d'eau à la Bourguignotte,
1. Les éperlans à l'Anglaise.

QUATRE GROSSES PIÈCES D'ENTREMETS.

L'hermitage Indien,
Le pavillon rustique,

Le pavillon Hollandais,
L'hermitage Russe.

QUATRE PLATS DE ROTS POUR LES CONTRE-FLANCS.

Les aiguillettes de goujons,
Les poules de mer,

Les sarcelles au citron,
Les petites truites au bleu.

TRENTE-DEUX ENTREMETS.

1. Le céleri à l'essence,
2**. La gelée de punch,
3. Les œufs brouillés aux truffes,
4*. Les petits nougats de pommes.

LES AIGUILLETTES DE GOUJONS.

5*. Les gâteaux renversés au gros sucre,
6. Les truffes à l'Italienne,
7**. Le pouding au Madère,
8. Les choux-fleurs au Parmesan.

L'HERMITAGE INDIEN.

9. Les laitues au jus,
10**. Le blanc-manger à la crème,
11. Le buisson de homards,
12*. Les gâteaux glacés à la Condé.

LES POULES DE MER.

13.* Les petits soufflés de fécule,
14. Les œufs pochés à la ravigote,
15**. La gelée de citrons moulée,
16. Les champignons à l'Espagnole.

16. Les concombres au velouté,
15**. La gelée de café Moka,
14. Les œufs pochés aux épinards,
13*. Les génoises en croissant perlées.

LES SARCELLES AU CITRON.

12*. Les gâteaux glacés aux pistaches,
11. Les crevettes en hérisson,
10**. Le fromage Bavarois aux abricots (conserve),
9. Les pommes de terre à la Hollandaise.

L'HERMITAGE RUSSE.

8. Les cardes à la moelle,
7**. Les pommes au ris glacées,
6. Les truffes à la serviette,
5*. Les petits gâteaux de Pethiviers.

LES PETITES TRUITES AU BLEU.

4. Les panachés en diadème au gros sucre,
3. Les petites omelettes à la purée de champignons,
2**. La gelée de quatre fruits,
1. Les salsifis à la ravigote.

POUR EXTRA, DIX ASSIETTES DE PETITS SOUFFLÉS EN CROUSTADES.

5. De soufflés aux macarons amers,

5. De soufflés à l'orange.

TABLEAU N° VII. *Suite de la page* 163, *Tome I.*

LE MAITRE D'HOTEL FRANÇAIS.

13 MARS, *Mercredi*. Menu en maigre de 10 à 12 couverts.

DEUX POTAGES.
Le riz lié au beurre d'écrevisses,
La Brunoise à l'essence de racines.

DEUX RELEVÉS DE POTAGES.
Les croquettes de saumon à la Russe,
Les éperlans panés à l'Anglaise.

DEUX GROSSES PIÈCES.
Le brochet à la Portugaise,
La bonne morue à la sauce Robert,

QUATRE ENTRÉES.
Les tanches à la Bourguignotte,
Le turban de quenelles de carpes à la Périgueux,
Les escalopes de cabillaud à la Provençale,
Les filets de raie bouclés au beurre noir.

DEUX PLATS DE ROTS.
Les plongeons,
Les barbillons frits à l'Allemande.

DEUX RELEVÉS DE PLATS DE ROTS.
La tourte aux épinards, à la moëlle;
Le buisson de truffes.

QUATRE ENTREMETS.
Les champignons à l'Italienne,
Les œufs pochés à la chicorée,
La gelée de parfait amour,
Les méringues à la crème.

14 MARS, *Jeudi*. Menu en maigre de 40 à 45 couverts.

QUATRE POTAGES.
Le vermicelle au pêcheur,
Le potage à la d'Artois, aux petits croûtons,
Le potage de petits oignons blancs,
Le potage maigre à la Hollandaise.

QUATRE RELEVÉS DE POTAGES.
Les cannelons de poisson au velouté,
Les filets de limandes à la Orly,
Les filets de lottes panés à l'Anglaise,
Les croquettes de turbot aux truffes.

QUATRE GROSSES PIÈCES.
La truite à la sauce Génoise,
Les perches au beurre d'écrevisses,
Les soles farcies à l'Anglaise,
Le cabillaud à la Béchamel.

VINGT-QUATRE ENTRÉES.
1. Les rougets grillés au suprême,
2**. Les petits pâtés de laitances,
3. Les poules d'eau aux choux.

LA TRUITE A LA SAUCE GÉNOISE.
4. Le turban de filets de soles à la Périgueux,
5**. La magnonaise de filets de carpes,
6. Le sauté de filets de maquereaux.

LES FILETS DE LIMANDE A LA ORLY.
7. Les mulets à la Hollandaise,
8**. Le tronçon d'anguilles de mer à la gelée,
9. La brème grillée, sauce aux épinards.

LES PERCHES AU BEURRE D'ÉCREVISSES.
10. Les plongeons à la sauce Robert,
11*. La croustade garnie de lamproies,
12. Les escalopes de turbot à la Vénitienne.

12. Les filets de barbues à l'Italienne,
11*. La casserole au riz garnie de bonne morue,
10. Les macreuses aux oignons glacés.

LES SOLES FARCIES A L'ANGLAISE.
9. Les escalopes de bar à la maître d'hôtel,
8**. La darne de saumon au beurre de Montpellier,
7. Les papillottes de laitances de carpes.

LES FILETS DE LOTTES PANÉS.
6. Les plies en tronçons, sauce matelotte,
5**. La salade d'éperlans à la Provençale,
4**. Le pain de poissons à la purée de champignons.

LE CABILLAUD A LA BÉCHAMEL.
3. Les sarcelles aux huîtres,
2*. Les petits vols-au-vent aux crevettes,
1. Les filets d'esturgeon, sauce poivrade.

QUATRE GROSSES PIÈCES D'ENTREMETS.
Le buisson de petits homards,
Le gâteaux à la royale,
Le conglouffe à l'Allemande,
Le buisson de truffes à l'eau de sel.

QUATRE PLATS DE ROTS POUR LES CONTRE-FLANCS.
Les pilets bardés,
Les soles frites à l'Anglaise,
Les goujons de Seine,
Les moltons.

VINGT-QUATRE ENTREMETS.
1. Les laitues braisées au jus,
2**. La gelée de marasquins fouettée,
3. Les œufs pochés au céleri.

LES PILETS BARDÉS.
4*. Les petits nougats à la Chantilly,
5. Les pommes de terre à la Lyonnaise,
6**. Les beignets de poires glacés.

LE BUISSON DE PETITS HOMARDS.
7**. Les pannequets à la marmelade d'abricots,
8. Les navets à la Béchamel,
9*. Les bouchées perlées aux cerises.

LES SOLES FRITES A L'ANGLAISE.
10. Les œufs aux truffes à la Périgueux,
11**. La gelée d'oranges moulée,
12. Les concombres farcis au suprême.

12. Les cardes à la moëlle,
11**. La gelée de citrons,
10. Les œufs à la Milanaise.

LES GOUJONS DE SEINE.
9*. Les gâteaux à la crème de riz,
8. Les petites carottes au sucre,
7**. Le pouding de cabinet.

LE BUISSON DE TRUFFES A L'EAU DE SEL.
6**. Les croquettes de marrons à l'orange,
5. Les choux-fleurs à la ravigote,
4*. Les gâteaux d'amandes glacés à la rose.

LE CABILLAUD A LA BÉCHAMEL.
3. Les œufs frits à la tomate,
2**. Le fromage Bavarois aux amandes,
1. Les épinards au jus.

POUR EXTRA, SIX ASSIETTES DE FONDUS.

Les plies en tronçons, sauce matelotte,
La salade d'éperlans à la Provençale,
Le pain de poissons à la purée de champignons.

LE CABILLAUD A LA BÉCHAMEL.

Les sarcelles aux huîtres,
Les petits vols-au-vent aux crevettes,
Les filets d'esturgeon, sauce poivrade.

S D'ENTREMETS.

Le conglouffe à l'Allemande,
Le buisson de truffes à l'eau de sel.

LES CONTRE-FLANCS.

Les goujons de Seine,
Les moltons.

TREMETS.

Les cardes à la moelle,
La gelée de citrons,
Les œufs à la Milanaise.

LES GOUJONS DE SEINE.

Les gâteaux à la crème de riz,
Les petites carottes au sucre,
Le pouding de cabinet.

LE BUISSON DE TRUFFES A L'EAU DE SEL.

Les croquettes de marrons à l'orange,
Les choux-fleurs à la ravigote,
Les gâteaux d'amandes glacés à la rose.

LE CABILLAUD A LA BÉCHAMEL.

Les œufs frits à la tomate,
Le fromage Bavarois aux amandes,
Les épinards au jus.

TES DE FONDUS.

15 MARS, *Vendredi*. Menu en maigre de 6 à 9 couverts.

Deux potages.

Le potage à l'oseille liée à la crème,
La garbure aux choux.

Deux relevés de potages.

Les filets de carrelets à la Orly,
Les goujons panés à l'Anglaise.

Deux grosses pièces.

Le brochet garni de laitances,
Les tronçons d'anguilles à la Marinière.

Quatre entrées.

Les filets de barbues à la Béchamel,
La raie bouclée à la Hollandaise,
Les filets de sarcelles à l'orange,
Le sauté de saumon à la Provençale.

Deux plats de rôts.

Les éperlans panés à l'Anglaise,
Les plongeons de Seine.

Quatre entremets.

Les truffes à la cendre,
Les champignons grillés, demi-glace;
La gelée de vin de Madère sec, renversée,
Les pommes méringuées.

Pour *extra*, les petits soufflés à la Bernoise.

16 MARS, *Samedi*. Menu en maigre de 6 à 9 couverts.

Deux potages.

Le potage de santé à l'essence de racines,
L'orge perlée garnie de quenelles de poissons.

Deux relevés de potages.

Les filets de truites à la Orly,
Les croquettes de turbotins aux fines herbes.

Deux grosses pièces.

La carpe de Seine à la Polonaise.
Le cabillaud à la crème.

Quatre entrées.

La darne de saumon aux crevettes,
Les escalopes de barbue à la Béchamel,
Le sauté d'esturgeon au vin de Champagne,
Les grondins au beurre d'anchois.

Deux plats de rôts.

Les soles panées à l'Anglaise,
Les pluviers de mer.

Quatre entremets.

Les épinards au velouté,
Les œufs à l'Aurore,
La gelée de crème de café (liqueur),
Les petites omelettes à la Célestine.

Pour *extra*, les choux à la crème.

17 MARS, *Dimanche.* Menu en maigre de 6 à 9 couverts

Deux potages.

La croûte gratinée à la purée de marrons,
Le potage au céleri, essence de racines.

Deux relevés de potages.

Les quenelles de poissons à la Villeroy,
Les cannelons à la Luxembourg.

Deux grosses pièces.

Le turbotin au gratin, au vin blanc;
Le brochet à l'Espagnole.

Quatre entrées.

Le vol-au-vent d'anguilles à la poulette,
La darne de cabillaud à la crème,
Les maquereaux à la maître d'hôtel,
Les petites truites au vin de Bordeaux.

Deux plats de rôts.

Les râles d'eau,
Les merlans à l'Allemande.

Quatre entremets.

Les cardes à l'essence,
Les œufs à la Provençale,
La gelée d'oranges dans un bol,
La charlotte à la Parisienne.

Pour *extra*, les soufflés de pommes.

18 MARS, *Lundi*. Menu en maigre de 6 à 9 couverts.

Deux potages.

Le potage aux concombres farcis,
Le potage de semoule à l'essence de racines.

Deux relevés de potages.

Les filets de carrelets à la Orly,
Les croquettes de homards à la Béchamel.

Deux grosses pièces.

Le bar grillé, sauce italienne blanche;
La truite, sauce matelote.

Quatre entrées.

Le sauté de maquereuses aux truffes,
Le pain de carpes à la Béchamel,
Les attereaux de filets de soles aux fines herbes,
La timbale de macaroni à la marinière.

Deux plats de rôts.

Les pluviers de mer,
Les ortolans panés à l'Anglaise.

Quatre entremets.

Les cardes à l'essence,
Les œufs à la Monglas,
La gelée de citrons moulée,
Le flan de pommes méringuées.

Pour *extra*, les darioles au café.

168 LE MAÎTRE D'HÔTEL FRANÇAIS.

DEUXIÈME TRAITÉ DES MENUS

DE LA CUISINE MODERNE.

19 MARS, *Mardi.* Menu en maigre de 30 à 36 couvert

Deux potages.

Le potage de filets de brochets aux champignons,
Le potage à la Condé, à l'essence de racines.

Deux grosses pièces.

Les filets de lottes à la Orly,
Les croquettes de bonne morue à la Béchamel.

Seize entrées.

Les grondins au gratin,
* La timbale aux laitances de carpes,
Le sauté de filets de soles aux huîtres,
Les boudins d'écrevisses à la moderne.

Les filets de lottes à la Orly.

La darne d'esturgeon à la broche, sauce poivrade;
Les escalopes de cabillaud aux anchois,
** Les perches à la Magnonaise,
Les vives en matelote au vin de Champagne.

Les lamproies à la Bourguignotte,
** La darne de bar au beurre de Montpellier,
Les escalopes de truites à la Vénitienne,
L'anguille roulée au four.

Les croquettes de bonne morue.

Le sauté de maquereaux aux laitances,
Le turban d'éperlans à l'Anglaise,
* Le vol-au-vent de quenelles de merlans,
Les tanches à l'Italienne.

Quatre grosses pièces d'entremets.

Le flan à la Suisse,
Le buisson de truffes,

Le buisson d'écrevisses,
Le babas à la Polonaise.
Quatre plats de rôts.
Les plongeons bardés,
Les goujons de Seine,
Les merlans panés à l'Anglaise,
Les rougets bardés.
Seize entremets.
Les pommes de terre à la maître d'hôtel,
La gelée de rhum moulée.
Les plongeons.
* Les gaufres au gros sucre, à la Parisienne ;
Les œufs pochés à la chicorée.
Le flan à la Suisse.
Les choux-fleurs à la ravigote,
* Les bouchées d'abricots glacées.
Les goujons de Seine.
* Le fromage bavarois à l'anis vert,
Les épinards à l'Espagnole.

Les cardes à la moelle,
* La crème française au chocolat.
Les merlans panés à l'Anglaise.
* Les Madelaines aux raisins de Corinthe,
Les champignons à la Provençale.
Les babas à la Polonaise.
Les œufs à la Lyonnaise,
Les Génoises en diadème.
Les rouges bardés.
* La gelée de citrons renversée,
Les salsifis frits à la Dauphine.
Pour *extra*, six assiettes de biscuits à la crème.

20 MARS, *Mercredi*. Menu en maigre de 6 à 9 couv.

Un potage.

Le potage de filets de vives aux racines.

Un relevé de potage.

Les risolles garnies d'un hachis de poissons.

Une grosse pièce.

La carpe grillée, sauce aux écrevisses.

Deux entrées.

La darne de bar à la Hollandaise,
Les boudins de saumon à la Béchamel.

Un plat de rôt.

Les judelles.

Deux entremets.

Les cardes à l'essence,
La gelée de cédrat (essence).

Pour *extra*, les gâteaux à la Saint-Cloud.

21 MARS, *Jeudi*. Menu en maigre de 30 à 36 couv.

Deux potages.

La Julienne à l'essence de racines,
Les quenelles de carpes et laitances aux laitues.

Deux relevés de potages.

Les cannelons de poissons à la Luxembourg,
Les filets de truites à la Villeroy.

Deux grosses pièces.

Les perches à la Périgueux,
Le cabillaud, sauce aux huîtres.

Seize entrées.

Les filets de rougets aux fines herbes,
** La darne de saumon au beurre de Montpellier,
Le turban de filets de merlans à la royale,
La bonne morue au gratin et garnie.

Les cannelons à la Luxembourg.

Les petites caisses de laitances aux huîtres,

Les escalopes d'esturgeon à l'Astouffade,
La casserole au riz à la marinière,
Les lamproies au vin de Bordeaux.

Les surmulets à la Hollandaise,
Le pâté chaud de thon aux champignons,
La raie bouclée, sauce aux anchois;
Le sauté de filets de vives aux cornichons.
Les filets de truites à la Villeroy.
Les quenelles de poissons à la Béchamel,
La blanquette de filets de soles aux concombres,
La Magnonaise de filets de brochets,
Les attereaux de filets de carrelets.
Quatre grosses pièces.
Le grand Pavillon musulman,
La Cascade de Rome antique,
La Fontaine chinoise,
La Rotonde parisienne.
Quatre plats de rôts.
Les truites au bleu,
Les moltons,
Les poules de mer,
Les hatelets d'éperlans.
Seize entremets.
La croûte aux champignons,
Le fromage bavarois aux abricots.
Les truites au bleu.
Les tartelettes de pommes glacées,
Les œufs à la tripe.
La Cascade de Rome antique.
Les crevettes en hérisson,
Les petits pains glacés au citron.
Les moltons.
La gelée d'oranges moulée,

Les carottes à la Béchamel.
Les épinards à l'Anglaise,
** La gelée de muscat renversée.
Les poules de mer.
* Les Fanchonettes à la fleur d'orange,
Les truffes à la serviette.
La Fontaine chinoise.
Les œufs pochés au céleri,
* Les gâteaux glacés aux pistaches.
Les hatelets d'éperlans.
** La charlotte à l'Américaine,
Les cardes au Parmesan.

Pour *extra*, six assiettes de soufflés en croust

22 MARS, PREMIÈRE JOURNÉE DU PRINTE

Vendredi. Menu en maigre de 6 à 9 couv

Un potage.
Le potage de riz à la purée de navets.
Un relevé de potage.
La bonne morue frite à l'Anglaise.
Une grosse pièce.
L'anguille à la Tartare.
Deux entrées.
Les escalopes de saumon aux champignons,
Les filets de brochets en papillottes.
Un plat de rôt.
Les merlans frits à l'Allemande.
Deux entremets.
Les laitues à l'Espagnole,
La gelée de citrons moulée.

Pour *extra*, les nougats de pommes.

23 MARS, *Samedi.* Menu en maigre de 6 à 9 couv

Un potage.
Les macaronis liés au Parmesan.

Un relevé de potage.
es quenelles de carpes à la Dauphine.
Une grosse pièce.
e bar grillé, sauce aux huîtres.
Deux entrées.
raie bouclée au beurre noir,
e vol-au-vent de laitances à la Béchamel.
Un plat de rôt.
es rouges.
Deux entremets.
es pommes de terre frites,
a gelée de liqueur moulée.
Pour *extra*, les méringues à la vanille.

4 Mars, *Dimanche*. Menu en maigre de 6 à 9 couverts.

Un potage.
e potage de quenelles de carpes.
Un relevé de potage.
s filets de merlans à la Orly.
Une grosse pièce.
cabillaud à la crème.
Deux entrées.
s escalopes de carpes aux fines herbes,
darne d'esturgeon grillée, sauce poivrade.
Un plat de rôt.
s goujons de Seine.
Deux entremets.
s truffes à l'Italienne,
fromage bavarois à l'orange.
Pour *extra*, les fondus.

MARS, *Lundi*. Menu en maigre de 6 à 9 couverts.

Un potage.
semoule à l'essence de racines.

‎AIS.

MODERNE.

couverts.

Le pot**...**urre d'écrevisses,
La Bru**...**x racines.

La Orl**...** Villeroy,
Les cro**...** à l'Allemande.

5*. Les ch**...**
6. Les éc**...** royale,
7**. Les pet**...** te,
8. Les lai**...** ux avelines,
       nel.

   AU RIZ ET AU RAISIN.
9. Les po**...**
10**. La cha**...** Milanaise,
11. Les tru**...** rhum,
12*. Les pet**...** e,
       se.

   ES A L'ORANGE.
13*. Les bo**...**
14. Les œu**...** glacées aux pistaches,
15**. La gelé**...** lonaise,
16. Les épi**...** ie de fruits,
       uxelles au beurre.

   EN CAISSE.

TABLEA**...** la page 174, Tome I.

Un relevé de potage.
Les croquettes de turbot.
Une grosse pièce.
Le brochet glacé à la Périgueux.
Deux entrées.
Les darnes de truites au beurre d'anchois,
L'anguille roulée glacée au four, sauce tomate.
Un plat de rôt.
Les éperlans frits à l'Allemande.
Deux entremets.
Le céleri à la Béchamel,
Les pommes au riz glacées.
Pour *extra*, les soufflés au café.

LE MAITRE D'HOTEL FRANÇAIS.

PREMIER TRAITÉ DES MENUS DE LA CUISINE MODERNE.

26 MARS, Mardi. Menu en maigre de 60 à 70 couverts.

QUATRE POTAGES DANS LES CONTRE-FLANCS.

Le potage de concombres à la Hollandaise,
La Brunoise à l'essence de racines,
Le vermicelle lié au beurre d'écrevisses,
Les filets de turbot aux racines.

QUATRE RELEVÉS DE POTAGES.

La Orly de filets de barbillons,
Les croquettes d'esturgeon aux truffes,
Les filets de soles à la Villeroy,
Les rissoles de poissons à l'Allemande.

QUATRE GROSSES PIÈCES.

Le brochet à la régence,
Le cabillaud à la maître d'hôtel,
Le saumon à la Vénitienne,
La grosse carpe du Rhin au bleu.

TRENTE-DEUX ENTRÉES.

1. L'émincé de barbue au gratin,
2*. Les petits vols-au-vent aux huîtres,
3. Les boudins de poissons à la Richelieu,
4. Le sauté de filets de soles à la royale.

   LA ORLY DE FILETS DE BARBILLONS.
5. La darne d'esturgeon au vin de Champagne,
6**. La magnonaise de filets de perches,
7. Les vives à la Bourguignotte,
8. Les tronçons d'anguilles à l'Italienne.

   LE CABILLAUD A LA MAÎTRE D'HÔTEL.
9. Les perches à la Waterfisch,
10. Le turban de filets de brochets à la Conti,
11*. La darne de saumon au beurre de Montpellier,
12. Les filets de mulets à la maréchale.

    LES CROQUETTES D'ESTURGEON AUX TRUFFES.
13. La caisse de foies de lottes et laitances,
14. Les escalopes de morue à la maître d'hôtel,
15*. La timbale de nouilles aux laitances,
16. Les filets de sarcelles à l'orange.

16. Le sauté de poules d'eau au suprême,
15*. Le pâté chaud de lottes aux champignons,
24. Les escalopes de truites aux truffes,
13. Le pain de brochets à la dauphine.

    DES FILETS DE SOLES A LA VILLEROY.
12. Les grondins à la Hollandaise,
11**. La galantine d'anguilles au beurre d'écrevisses,
10. La lamproie au vin de Bordeaux,
9. Les filets de maquereaux en papillottes.

   LE SAUMON A LA VÉNITIENNE.
8. Le hachis d'esturgeon à la Polonaise,
7. Les quenelles de poissons en turban à la Béchamel,
6**. La salade de filets de barbues aux laitances,
5. La raie en filets à la Provençale.

   LES RISSOLES DE POISSONS A L'ALLEMANDE.
4. Les filets de bar à l'Italienne,
3. Les attereaux de filets de merlans aux truffes,
2*. Les petits pâtés à la marinière,
1. La darne d'anguille de mer, sauce aux huîtres.

QUATRE GROSSES PIÈCES D'ENTREMETS.

Le flan de pommes à la Portugaise,
Le nougat à la Parisienne,
Le croque-en-bouche aux pistaches,
Le gros gâteau au riz au raisin de Corinthe.

QUATRE PLATS DE ROTS POUR LES CONTRE-FLANCS.

Les plongeons,
Les poules de mer,
Les rouges bardés,
Les sarcelles à l'orange.

TRENTE-DEUX ENTREMETS

1. Les cardes à la moelle,
2**. La gelée d'oranges renversée,
3. Les œufs pochés à l'oseille,
4*. Les gaufres de Corinthe.

   LES PLONGEONS.
5*. Les choux à la Mecque,
6. Les écrevisses en buisson,
7**. Les petites omelettes à la Célestine,
8. Les laitues au jus.

   LE FLAN DE POMMES A LA PORTUGAISE.
9. Les pommes de terre à la crème,
10**. La charlotte à la Française,
11. Les truffes à la serviette,
12*. Les petits gâteaux Suédois.

    LES POULES DE MER.
13*. Les bouchées aux abricots,
14. Les œufs à la maître d'hôtel,
15**. La gelée de quatre fruits renversée,
16. Les épinards à l'Anglaise.

16. Les concombres à la poulette,
15**. La gelée de parfait amour,
17. Les œufs à l'aurore,
13*. Les génoises perlées en croissant.

    LES ROUGES BARDÉS.
12*. Les petits gâteaux à la royale,
11. Les truffes à la serviette,
10**. Le fromage Bavarois aux avelines,
9. Les navets à la Béchamel.

   LE GATEAU SOUFFLÉ AU RIZ ET AU RAISIN.
8. Les choux-fleurs à la Milanaise,
7**. Le pouding de pain au rhum,
6. Les homards au Madère,
5*. Les choux à la Française.

   LES SARCELLES A L'ORANGE.
4*. Les petites madelaines glacées aux pistaches,
3. Les œufs farcis à la Polonaise,
2**. La gelée d'ananas garnie de fruits,
1. Les petits choux de Bruxelles au beurre.

POUR EXTRA, DIX ASSIETTES VOLANTES DE SOUFFLÉS EN CAISSE.

TABLEAU N° VIII. *Suite de la page 174, Tome I.*

LE MAITRE D'HOTEL FRANÇAIS.

27 MARS, *Mercredi*. Menu en maigre de 10 à 12 couverts.

DEUX POTAGES.
Le potage de riz à la bisque d'écrevisses,
La fau bonne à l'essence de racines.
DEUX RELEVÉS DE POTAGES.
Les croquettes de turbo: aux fines herbes,
La Orly de filets de carrelets.
DEUX GROSSES PIÈCES.
Le bar à l'Anglaise, sauce aux huîtres,
La carpe garnie d'une matelote d'anguilles.
QUATRE ENTRÉES.
La bonne morue à la braudade,
Les escalopes de saumon à l'Italienne,
Le vol-au-vent d'une blanquette de filets de soles,
Les lamproies à la Champenoise.
DEUX PLATS DE RÔTS.
Les poules d'eau.
Les goujons frits.
DEUX RELEVÉS DE PLATS DE RÔTS.
Les méringues à la rose,
Les beignets de Plombouding.
QUATRE ENTREMETS.
Les truffes à la Provençale,
Les épinards au jus,
La gelée de fraises (conserve),
La crème au caramel au bain-marie.

28 MARS, *Jeudi*. Menu en maigre de 40 à 45 couverts.

QUATRE POTAGES.

Le potage d'anguilles aux racines,
Le potage de sagou à la d'Artois.
Le potage de laitances à la purée de pois,
Le potage de santé à l'essence de racines.

QUATRE RELEVÉS DE POTAGES.

Les filets de barbues à la Orly,
Les cannelons d'esturgeon aux fines herbes,
Les croquettes de truites aux champignons,
Les filets de brochets panés à l'Anglaise.

QUATRE GROSSES PIÈCES POUR LES CONTRE-FLANCS.

Le saumon à la royale,
Le cabillaud à la Béchamel,
La hure d'esturgeon à la poivrade,
La carpe à la Chambord moderne.

VINGT-QUATRE ENTRÉES.

1. Les plies au vin de Bordeaux,
2.* Les petites timbales de thon aux truffes,
3. Les filets de maquereaux à la maître d'hôtel.
  LE SAUMON A LA ROYALE.
4. La brème grillée à la Hollandaise,
5.** Les filets de bar à la magnonaise ravigote,
6. Le pain de poissons à la Vénitienne.
  LA ORLY DE FILETS DE BARBUES.
7. Les lamproies au vin de Bordeaux,
8.** La darne d'anguille de mer au beurre de Montpellier,
9. Les papillotes de filets de carrelets.
  LE CABILLAUD A LA BÉCHAMEL.
10. Les escalopes de sarcelles à la bigarade,
11.* Le vol-au-vent de bonne morue,
12. Les tanches au gratin.

12. Les grondins grillés, sauce aux câpres,
11.* La croustade d'anguilles à la poulette,
10. Les escalopes de macreuses à la Clermont.
  LA HURE D'ESTURGEON A LA POIVRADE.
9. Les lottes au vin de Champagne,
8.** Le tronçon de truite à la magnonaise,
7. Les mulets à l'Anglaise, sauce aux huîtres.
  LES FILETS DE BROCHETS PANÉS A L'ANGLAISE.
6. Les quenelles de merlans au suprême,
5.** La salade de filets de soles,
4. Les perches à la marinière.
  LA CARPE A LA CHAMBORD MODERNE.
3. Les filets de soles au beurre d'écrevisses,
3. Les petits pâtés de homards,
1. La raie bouclée à la Hollandaise.

QUATRE GROSSES PIÈCES D'ENTREMETS.

Le casque Français,
Le buisson de truffes,
Le buisson de petits homards,
La lyre attachée au palmier.

QUATRE PLATS DE ROTS POUR LES CONTRE-FLANCS.

Les soles frites à l'Anglaise,
Les poules d'eau,
Les judelles,
Les aiguillettes d'éperlans.

VINGT-QUATRE ENTREMETS.

1. Le céleri à l'essence,
2.** La gelée de crème de menthe,
3. La croûte aux champignons,
  LES SOLES FRITES.
4. Les œufs à la Robert,
5.* Les mirlitons aux amandes,
6. Les œufs pochés aux huîtres.
  LE CASQUE FRANÇAIS.
7. Les pommes de terre à la Lyonnaise,
8.* Les petits pains à la paysanne,
9. Les œufs à la dauphine.
  LES POULES D'EAU.
10. La purée de haricots blancs à la crème,
11.** Le fromage bavarois au moka,
12. Les salsifis au beurre.

12. Les choux de Bruxelles au beurre,
11.** La crème française au marasquin,
10. Les épinards à l'Anglaise.
  LES JUDELLES.
9. Les œufs à la Milanaise,
8.* Les darioles à la fleur d'orange,
7. Les navets à la Chartres.
  LA LYRE ATTACHÉE AU PALMIER.
6. Les champignons à la Provençale,
5.* Les nougats de pommes,
4. Les œufs brouillés aux champignons.
  LES AIGUILLETTES D'ÉPERLANS.
3. Les laitues farcies,
2.** La gelée de citrons moulée,
1. Les truffes à l'Italienne.

EXTRA, SIX ASSIETTES VOLANTES DE FONDUS EN CAISSE ET DE BISCUITS A LA CRÈME.

MARS, *Vendredi.* Menu en maigre de 10 à 12 couverts.

Deux potages.
Le potage à l'oseille à la Hollandaise,
Le potage de filets de lottes aux racines.
Deux relevés de potages.
Les croquettes de truites à la Russe,
Les filets de brochets à la Orly.
Deux grosses pièces.
Les grondins au gratin et aux huîtres,
Le turbot à la Hollandaise.
Quatre entrées.
Le pâté chaud de lamproies,
Le sauté de filets de maquereaux,
La bonne morue à la sauce Robert,
La raie au beurre noir à la noisette.
Deux plats de rôts.
Les sarcelles au citron,
Les goujons panés à l'Anglaise.
Deux relevés de plats de rôts.
Le flan de poires au riz glacées,
Les homards à la magnonaise.
Quatre entremets.
Les canards à la Béchamel,
Les pommes de terre à la maître d'hôtel,
La gelée d'oranges,
Les ramequins au fromage.

MARS, *Samedi.* Menu en maigre de 10 à 12 couverts.

Deux potages.
L'orge perlée à la Provençale,
Les quenelles de merlans aux racines.

Deux relevés de potages.

Les risolles de poissons à l'Allemande,
La Orly de filets d'anguilles.

Deux grosses pièces.

La queue d'esturgeon au vin de Madère,
La carpe à la Portugaise.

Quatre entrées.

Les escalopes de saumon à la Génoise,
Le turban de filets de soles à la Conti,
Les perches à la magnonaise,
Les attereaux de filets de limandes.

Deux plats de rôts.

Les poules de mer,
Les petites truites au bleu.

Deux relevés de plats de rôts.

Le soufflé à la Milanaise,
La tourte à la marmelade d'abricots.

Quatre entremets.

Les truffes à la serviette,
Les choux-fleurs à la Provençale,
La gelée de groseilles (conserve),
Les pommes méringuées.

31 MARS, *Dimanche*. Menu en maigre de 10 à couverts.

Deux potages.

Les nouilles à l'essence de racines,
Les escalopes de saumon aux huîtres.

Deux relevés de potages.

La Orly de laitances de carpes,
Les filets de soles à la Villeroy.

Deux grosses pièces.

Le cabillaud à la maître d'hôtel,
Le bar grillé, sauce au beurre d'écrevisses.

Quatre entrées.
La timbale de macaroni au pêcheur,
Les escalopes de turbotins aux truffes,
La raie à la Hollandaise,
Le sauté de filets de lamproies.
Deux plats de rôts.
Les pluviers de mer,
Les éperlans en hatelets.
Deux relevés de plats de rôts.
La timbale de crème à la pâtissière,
Le nougat à la Chantilly.
Quatre entremets.
Les navets glacés au sucre,
Les truffes à l'Italienne,
La gelée d'ananas,
Les poires au beurre.

CHAPITRE V.

1ᵉʳ AVRIL, *Lundi.* Menu en maigre de 10 à 12 couverts.

Deux potages.
La julienne à l'essence de racines.
Le riz à la purée de marrons.
Deux relevés de poissons.
Les croquettes de turbots aux truffes,
Les filets de merlans à la Orly.
Deux grosses pièces.
La truite froide au bleu à la magnonaise,
Les perches à la Vénitienne.
Quatre entrées.
Les filets de soles à la royale,

Les escalopes d'esturgeon à l'estoufade,
Le pain de carpes au beurre d'écrevisses,
La brème grillée, sauce aux câpres.
Deux plats de rôts.
Les sarcelles aux citrons,
Les limandes panées à l'Anglaise.
Deux relevés de plats de rôts.
Le flan de pommes à la Portugaise,
La brioche au fromage.
Quatre entremets.
Les champignons grillés, demi-glace;
Les pommes de terre frites à la Lyonnaise,
La gelée de curaçao,
La charlotte à la Parisienne.

2 AVRIL, *Mardi.* Menu en maigre de 30 à 36 couverts.

Deux potages.
Le riz à l'Italienne à l'essence de racines,
Le potage de quenelles de brochets et de laitances.
Deux relevés de poissons.
Les cannelons de poissons à la Luxembourg,
La Orly de filets de carrelets.
Deux grosses pièces.
Le brochet de Seine à la Polonaise,
Le saumon à la Génoise.
Seize entrées.
Les perches à l'étuvée au vin de Bordeaux,
* Le pâté chaud d'anguilles aux truffes,
Le turban de filets de soles Conti aux cornichons,
La raie bouclée à la sauce Robert.
Les cannelons à la Luxembourg.
Les surmulets grillés à la Hollandaise,
Les tanches au gratin au vin de Madère,

** La salade de filets de brochets aux laitues,
Les rougets de l'Océan, sauce à l'Italienne.

Les escalopes d'esturgeon à la Vénitienne,
** La magnonaise de thon à la ravigote,
Les filets de maquereaux à la maître d'hôtel,
Les lamproies à la marinière.

La Orly de filets de carrelets.

La brème à l'Anglaise au beurre d'anchois,
Les escalopes de truites aux champignons,
* La croustade garnie d'une brandade de morue,
Le bar grillé, sauce au beurre d'écrevisses.

Quatre grosses pièces d'entremets.

Le pâté froid garni d'esturgeon,
Le soufflé à la Palerme,
Le flan de pommes au riz,
Le babas au vin de Madère.

Quatre plats de rôts.

Les aiguillettes de goujons,
Les sarcelles aux citrons,
Les plongeons bardés,
Les merlans frits à l'Allemande.

Seize entremets.

Les pommes de terre à la Hollandaise,
** Le blanc-manger à la crème.

Les aiguillettes de goujons.

* Les cadrilles au gros sucre,
Les épinards au beurre à l'Anglaise.

Le soufflé à la Palerme.

Les œufs brouillés au céleri,
* Les choux glacés au gros sucre.

Les sarcelles garnies de citrons.

** La gelée de bigarades renversée,
Les cardes à l'essence.

Les choux-fleurs à la maître d'hôtel,
** La gelée d'essence d'angélique.
Les plongeons.
* Les tartelettes d'abricots glacées,
Les œufs à la Bourguignotte.
Le flanc de pommes au riz.
Le salsifis à la Villeroy,
* Les gâteaux pralinés aux avelines.
Les merlans frits à l'Allemande.
** La crème française au thé,
Les laitues au jus.
Pour extra, *cinq assiettes volantes de petits soufflés à l'orange.*

3 AVRIL, *Mercredi.* Menu en maigre de 6 à 9 couverts.

Un potage.
Le potage de céleri à l'essence de racines.
Un relevé de poissons.
Les croquettes de poissons à la Russe.
Une grosse pièce.
Les rougets au gratin et laitances.
Deux entrées.
La darne de saumon grillée aux câpres,
La morue à la maître d'hôtel.
Un plat de rôt.
Les limandes frites panées à l'Anglaise.
Deux entremets.
Les champignons à l'Italienne,
La gelée d'anisette de Bordeaux.
Pour extra, *les soufflés de pommes.*

4 AVRIL, *Jeudi.* Menu en maigre de 30 à 36 couverts.

Deux potages.
Le potage aux concombres et laitances,
Le macaroni lié à l'Italienne.
Deux relevés de potages.
La Orly de filets de truites,
Les croquettes de thon aux champignons.
Deux grosses pièces.
Le turbot au gratin,
Les brochets à l'Espagnole.
Seize entrées.
Les perches au beurre d'écrevisses,
* Les petits vols-au-vent aux huîtres,
Les filets de carpes en papillottes,
Les escalopes de cabillaud à la Provençale.
La Orly de filets de truites.
Les grondins grillés, sauce au beurre,
Le turban de quenelles de poissons à la Béchamel,
** La magnonaise de homards,
Les vives en matelote au vin de Madère.

Les attereaux de filets de carrelets,
** La darne de saumon au beurre de Montpellier,
Les boudins de poisson à la royale,
Le sauté de filets de merlans aux truffes.
Les croquettes de thon aux champignons.
La blanquette de filets de soles à la crème.
Les barbillons grillés au beurre d'anchois,
* Les petites croustades de laitances,
L'anguille glacée à l'Italienne.
Quatre grosses pièces d'entremets.
Le biscuit aux amandes,

Le buisson d'écrevisses,
Le gâteau de Compiègne.
Le buisson de truffes,
   Quatre plats de rôts pour contre-flancs.
Les moltons,
Les éperlans panés à l'Allemande,
Les petites truites au bleu,
Les sarcelles garnies de citrons.
    Seize entremets.
La purée d'haricots à la crème,
** La gelée fouettée au jus de citrons.
    Les moltons.
* Les petits pains glacés à la rose,
Les œufs pochés à la tomate.
    Le buisson de truffes.
Les œufs à la dauphine,
* Les fanchonettes au chocolat.
    Les éperlans frits.
** Le fromage bavarois au caramel,
Les laitues braisées à l'Espagnole.

Les cardes à l'essence,
** La crème au bain-marie et à l'orange.
    Les petites truites au bleu.
* Les pains à la duchesse,
Les œufs au Parmesan.
    Le buisson d'écrevisses.
Les œufs brouillés aux champignons,
* Les petits gâteaux au gros sucre.
    Les sarcelles garnies de citrons.
** La gelée de crème de vanille,
Les épinards à l'Anglaise.
Pour extra, *cinq assiettes volantes de ramequins.*

5 AVRIL, *Vendredi.* Menu en maigre de 6 à 9 couverts.

Un potage.
La croûte gratinée à la Condé.
Un relevé de potage.
Les risolles de laitances à l'Allemande.
Une grosse pièce.
Le bar grillé, sauce aux huîtres.
Deux entrées.
Les escalopes d'esturgeon aux truffes,
La raie au beurre noir.
Un plat de rôt.
Les sarcelles.
Deux entremets.
Les épinards au jus,
La gelée de groseilles (conserve).
Pour extra, *les gâteaux aux pistaches.*

6 AVRIL, *Samedi.* Menu en maigre de 6 à 9 couverts.

Un potage.
Les laitances de carpes à la Provençale.
Un relevé de poissons.
La Orly de filets de maquereaux.
Une grosse pièce.
La carpe à l'étuvée, sauce matelote.
Deux entreés.
La caisse d'escalopes de saumon,
Le turban de filets de grondins aux truffes.
Un plat de rôt.
Les merlans panés à l'Anglaise.

Deux entremets.

Les laitues braisées à l'essence,
La gelée de rhum dans un bol.

Pour extra, *les choux à la d'Artois.*

Observations.

En nous proposant de décrire des menus en maigre, depuis le premier mars jusqu'à la fin de la semaine sainte, nous avons pris, pour le matériel de notre premier service, les poissons de mer et de fleuve, ne voulant pas employer pour confectionner des entrées, des œufs dont on garnit ordinairement des caisses, des vols-au-vent et des gratins. Il est certain cependant que ces sortes d'entrées doivent coûter moins cher que celles de poissons, dont la grande consommation, durant le carême, renchérit chaque jour davantage ces aliments ; mais, comme notre intention est d'être utile à toutes les classes d'hommes qui professent notre science, nous allons donner la *nomenclature* de quelques-unes de ces entrés peu coûteuses :

La timbale de nouilles garnies d'œufs et de laitances.
Idem, garnie d'œufs à la poulette et laitances ;
Idem, garnie d'œufs à la tripe et aux huîtres
Idem, garnie d'œufs à l'aurore et aux huîtres ;
Idem, garnie d'œufs à la Béchamel et aux moules ;
Idem, garnie d'œufs à la Soubise et aux moules ;
Idem, garnie d'œufs émincés aux queues d'écrevisses ;
Idem, garnie d'œufs émincés aux crevettes ;
Idem, garnie d'œufs émincés au thon ;
Idem, garnie d'œufs émincés au homard ;
Idem, garnie d'œufs au beurre de homard ;

Idem, garnie d'œufs émincés et de saumon à l'Allemande;
Idem, garnie d'œufs émincés et d'esturgeon à la Clermont;
Idem, garnie d'œufs émincés et turbot à la Béchamel;
Idem, garnie d'œufs émincés et thon à la poulette;
Idem, garnie d'œufs émincés aux foies de lottes.

Voilà les entrées d'œufs, telles que l'on peut les servir dans des vols-au-vent, croustades de pain, casserole au riz et timbale de pâte brisée, ce qui donne déjà 75 entrées; ensuite nous allons passer successivement en revue les entrées d'œufs au gratin, et autres.

Les œufs à l'aurore aux concombres;
Les œufs à l'aurore au céleri, garnis de croûtons;
Les œufs à l'aurore à la chicorée, garnis *idem*;
Les œufs à l'aurore aux cardes, garnis *idem*;
Les œufs à l'aurore aux morives, garnis *idem*;
Les œufs à l'aurore aux champignons, garnis *idem*;
Les œufs à l'aurore aux truffes, garnis *idem*;
Les œufs à l'aurore au persil, garnis *idem*;
Les œufs à l'aurore au cerfeuil, garnis *idem*;
Les œufs à l'aurore à l'estragon, garnis *idem*;
Les œufs à l'aurore à la Provençale, garnis *idem*;
Les œufs à l'aurore à la Clermont, garnis *idem*;
Le gratin d'œufs aux nouilles à la Bernoise,
Le gratin d'œufs aux nouilles à la Milanaise,
Le gratin d'œufs aux nouilles au Parmesan,
Le gratin d'œufs aux nouilles à l'Allemande,
Le gratin d'œufs aux nouilles à l'Italienne.

On fait également des gratins d'œufs aux macaronis et lozannes; on peut également confectionner des œufs au gratin, selon les garnitures de poissons que nous avons indiquées à la timbale de nouilles, garnie d'un émincé d'œufs aux laitances.

Les œufs frits à la tomate,
Les œufs frits à la poivrade,
Les œufs frits à la Vénitienne,
Les œufs frits à la Provençale,
Les œufs frits à l'Italienne,
Les œufs frits à la Clermont,
Les œufs frits à la Soubise,
Les œufs frits à la Robert,
Les œufs frits à la maître d'hôtel,
Les œufs farcis à la maître d'hôtel liés,
Les œufs farcis à la Dauphine,
Les œufs farcis à la royale,
Les œufs farcis à la Polonaise,
Les œufs farcis à la Villeroy,
Les œufs farcis à la Provençale,
Les œufs farcis à la Périgueux,
Les œufs farcis à la Lyonnaise,
Les œufs pochés à la purée de navets,
Les œufs pochés à la purée d'haricots à la crème,
Les œufs pochés à la purée de lentilles,
Les œufs pochés à la purée d'haricots rouges,
Les œufs pochés à la purée de marrons,
Les œufs pochés à la purée de cardes,
Les œufs pochés à la purée de céleri,
Les œufs pochés à la purée de pois,
Les œufs pochés à la purée d'oseille,
Les œufs pochés aux épinards,
Les œufs pochés à la chicorée.

Maintenant il nous reste à parler des omelettes la royale, si fameuses dans l'ancienne cuisine, et peu usitées de nos jours.

L'omelette à la royale, garnie de laitances de carpes;
Idem, garnie de laitances de maquereaux;
Idem, garnie de foies de lottes;
Idem, garnie de queues de crevettes;
Idem, garnie de homard;
Idem, garnie de queues d'écrevisses;
Idem, garnie d'huîtres et de laitances;
Idem, garnie d'un hachis de poisson;
Idem, garnie de filets de carpes en matelote;
Idem, garnie de filets de lottes en matelote;
Idem, garnie de truites à la Génoise, et généralement garnies de tous les filets et laitances de poissons connus et de toutes les purées possibles, ainsi que de ragoûts de truffes, champignons, morives, mousserons et concombres.

Voilà assurément une infinité d'entrées que l'on sert dans le carême; mais la haute cuisine en maigre ne doit, selon notre sentiment, se composer que de chair de poissons et d'oiseaux aquatiques, dans son premier service, et pour les plats de rôts; en cela nous suivons tout simplement l'ordonnance de la cuisine en gras, puisque nous n'employons dans le premier service que des viandes de boucherie, de volaille et de gibier.

7 AVRIL, *Dimanche jour de Pâques*. Déjeûner servi en ambigu. Menu de 24 couverts.

Quatre grosses pièces.

Le jambon glacé à la gelée,
Le pâté de perdreaux rouges aux truffes,
La dinde en galantine à la gelée,
La brioche à la crème.

Quatre entrées chaudes.

Le sauté de volaille aux truffes,
Les côtelettes de mouton à l'Anglaise,
Le filet de bœuf glacé au vin de Madère,
Les boudins de lapereaux à la Royale.

Quatre entrées froides.

La fricassée de poulets à la gelée,
La noix de veau au beurre de Montpellier,
La salade de perdreaux à l'ancienne,
L'aspic garni de blanc de volaille.

Quatre plats de rôts.

Les faisans piqués,
Les poulets à la Reine,
Le dindonneau au cresson,
Les coqs de bruyères.

Quatre entremets chauds.

La timbale de macaroni.
Les cardes à l'Espagnole,
Les truffes à l'Italienne,
Les champignons à la Provençale,

Quatre entremets de sucre.

La gelée d'oranges moulée,
Le flan de pommes glacées,
Le fromage bavarois aux pistaches,
Le pouding à la moëlle, sauce au Madère.

Quatre assiettes volantes.

Deux de soufflés au rhum,
Deux de biscuits à la crème.

Voilà un déjeûner digne de rappeler les sensuels aux délices de la gastronomie, après ce long jeûne du carême : cependant dans nos menus en maigre, on retrouve toute la somptuosité de la haute cuisine mais c'est toujours des poissons, des oiseaux maré cageux, des légumes, des œufs et des entremets de pâtisserie et de douceurs, et nous ne pouvons rien contre cela.

8 AVRIL, *Lundi*. Menu de 6 à 9 couverts.

Un potage.
La Julienne au blond de veau.
Une grosse pièce.
La dinde aux truffes.
Deux entrées.
Le pâté chaud de lapereaux aux fines herbes,
La poularde à l'Ivoire, aspic chaud.
Un plat de rôt.
Les perdreaux bardés.
Deux entremets.
Les pommes de terre à la Provençale,
La gelée d'anisette de Bordeaux.
Pour extra, *les darioles à la crème.*

LE MAITRE D'HOTEL FRANÇAIS.

PREMIER TRAITÉ DES MENUS DE LA CUISINE MODERNE.

9 AVRIL, *Mardi*. Menu de 60 à 70 couverts.

QUATRE POTAGES.

Le potage printanier au blond de veau,
Le potage tortue au Madère,
Le potage de poulets à la Napolitaine,
Le potage de riz à la Crécy.

QUATRE RELEVÉS DE POISSONS.

Le cabillaud à la Hollandaise,
Le brochet à la royale,
Le saumon garni d'une matelote d'anguilles,
Le turbot à l'Anglaise, sauce aux homards.

QUATRE GROSSES PIÈCES POUR LES CONTRE-FLANCS.

La dinde à la Godard moderne,
La longe de veau à la Monglas,
Le quartier de sanglier à l'Allemande,
Les faisans aux choux et racines glacées.

TRENTE-DEUX ENTRÉES.

1. Le pain de gibier à la dauphine,
2*. Les petits vols-au-vent à la reine,
3. La fricassée de poulets à la Saint-Lambert,
4. Les ailerons de dindons à la purée de navets.

16. Les filets de volaille à la Pompadour,
15*. Les petites croustades d'ortolans au gratin,
14. L'épigramme de ris de veaux à la chicorée,
13. Les quenelles de gibier à la Périgueux.

LA DINDE A LA GODARD MODERNE.
5. L'émincé de langues de moutons à la Clermont,
6**. La darne d'esturgeon au beurre de Montpellier,
7. Le sauté de poulardes à la d'Orléans,
8. Les filets de perdreaux à l'écarlate.

LE QUARTIER DE SANGLIER.
12. Les ailes de volaille à la Chevalier,
11**. La maguonaise de perdreaux à la gelée,
10. Les foies gras au vin de Madère,
9. Les escalopes de levrauts liés au sang.

LE BROCHET A LA ROYALE.
9. Les attereaux de filets de merlans,
10. Les boudins de volaille à la Richelieu,
11**. Le salmis de bécasses à la gelée,
12. La blanquette de poulardes aux concombres.

LE SAUMON GARNI D'UNE MATELOTE.
8. Le hachis de volaille garni d'œufs pochés,
7. Le turban de filets de soles à la royale,
6**. Le filet de bœuf glacé à la gelée,
5. Les poulets dépecés à l'Italienne.

LA LONGE DE VEAU A LA MONGLAS.
13. Les cuisses de poulets en bigarrure,
14. Les filets de chevreuils piqués glacés,
15*. Les petites cassolettes de riz à la Polonaise,
16. Les cailles à la Mirepoix, demi-espagnole ;

LES FAISANS AUX CHOUX ET RACINES.
4. Les oreilles d'agneaux farcies au gratin,
3. Les petits canetons à la Macédoine,
2*. Les petits pâtés dressés à la Monglas,
1. Les filets de pigeons glacés à l'Anglaise.

POUR EXTRA, DIX ASSIETTES VOLANTES.

5. De soufflés de gibier,
5. De filets mignons à la Orly.

QUATRE GROSSES PIÈCES D'ENTREMETS.

Le papillon des palmiers,
Le pavillon écossais,
Le temple sur un rocher,
Le grand pavillon rustique.

QUATRE PLATS DE ROTS.

Les sarcelles garnies de citron,
Le dindonneau au cresson,
Les poulardes bardées,
Les coqs de bruyères.

TRENTE-DEUX ENTREMETS.

1. Les concombres à la poulette,
2**. La Suédoise de pommes,
3. Les champignons à l'Espagnole,
4*. Les petits gâteaux d'abricots.

16. Les épinards à l'Anglaise,
15**. Le pouding de ris à l'Américaine,
14. Les navets glacés à la Chartres,
13*. Les gaufres à la Parisienne.

LES SARCELLES GARNIES DE CITRONS.
5*. Les génoises aux pistaches,
6. Les œufs brouillés au jambon,
7**. La gelée d'oranges moulée,
8. La purée de haricots à la crème.

LES POULARDES BARDÉES.
12*. Les pucelages à la gelée de groseilles,
11. Les crevettes moulées,
10**. Le blanc-manger à la crème,
9. Les pommes de terre à la Bretonne.

LA PAVILLON ÉCOSSAIS.
9. Les laitues braisées au consommé,
10**. Le fromage bavarois au chocolat,
11. Les petits homards au Madère,
12*. Les nougats de pommes pralinés.

LE TEMPLE SUR UN ROCHER.
8. Les truffes à l'Italienne,
7**. La gelée renversée de Malaga,
6. Les œufs pochés à la tomate,
5*. Les panachés au gros sucre et pistaches.

LE DINDONNEAU AU CRESSON.
13*. Les petits diadèmes au gros sucre,
14. Les choux-fleurs au beurre,
15**. La charlotte à la Française,
16. Le céleri à la Béchamel.

LES COQS DE BRUYÈRES.
4*. Les madelaines au cédrat,
3. La chicorée à la Béchamel,
2**. Les poires glacées au gratin,
1. Les cardes à la moelle.

POUR EXTRA, DIX ASSIETTES VOLANTES.

5. De soufflés d'abricots,
5. De fondus au Parmesan.

LE MAITRE D'HOTEL FRANÇAIS.

10 AVRIL, *Mercredi*. Menu de 10 à 12 couverts.

DEUX POTAGES.
La croûte gratinée à la purée de navets,
La Brunoise printanière au consommé.

DEUX RELEVÉS DE POISSONS.
Les soles farcies au vin de Champagne,
La matelote à la Bourguignotte.

DEUX GROSSES PIÈCES.
La pièce de bœuf garnie à la gendarme,
L'oie braisée aux marrons glacés.

QUATRE ENTRÉES.
La casserole au riz à la Toulouse,
Le chapon, sauce aux huîtres,
L'épigramme d'agneau aux pointes d'asperges,
Les escalopes de lapereaux aux truffes.

DEUX PLATS DE RÔTS.
Les poulets normands,
Les cailles bardées.

DEUX RELEVÉS DE PLATS DE RÔTS.
Le flan de pommes méringuées,
Le congloffe à l'Allemande.

QUATRE ENTREMETS.
Les champignons à la Provençale,
Les truffes à la serviette,
La gelée de citrons moulée,
Le fromage bavarois aux macarons amers.

11 AVRIL, *Jeudi*. Menu de 40 à 45 couverts.

QUATRE POTAGES.
Le potage à l'Espagnole,
La julienne au blond de veau,
Le potage de pigeons au sagou,
Le potage à la Clermont.

QUATRE RELEVÉS DE POISSONS.
La grosse anguille à la régence,
La truite de Seine à la Vénitienne,
La queue d'esturgeon à la broche,
La carpe à la Polonaise.

QUATRE GROSSES PIÈCES POUR LES CONTRE-FLANCS.
Le cochon de lait à la Turque,
Les chapons à l'Anglaise,
Les faisans à la Périgord,
La selle de mouton des Ardennes.

VINGT-QUATRE ENTRÉES.
1. Les petits canetons à la Nivernoise,
2*. La timbale de macaroni à la Napolitaine,
3. Le filet de bœuf à la royale.

LE COCHON DE LAIT A LA TURQUE.
4. Le sauté de poulardes au suprême,
5**. L'aspic garni de crêtes et rognons,
6. La caisse de foies gras à l'Espagnole.

LA TRUITE DE SEINE A LA VÉNITIENNE.
7. Les aiguillettes de canetons à la bigarade,
8**. La darne de bar au beurre de Montpellier,
9. Les filets de poulets en demi-Périgueux.

LES CHAPONS A L'ANGLAISE.
10. Les noisettes de veaux à la chicorée,
11*. Les croquettes de riz garnies de gibier,
12. Les pigeons à la cuillère et à la Toulouse,

12. Les attereaux de palais de bœufs à la Conti,
11*. Les petites croustades à la Béchamel,
10. Les cailles au gratin, demi-glace.

LES FAISANS A LA PÉRIGORD.
9. Les filets mignons de veaux à la Chevalier,
8**. La salade de filets de brochets,
7. Les quenelles de gibier en turban.

LA QUEUE D'ESTURGEON A LA BROCHE.
6. Les escalopes de volaille aux truffes,
5**. Les cailles en galantine à la gelée,
4. Les côtelettes d'agneaux glacées aux champignons.

LA SELLE DE MOUTON DES ARDENNES.
3. L'émincé de levrauts à la Soubise,
2*. Le vol-au-vent à la Nesle,
1. Les ailerons de poulardes à la Macédoine.

POUR EXTRA, SIX ASSIETTES VOLANTES.
3. De soufflés de volaille,
3. De Orly de filets de merlans.

QUATRE GROSSES PIÈCES D'ENTREMETS.
Le buisson de truffes sur un socle,
Le nougat à la Chantilly,
Le croque-en-bouche aux pistaches,
Le buisson d'écrevisses sur un socle.

QUATRE PLATS DE ROTS.
Les canards sauvages,
Les poulets à la reine,
La dinde non bardée,
Les perdreaux piqués.

VINGT-QUATRE ENTREMETS.
1**. Les biscuits fourrés de crème à la pâtissière,
2. La croûte aux champignons,
3*. Les cannelons glacés garnis de cerises,

LES CANARDS SAUVAGES.
4. Les œufs pochés à la Béchamel,
5**. Le fromage bavarois au citron,
6. Les concombres au suprême.

LE NOUGAT A LA CHANTILLY.
7. Les choux de Bruxelles au beurre,
8**. La gelée de marasquins,
9. Les pommes de terre à la Lyonnaise.

LES POULETS A LA REINE.
10*. Les dariolles soufflées,
11. Les truffes à l'Italienne,
12**. Le flan de pommes méringuées.

12*. Les poires méringuées aux pistaches,
11. Les cardes à l'essence,
10. Les bouchées perlées aux abricots.

LA DINDE NON BARDÉE.
9. Les navets glacés au sucre,
8**. La gelée d'oranges moulée,
7. Les épinards au velouté.

LE CROQUE-EN-BOUCHE AUX PISTACHES.
6. La purée de pommes de terre à la crème,
5**. La charlotte à l'Américaine,
4. Les œufs brouillés aux pointes d'asperges.

LES PERDREAUX PIQUÉS.
3*. Les gaufres à la Française,
2. Les champignons à la Provençale,
1**. Le pouding au raisin d'Espagne.

POUR EXTRA, SIX ASSIETTES VOLANTES DE PETITS SOUFFLÉS À L'ORANGE ET A LA VANILLE.

EL FRANÇAIS.

de 10 à 12 couverts.

Les escalopes de lapereaux aux truffes.
DEUX PLATS DE RÔTS.
Les poulets normands,
Les cailles bardées.
DEUX RELEVÉS DE PLATS DE RÔTS.
Le flan de pommes méringuées,
Le congloffe à l'Allemande.
QUATRE ENTREMETS.
Les champignons à la Provençale,
Les truffes à la serviette,
La gelée de citrons moulée,
Le fromage bavarois aux macarons amers.

le 40 à 45 couverts.

ʀAGES.
Le potage de pigeons au sagou,
Le potage à la Clermont.
DE POISSONS.
La queue d'esturgeon à la broche,
La carpe à la Polonaise.
ʀR LES CONTRE-FLANCS.
Les faisans à la Périgord,
La selle de mouton des Ardennes.
ENTRÉES.
2. Les attereaux de palais de bœufs à la Conti,
1*. Les petites croustades à la Béchamel,
0. Les cailles au gratin, demi-glace.

AVRIL, *Vendredi*. Menu de 10 à 12 couverts.

Deux potages.

La croûte gratinée à l'oseille nouvelle,
Le potage de raviolles à la Milanaise.

Deux relevés de poissons.

La carpe à l'étuvée garnie de laitances,
Le turbotin, sauce aux huîtres.

Deux grosses pièces.

Le dindonneau braisé à l'Anglaise,
La pièce de bœuf à la Maréchale.

Quatre entrées.

Les escalopes de foies gras en croustades,
Les côtelettes de pigeons à la chicorée,
Les poulets à la Montmorency,
Le carré de veau à la Monglas.

Deux plats de rôts.

Les sarcelles garnies de citrons,
Les soles frites à l'Anglaise.

Quatre entremets.

Les truffes à la serviette,
Les choux-fleurs au Parmesan,
La gelée de citrons renversée,
Le gâteau de riz au raisin de Corinthe.

AVRIL, *Samedi*. Menu de 10 à 12 couverts.

Deux potages.

La Julienne au blond de veau,
Les quenelles de faisans au chasseur.

Deux relevés de poissons.

Le cabillaud d'Ostende à la crème,
Les filets de Merlans à la Orly.

Deux grosses pièces.

La selle de mouton à l'Anglaise,
Les perdrix aux choux et racines glacées.

Quatre entrées.

La timbale de macaroni à la Napolitaine,
Les cailles au gratin, demi-glace,
Les ailerons de dindons à la Périgueux,
Les côtelettes de porc frais, sauce Robert.

Deux plats de rôts.

Les poulet gras au cresson,
Les pluviers dorés.

Quatre entremets.

Les champignons à l'Italienne,
Les épinards à l'Anglaise,
La crème française au Moka,
Le gâteau de marmelade d'abricots.

14 AVRIL, *Dimanche.* Menu de 10 à 12 couverts.

Deux potages.

Le potage de sagou à la Crécy,
Le potage de mouton à l'Anglaise.

Deux relevés de poissons.

Le brochet à la Chambord moderne,
La truite saumonée, sauce aux huîtres.

Deux grosses pièces.

La dinde aux truffes à la Périgueux,
Le filet de bœuf glacé à l'Anglaise.

Quatre entrées.

La blanquette de palais de bœufs, bordure de riz;
Les perdrix braisées à la purée de lentilles,
La noix de veau en caisse aux champignons,
Les poulets dépecés à la Vénitienne.

Deux plats de rôts.

Les grives bardées,
La poularde au cresson.

Quatre entremets.

Le céleri à l'Espagnole,

Les pommes de terre à la maître d'hôtel,
La gelée d'ananas garnie de fruits,
Le flan de poires meringuées.

15 AVRIL, *Lundi*. Menu de 10 à 12 couverts.

Deux potages.

Le potage printanier au blond de veau,
Le potage à la reine.

Deux relevés de poissons.

Le bar gillé, sauce aux huîtres;
Les perches au vin de Champagne.

Deux grosses pièces.

Le quartier de chevreuil mariné,
Les poules à la Chevry ravigote.

Quatre entrées.

Le pâté chaud de lapereaux à l'ancienne,
Les filets de poulardes à la d'Orléans,
Les oreilles d'agneaux à la poulette,
Le pain de faisans à la royale.

Deux plats de rôts.

Le coq des bois,
Le dindonneau au cresson.

Quatre entremets.

La purée d'haricots à la crème,
Les salsifis à la Villeroy,
La gelée de vin de Madère sec,
Le soufflé à la Bernoise.

DEUXIÈME TRAITÉ DES MENUS

DE LA CUISINE MODERNE.

16 AVRIL, *Mardi*. Menu de 30 à 36 couverts.

Deux potages.

Le potage de macaroni lié à l'Italienne,

Le potage de céleri au consommé.

Deux relevés de potages.

Les poulardes à l'Indienne,
La hure d'esturgeon à la tortue.

Deux grosses pièces.

Le rosbif d'aloyau à l'Anglaise,
Le quartier de sanglier, sauce poivrade.

Seize entrées.

L'épigramme d'agneau à la Toulouse,
* Le vol-au-vent de bonne morue de cabillaud,
Les boudins de faisans à la Richelieu,
** L'aspic de blanc de volaille.

Le Turbot au gratin.

Les côtelettes à la Provençale,
Les petits poulets au vin de Madère,
* Les croquettes de gibier au fumet,
Les petits canetons à la Conti.

La caisse de foies gras au gratin,
* Le fritot de poulets à la Viennoise,
Les carbonnades de mouton à la Bretonne,
* Le sauté de canards sauvages aux truffes.

La hure d'esturgeon.

** Les filets de perdreaux à la magnonaise,
Les ailes de poulardes à la maréchale,
* La timbale de nouilles à la Polonaise,
Les attereaux de palais de bœufs.

Quatre grosses pièces d'entremets.

Le gâteau à la royale,
Le nougat d'avelines au gros sucre,
La croquante de pâte d'amandes,
Le biscuit de fécules au cédrat.

Quatre plats de rôts.

Les faisans bardés,

Les poulardes au cresson,
Les cailles bardées,
Les poulets à la reine.
>> *Seize entremets.*
Les laitues farcies au consommé,
** La gelée d'oranges renversée.
>> *Les faisans bardés.*
* Les fanchonettes au raisin d'Espagne,
Les truffes au vin de Champagne,
>> *Le nougat au gros sucre.*
Les épinards à l'essence,
* Les gâteaux glacés à la Condé.
>> *Les poulardes au cresson.*
** Le fromage bavarois aux anis étoilés,
Les œufs farcis à la Provençale.

Le céleri à la Béchamel,
** La crème au citron au bain marie.
>> *Les poulets à la reine.*
* Les petites couronnes aux pistaches,
Les œufs pochés à l'oseille.
>> *La croquante de pâte d'amandes.*
Les champignons à l'Italienne,
* Les petits livrets d'abricots glacés.
>> *Les cailles bardées.*
** La gelée de grenades garnie de fruits,
Les pommes de terre frites.
Pour extra, six assiettes volantes de fondus au Parmesan.

17 AVRIL, *Mercredi.* Menu de 6 à 9 couverts.

>> *Un potage.*
L'orge perlé à la royale.
>> *Une grosse pièce.*
Le quartier d'agneau à l'Anglaise.

Deux entrées.

La raie frite, sauce tomate ;
La poularde au riz.

Un plat de rôt.

Les reins de levrauts piqués.

Deux entremets.

La croûte aux champignons,
La gelée de marasquin moulée.

Pour extra, les petits soufflés à l'orange.

18 AVRIL, *Jeudi.* Menu de 30 à 36 couverts.

Deux potages.

Le potage de riz à la purée de navets,
Le potage de nouilles à l'Allemande.

Deux relevés de potages.

Le cochon de lait à la Turque,
Le brochet à l'Espagnole.

Deux grosses pièces pour les bouts.

L'oie braisée aux racines et marrons,
La pièce de bœuf garnie à la Gendarme.

Seize entrées.

Les filets de chevreuils piqués glacés,
* La fricassée de poulets à la Villeroy,
Le turban de filets de merlans à la royale,
La Chevalier de poulets garnie de Conti.

Le cochon de lait à la Turque.

** Le salmis de perdreaux à la gelée,
Les cervelles de veaux à la ravigote,
* Les petits vols-au-vent à la Béchamel,
Les filets de lapereaux bigarrés, purée de champignons.

Les filets de sarcelles à l'orange,
* Les petits pâtés à la Monglas,
Les tendons de veau à la Milanaise,

" La salade de volaille à la ravigote.
Le brochet à l'Espagnole.
Les quenelles de gibier au suprême,
Les filets de poulardes en demi-deuil,
" Les filets de soles à la Provençale,
Les côtelettes de mouton à l'Anglaise.
Quatre grosses pièces d'entremets.
La dinde en galantine à la gelée,
Le gâteau de Compiègne à la Française,
Le gâteau de mille feuilles à la moderne,
Le jambon glacé à la gelée.
Quatre plats de rôts.
Les vanneaux bardés,
Les poulets à la reine.
Les canetons de Rouen,
Le chapon au cresson.
Seize entremets.
Les truffes à l'eau de sel,
" Le pouding de cabinet au rhum.
Les vanneaux bardés.
" La gelée de quatre fruits renversée,
Le macaroni à l'Italienne.
Le gâteau de Compiègne à la Française.
Les choux-fleurs au beurre,
" Les gâteaux glacés aux pistaches.
Les poulets à la reine.
" Les croquettes de riz à la fleur d'orange,
La croûte aux champignons.

Les œufs brouillés aux champignons,
" Les beignets de pommes glacés.
Le chapon au cresson.
" Les petits gâteaux à la d'Artois,
Les navets glacés à la Chartres.

Le gâteau de mille-feuilles à la moderne.
Les concombres au velouté,
** La gelée de crème de moka moulée.
Les canetons de Rouen à la dauphine.
Les pommes de terre à la Lyonnaise.
Pour extra, les choux pralinés.

19 AVRIL, *Vendredi.* Menu de 6 à 9 couverts.

Un potage.
Le potage de santé au consommé.
Une grosse pièce.
Le turbotin grillé, sauce aux huîtres.
Deux entrées.
La tourte de godiveau à l'ancienne,
La côte de bœuf aux oignons glacés.
Un plat de rôt.
La poularde au cresson.
Deux entremets.
Les épinards en croustade,
La gelée de Champagne rosé, renversée.
Pour extra, les choux pralinés.

20 AVRIL, *Samedi.* Menu de 6 à 9 couverts.

Un potage.
Le sagou à la purée de lentilles.
Une grosse pièce.
La selle d'agneau à l'Anglaise.
Deux entrées.
Le sauté de filets de saumon à la Périgueux,
Les quenelles de faisans au fumet.
Un plat de rôt.
Les canards sauvages.
Deux entremets.
La chicorée à la Béchamel,

La gelée de crème de thé.
Pour extra, *les fondus.*

21 AVRIL, *Dimanche.* Menu de 6 à 9 couverts.

Un potage.
Le potage à la Brunoise.
Une grosse pièce.
La pièce de bœuf garnie à la Flamande.
Deux entrées.
Les boudins de gibier à la royale,
Les poulets à la Maquignon.
Un plat de rôt.
Les hatelets de goujons à l'Anglaise.
Deux entremets.
Les laitues braisées à l'essence de jambon,
Les pommes au riz glacées.
Pour extra, *les gâteaux à la dauphine.*

21 AVRIL, *Dimanche.* Menu d'un souper de 100 couverts, servi en ambigu.

Quatre potages pour les contre-flancs.
Le potage à la tortue, au vin de Madère,
Le potage de riz à la purée de marrons,
La julienne au consommé de volaille,
Le potage aux pointes d'asperges.
Quatre grosses pièces pour relever les potages.
Le quartier de veau de Pontoise à la crème,
Les faisans aux racines glacées,
L'aloyau à l'Anglaise garni de raiforts,
La poularde à la financière.
Quatre grosses pièces froides sur des socles.
Le jambon glacé à la gelée sur un socle,
Le gâteau de lièvre glacé sur un socle,
Le buisson de truffes sur un socle,

Le buisson de petits homards sur un socle.

Vingt-quatre entrées, dont seize chaudes.

2. De côtelettes de mouton à la purée de navets,
2. De blanquette de ris d'agneaux en croustade,
2. De boudins de gibier à la moderne,
2. De turbans de filets de lapereaux glacés,
2. De casseroles au riz à la reine,
2. De sautés de poulardes aux truffes,
2. De cailles au gratin, demi-glace,
2. D'ailes de volaille à la chevalier.

Huit entrées froides.

2. D'aspics de filets de soles,
2. De chaud-froid de poulets à la gelée,
2. De pain de foies gras à la gelée,
2. De cervelles de veaux à la magnonaise.

Seize plats de rôts.

2. Deux poulets gras au cresson,
2. De faisans piqués,
2. De poulets à la reine au cresson,
2. De bécasses bardées,
2. De chapons au cresson,
2. De canards sauvages,
2. De poulardes au cresson,
2. De arcelles au citron.

Seize entremets de pâtisseries montés à gradins.

2. De gradins de gaufres aux pistaches,
2. De gradins de panachés au gros sucre,
2. De gradins de méringues à la rose,
2. De gradins de bouchées d'abricots,
2. De gradins de nougat à la Française,
2. De gradins de gâteaux glacés à la Condé,
2. De gradins de Génoises perlés en croissant.
2. De gradins de petits paniers.

Huit entremets de sucre.

De gelées d'oranges moulée,
De gelées de rhum renversées,
De fromages bavarois au café,
De pommes au riz historiées.

Huit entremets de légumes dans des casseroles d'argent.

De cardes à l'Espagnole,
D'épinards à l'essence,
De croûtes aux champignons,
De choux-fleurs au Parmesan.

Observation.

En doublant les entrées et les entremets de ce menu, mon intention a été de le rendre facile dans son exécution; je l'ai déja fait observer: ces grands soupers peuvent parfaitement se servir deux par deux de chaque mets, sans pour cela produire moins d'effet par leur ensemble. Les seize entremets de pâtiseries montées lui donneront de l'élégance, surtout en plaçant toujours un plat de rôt entre deux de ces entremets, ce qui produit des groupes parallèles qui détacheront le reste du service. Nous allons en donner les détails, tels qu'ils doivent être posés sur la table.

Nous commencerons par une grosse pièce de milieu.

Les faisans aux racines glacées.

Les côtelettes de mouton à la purée de navets,
La gelée d'oranges moulée.

Les poulets à la reine.

Le gradin de gaufres aux pistaches,
Le chaud-froid de poulets à la gelée,
Le gradin de bouchées au gros sucre.

Les canards sauvages.

Les cardes à l'Espagnole,
Les boudins de gibier à la moderne.

Le jambon glacé sur un socle.

La casserole au riz à la reine,
Les épinards à l'essence.

Les poulardes au cresson.

Le gradin de méringues à la rose,
Le pain de foies gras à la gelée,
Le gradin de bouchées d'abricots.

Les faisans bardées.

Les pommes au riz historiées,
Le sauté de poulardes aux truffes.

Le quartier de veau à la crème.

Les cailles au gratin, demi-glace;
La gelée de rhum moulée.

Les poulets gras au cresson.

Le gradin de panachés aux pistaches,
L'aspic garni de filets de soles,
Le gradin de nougat à la Française.

Les sarcelles aux citrons.

Les choux-fleurs aux Parmesan,
Les ailes de volaille à la Chevalier.

Le buisson de truffes sur un socle.

La blanquette de ris de veaux en croustade,
La croûte aux champignons.

Les chapons au cresson.

Le gradin de gâteaux glacés à la Condé,
Les cervelles de veaux à la magnonaise,
Le gradin de Génoises perlées en croissant.

Les bécasses bardées.

Le fromage Bavarois au café,
Le turban de filets de lapereaux glacés.

Les poulardes à la financière.

AVRIL, *Lundi*. Menu de 6 à 9 couverts.

Un potage.
Le vermicelle au blond de veau.
Une grosse pièce.
Le cabillaud à la Hollandaise.
Deux entrées.
La noix de veau glacée aux concombres,
Les ailerons de dindons à la purée de marrons.
Un plat de rôt.
Les cailles bardées.
Deux entremets.
Les œufs frits à la tomate,
La gelée de crème de Barbade.
Pour *extra*, les petits pains à la paysanne.

LE MAITRE D'HOTEL FRANÇAIS.

PREMIER TRAITÉ DES MENUS DE LA CUISINE MODERNE.

24 AVRIL, *Mardi*. Menu de 60 à 70 couverts.

QUATRE POTAGES.

Le potage printanier aux pointes d'asperges,
Les quenelles de volaille au consommé,
Le karic de perdrix à l'Indienne,
Le potage à la d'Artois.

QUATRE RELEVÉS DE POISSONS.

Le cabillaud à la crème,
Le brochet à la marinière,
Les petites truites, sauce au vin de Champagne,
Le turbot, sauce aux crevettes et aux huîtres.

QUATRE GROSSES PIÈCES.

Le jambon à la Portugaise,
Les poulardes à la régence,
Les perdrix aux choux garnies de racines glacées,
La pièce de bœuf à la cuillère.

TRENTE-DEUX ENTRÉES.

1. Les balotines de poulets à l'Anglaise,
2*. Les petits vols-au-vent à la Béchamel,
3. Le faisan braisé à la Périgueux,
4. Le turban de quenelles à la royale.
   LE JAMBON A LA PORTUGAISE.
5. Les côtelettes de chevreuil glacées, sauce poivrade,
6**. Les galantines d'anguilles à la Provençale,
7. Les ailes de volaille à la Pompadour,
8. Le hachis de gibier à la Polonaise.
   LE BROCHET A LA MARINIÈRE.
9. L'émincé de filets de bœuf à la Clermont,
10. Les filets de poulardes à la Chevalier,
11**. Les poulets à la Chevry, à la gelée,
12. Les papillottes de filets de maquereaux.
    LES POULARDES A LA RÉGENCE.
13. La blanquette de lapereaux à l'Allemande,
14. Le carré de veau à la Monglas,
15*. La croustade de pain à la Toulouse,
16. Les côtelettes de pigeons glacées à la chicorée.

16. La matelote de foies gras au Madère,
15*. Le pâté chaud de grives aux champignons,
14. Le turban de filets mignons piqués, glacés ;
13. Les escalopes de volaille aux truffes.
    LES PERDRIX AUX CHOUX.
12. Le sauté de sarcelles à la Bourguignotte,
11**. Le pain de volaille à la gelée,
10. Les filets de lapereaux à la dauphine,
9. Les oreilles d'agneaux à la ravigote verte.
   LES PETITES TRUITES, SAUCE AU VIN DE CHAMPAGNE.
8. Les ailes de perdreaux à l'Allemande,
7. Les filets de volaille glacés aux pointes d'asperges,
6**. La salade de filets de soles aux laitues,
5. Les petits canetons en haricots vierges.
   LA PIÈCE DE BOEUF A LA CUILLÈRE.
4. Le chapon, sauce aux huîtres,
3. La noix de veau glacée à la financière,
2*. Les petits pâtés de gibier à l'Espagnole,
1. Les filets de moutons glacés aux concombres.

POUR EXTRA, DIX ASSIETTES VOLANTES.

5. De petits soufflés de gibier,
5. De Orly de filets de volaille.

QUATRE GROSSES PIÈCES D'ENTREMETS.

La sultane printanière garnie de fraises,
Les ruines d'Antioche,
Les ruines de Palmyre,
Le croque-en-bouche à la royale.

QUATRE PLATS DE ROTS.

Les canards sauvages,
Les poulets nouveaux au cresson,
Les poulets à la reine,
Les gelinottes bardées.

TRENTE-DEUX ENTREMETS.

1. Les laitues à l'essence,
2**. La gelée de Champagne rosé,
3. Les œufs pochés aux pointes d'asperges,
4*. Les madelaines au raisin de Corinthe.
   LES CANARDS SAUVAGES.
5*. Les tartelettes d'abricots pralinées,
6. Les cardes à l'essence et à la moelle,
7**. La charlotte à la Parisienne,
8. La salade à l'Italienne.
   LE SULTANE PRINTANIÈRE GARNIE DE FRAISES.
9. Les navets à la Chartres,
10**. Les pannequets à la Chantilly,
11. Les écrevisses du Rhin en buisson,
12*. Les panachés aux pistaches.
    LE DINDONNEAU AU CRESSON.
13*. Les canapés à la gelée de groseilles,
14. Les champignons à la Provençale,
15**. La gelée de citrons renversée,
16. La purée de haricots à la crème.

16. Les épinards à l'Espagnole,
15**. La gelée de violettes moulée,
14. Les salsifis à la magnonaise,
13*. Les gâteaux glacés à la crème.
    LES POULETS A LA REINE.
12*. Les génoises de nouilles à l'Allemande,
11. Les truffes au vin de Madère,
10**. Le pouding de riz au cédrat,
9. Les choux-fleurs à la magnonaise.
   LE CROQUE-EN-BOUCHE A LA ROYALE.
8. Les concombres à la Béchamel,
7**. Le blanc-manger à la crème,
6. Les œufs brouillés au jambon,
5*. Les nougats à la Française.
   LES GELINOTTES BARDÉES.
4*. Les bouchées glacées au caramel,
3. Les pointes d'asperges au velouté,
2**. La gelée de marasquins,
1. Le céleri à la Française.

POUR EXTRA, DIX SOUFFLÉS EN CROUSTADES.

5. A la vanille,
5. Aux pistaches pralinées.

TABLEAU N° X.   *Suite de la page 203, Tome 1.*

LE MAITRE D'HOTEL FRANÇAIS.

25 AVRIL, *Mercredi*. Menu en 10 à 12 couverts.

DEUX POTAGES.
Le potage printanier au blond de veau,
Les lazannes au consommé et Parmesan.

DEUX RELEVÉS DE POISSONS.
Le bar grillé, sauce Italienne,
Les soles au gratin et aux truffes,

DEUX GROSSES PIÈCES.
Les poulets aux huîtres,
Le rond de veau à l'Anglaise.

QUATRE ENTRÉES.
La côte de bœuf à la royale,
Le vol-au-vent de quenelles à la Béchamel,
Les cailles au gratin, demi-glace,
La fricassée de poulets printanière.

DEUX PLATS DE RÔTS.
Les canetons de Rouen,
Les poulets et mauviettes.

QUATRE ENTREMETS.
Les truffes au vin de Champagne,
Les œufs pochés à la chicorée,
La gelée de marasquins moulée,
Le flan de poires méringuées.

26 AVRIL, *Jeudi*. Menu de 40 à 50 couverts.

QUATRE POTAGES.
La brunoise printanière au consommé,
Le potage à la tortue au vin de Madère,
Le potage à la Monglas,
Le riz à la Crécy nouvelle.

QUATRE RELEVÉS DE POTAGES.
La carpe du Rhin à la Polonaise,
Le turbot grillé à la Hollandaise,
La queue d'esturgeon à la royale,
Les tronçons d'anguilles glacés à l'Italienne.

QUATRE GROSSES PIÈCES POUR LES CONTRE-FLANCS.
Le rosbif de mouton,
Le cochon de lait à la Piémontaise,
La dinde à la financière,
La longe de veau à la crème.

VINGT-QUATRE ENTRÉES.
1. Les tendons de veau à la Nivernoise,
2*. Le pâté chaud à la ciboulette,
3. Le chapon à l'ivoire, sauce aux huîtres.
   LE ROSBIF DE MOUTON.
4. Les pigeons à la Mirepoix, Toulouse;
5**. La galantine de poularde à la gelée,
6. Le sauté de lapereaux à la royale.
   LE TURBOT GRILLÉ A LA HOLLANDAISE.
7. Les escalopes de ris de veaux à la Provençale,
8**. La darne de saumon au beurre de Montpellier,
9. Les filets de volaille glacés aux pointes d'asperges.
   LE COCHON DE LAIT A LA PIÉMONTAISE.
10. Les filets de canards sauvages à la bigarade,
11*. Les croquettes de faisans au fumet,
12. Les papillottes de cailles à la Duxelle.

12*. Les petites caisses de foies gras,
11*. Le fritot de poulets à la Viennoise,
10. Les mauviettes au gratin, garnies de croûtons farcis.
    LA DINDE A LA FINANCIÈRE.
9. Les attereaux de palais de bœufs à la Périgueux,
8**. Les perches à la magnonaise,
7. Les ailes de poulardes à la Maréchale.
   LA QUEUE D'ESTURGEON A LA ROYALE.
6. Les quenelles de volaille au suprême,
5**. Le salmis de faisans à la gelée,
4. Les poulets nouveaux à la Macédoine.
   LA LONGE DE VEAU A LA CRÈME.
3. Les petits canetons à la Nivernoise nouvelle,
2*. La timbale de lazannes à la Napolitaine,
1. Le filet de bœuf à la Vesphalienne.

POUR EXTRA, SIX ASSIETTES VOLANTES DE FRITURES DE ORLY, DE FILETS DE VOLAILLE ET DE GIBIER.

QUATRE GROSSES PIÈCES D'ENTREMETS.
Le flan de pommes au riz glacé,
Le buisson de homards au vin de Madère,
Le buisson de truffes à la serviette,
Le soufflé à la Palerme.

QUATRE PLATS DE RÔTS.
Les poulets nouveaux bardés,
Les bécasses bardées,
Les dindonneaux au cresson,
Les pigeons ramiers.

VINGT-QUATRE ENTREMETS.
1*. Les nougats d'avelines à la Française,
2. Les petits artichauts à la barigoule,
3**. La gelée de fraises nouvelles.
    LES POULETS NOUVEAUX BARDÉS.
4* Les fanchonnettes à la crème de riz,
5. Les salsifis à la Hollandaise,
6**. La crème française au cédrat.
    LE BUISSON DE HOMARDS.
7**. Le blanc-manger au café,
8. La croûte aux champignons,
9*. Les gâteaux renversés à la gelée de groseilles.
    LES BÉCASSINES BARDÉES.
10**. La gelée de Malaga moulée,
11. Les laitues farcies demi-glace,
12*. Les gâteaux d'amandes en croissant.

12*. Les petits cadrilles au gros sucre,
11. Les épinards à l'Espagnole,
10**. La gelée d'oranges renversée.
    LES DINDONNEAUX AU CRESSON.
9*. Les gâteaux de Pithiviers glacés à blanc,
8. Les pommes de terre à la Lyonnaise,
7**. Le fromage bavarois aux framboises nouvelles.
    LE BUISSON DE TRUFFES.
6**. La charlotte à l'Américaine,
5. Le céleri à la Béchamel,
4. Les génoises au gros sucre.
   LES PIGEONS ROMAINS.
3**. La gelée de violettes moulée,
2. Les œufs pochés à l'essence de jambon,
1*. Les bouchées d'abricots glacées.

POUR EXTRA, SIX ASSIETTES DE SOUFFLÉS A LA VANILLE.

— Les pointes nouveaux à la macédoine.

LA LONGE DE VEAU A LA CRÈME.

Les petits canetons à la Nivernoise nouvelle,
La timbale de lazannes à la Napolitaine,
Le filet de bœuf à la Vesphalienne.

)E FRITURES DE ORLY, DE FILETS
)E GIBIER.

S D'ENTREMETS.

Le buisson de truffes à la serviette,
Le soufflé à la Palerme.

)E ROTS.

Les dindonneaux au cresson,
Les pigeons ramiers.

TREMETS.

Les petits cadrilles au gros sucre,
Les épinards à l'Espagnole,
La gelée d'oranges renversée.

LES DINDONNEAUX AU CRESSON.

Les gâteaux de Pithiviers glacés à blanc,
Les pommes de terre à la Lyonnaise,
Le fromage bavarois aux framboises nouvelles.

LE BUISSON DE TRUFFES.

La charlotte à l'Américaine,
Le céleri à la Béchamel,
Les génoises au gros sucre.

LES PIGEONS ROMAINS.

La gelée de violettes moulée,
Les œufs pochés à l'essence de jambon,
Les bouchées d'abricots glacées.

OUFFLÉS A LA VANILLE.

AVRIL, *Vendredi.* Menu de 10 à 12 couverts.

Deux potages.

Le potage printanier au consommé,
Le vermicelle à la régence.

Deux relevés de poissons.

La carpe du Rhin au bleu,
La hure de saumon à la Génoise.

Deux grosses pièces.

Le jambon à la Portugaise,
Le filet de bœuf à l'Italienne.

Quatre entrées.

Les poulets nouveaux à la ravigote,
L'épigramme d'agneaux aux pointes d'asperges,
Le pain de faisans au fumet,
L'émincé de volaille à la chicorée.

Deux plats de rôts.

Les dindonneaux au cresson,
Les grives bardées.

Quatre entremets.

Les choux-fleurs à la maître d'hôtel,
Les épinards à l'Anglaise,
La gelée de fraises nouvelles,
Les gâteaux de semoule au raisin de Corinthe.

AVRIL, *Samedi.* Menu de 10 à 12 couverts.

Deux potages.

Le potage aux petits oignons nouveaux,
Le potage de mouton à l'Anglaise.

Deux relevés de poissons.

L'anguille garnie à la marinière,
Le cabillaud à la crème.

Deux grosses pièces.

Les perdreaux à la Périgueux,

La longe de veau à la Monglas.

Quatre entrées.

Le pâté chaud à la financière,
Les petits poulets nouveaux à la Macédoine,
Les côtelettes de mouton à la minute,
Les ailerons de dindons à la purée de navets.

Deux plats de rôts.

Les cailles bardées,
Les poulets nouveaux au cresson.

Quatre entremets.

Les cardes à la moëlle,
Les artichauts à la barigoule,
La timbale de crème soufflée,
La gelée d'oranges dans un bol.

29 AVRIL, *Dimanche.* Menu de 10 à 12 couverts

Deux potages.

La croûte gratinée aux pointes d'asperges,
Le potage de riz à l'Italienne.

Deux relevés de poissons.

Les perches étuvées à la Bourguinotte,
Les petites truites grillées à la Hollandaise.

Deux grosses pièces.

La dinde braisée à l'Anglaise,
La selle d'agneau à la maître d'hôtel.

Quatre entrées.

Le filet de bœuf garni d'oignons glacés,
Les petits poulets à la Montmorency,
Les boudins de faisans à la royale,
Les petits pâtés à la Monglas.

Deux plats de rôts.

Les nouveaux dindonneaux bardés,
Les pigeons romains.

Quatre entremets.

La macédoine à la Béchamel,
Les œufs pochés à la tomate,
La gelée de violette printanière,
Le soufflé au chocolat en croustade.

0 AVRIL, *Lundi.* Menu de 10 à 12 couverts.

Deux potages.

La brunoise printanière au blond de veau,
Les quenelles de faisans au chasseur.

Deux relevés de poissons.

Les soles au gratin au vin de Champagne,
Les maquereaux bouillis à l'Anglaise.

Deux grosses pièces.

La belle poularde aux champignons,
La pièce de bœuf à la choucroute.

Quatre entrées.

La casserole au riz à l'Indienne,
Les tendons de veau glacés à la Nivernoise,
Les cailles au gratin à la Périgueux,
Les poulets nouveaux à l'ivoire, aspic chaud.

Deux plats de rôts.

Les poulets gras bardés,
Les lapereaux de garenne.

Quatre entremets.

Les artichauts à l'estoufade, demi-glace;
Les champignons à la Provençale,
La gelée de citrons renversée,
Les gâteaux glacés à la crème aux pistaches.

DEUXIÈME TRAITÉ DES MENUS
DE LA CUISINE MODERNE.

31 AVRIL, *Mardi.* Menu de 30 à 36 couverts.

Deux potages.
La croûte gratinée aux pointes d'asperges,
Le potage de levrauts à l'Anglaise.

Deux relevés de poissons.
Le turbotin, sauce aux homards;
Les lamproies à la Bordelaise.

Deux grosses pièces.
Le rosbif d'aloyau aux pommes de terre.
Les faisans braisés à la Périgueux.

Seize entrées.
Les cervelles de veaux au suprême,
*La timbale de nouilles à la Napolitaine,
Le sauté de volaille à la Lyonnaise,
Les perdrix aux choux et racines glacées.
Le turbotin, sauce au homard.
** La fricassée de poulets à la gelée,
La caisse de foies gras à la financière,
* Les hatelets de langues de moutons à la Villeroy.
Les petites balotines de volaille à la Conti.

Les pigeons Gautier au monarque,
* Le fritot de poulets à la Maringo,
Les filets de canetons à l'orange,
** La noix de veau au beurre de Montpellier.
Les lamproies à la Bordelaise.
La poularde à la Montmorency,
L'épigamme d'agneau aux pointes d'asperges.
*Le vol-au-vent de bonne morue,
La blanquette de lapereaux à l'Allemande.

Quatre grosses pièces d'entremets.

Le flan de pommes à l'Anglaise,
Le buisson de méringues à la vanille,
Le gâteau au riz aux raisins de Malaga,
Le buisson de ramequins.

Quatre plats de rôts.

Les pigeons ramiers bardés,
Le dindonneau au cresson,
Les perdreaux bardés,
Les poulets à la Reine.

Seize entremets.

Les cardes à l'Espagnole,
La gelée de fraises nouvelles.

Les pigeons ramiers.

Les gâteaux renversés à la gelée de pommes,
Les champignons à l'Italienne.

Le buisson de méringues à la vanille.

Les laitues farcies à l'essence,
La crème Française au caramel.

Le dindonneau au cresson.

Les nougats à la Parisienne,
Les petites omelettes à la purée d'oseille.

Les œufs pochés à l'aspic,
Le fromage bavarois au café moka.

Les poulets à la Reine.

Les Madelaines au gros sucre,
Les truffes à la Provençale.

Le buisson de ramequins.

Les épinards à l'Anglaise,
Les gâteaux glacés à la Condé.

Les perdreaux bardés.

La gelée de citrons renversée.

Les choux-fleurs à la ravigote.

Pour *extra*, cinq assiettes volantes de biscuit à crème.

CHAPITRE VI.

1ᵉʳ MAI, *Mercredi*. Menu de 6 à 9 couverts.

Un potage.
Le potage à l'oseille à la Hollandaise.
Une grosse pièce.
Les maquereaux à la maître d'hôtel.
Deux entrées.
La noix de veau à la Macédoine,
Le chapon au gros sel.
Un plat de rôt.
Les sarcelles garnies de citrons.
Deux entremets.
Les choux-fleurs au beurre,
La gelée de fraises moulée.
Pour *extra*, les gâteaux de Pithiviers.

2 MAI, *Jeudi*. Menu de 30 à 36 couverts.

Deux potages.
Le potage de sagou à la Crécy,
Les quenelles au consommé.
Deux relevés de potages.
La dinde braisée à l'Anglaise,
Le cabillaud à la crème.
Deux grosses pièces.
La noix de bœuf au vin de Madère,
La longe de veau marinée en chevreuil,

Seize entrées.

Le sauté de volaille au Suprême,
* Les croustades de mauviettes au gratin,
Les côtelettes de mouton à la chicorée,
Les filets de maquereaux à la ravigote.
    La dinde braisée à l'Anglaise.
** Le salmis de cailles à la gelée,
Les escalopes de volaille aux concombres,
* Les croquettes de riz à la Russe,
Les petits pigeons à la Macédoine.

―――

Les petits canetons à la Nivernoise,
* La fricassée de poulets à la Villeroy,
Les filets de canetons au jus d'oranges,
** La darne de saumon au beurre de Montpellier.
    Le cabillaud à la crème.
Les ailes de volailles à la Chevalier,
Les escalopes de turbots à la Vénitienne,
* Le pâté chaud à la Financière,
Les filets de lapereaux à la Conti.
    Quatre grosses pièces d'entremets.
Le paupelin glacé au four,
La Sultane printanière,
Le nougat aux pistaches,
Le croque-en-bouche au gros sucre.
    Quatre plats de rôts.
Les perdreaux piqués,
Les poulets bardés,
Les pigeons Romains,
Les chapons au cresson.
    Seize entremets.
Les laitues farcies à l'essence,
* Les gaufres à la Française.
    Les perdreaux piqués.

** Le fromage bavarois au café,
Les haricots verts à l'Anglaise.

La Sultane printanière.

Les épinards nouveaux à l'essence,
** La gelée de fraises renversée.

Les poulets nouveaux.

* Les gâteaux d'abricots glacés,
Les concombres en cardes.

Les petites pommes de terre à la crème,
* Les choux glacés au gros sucre.

Les chapons au cresson.

** La gelée de citrons moulée,
Le céleri à l'Espagnole.

Le croque-en-bouche au gros sucre.

Les petits pois à la Parisienne,
** La Charlotte à l'Américaine.

Les pigeons bardés.

* Les darioles à la fleur d'orange,
Les champignons à la Provençale.

Pour *extra*, six assiettes volantes de fondus et petits soufflés.

3 MAI, *Vendredi.* Menu de 6 à 9 couverts.

Un potage.

Le riz à la Crécy.

Une grosse pièce.

L'alose grillée à la purée d'oseille.

Deux entrées.

Les petits poulets piqués à la Macédoine,
La côte de bœuf aux oignons glacés.

Un plat de rôt.

Les reins de levrauts à l'Anglaise.

Deux entremets.

Les haricots verts à la Française,
La gelée de fraises moulée.

Pour *extra*, les gâteaux d'amandes.

4 MAI, *Samedi.* Menu de 6 à 9 couverts.

Un potage.

Le macaroni lié à l'Italienne.

Une grosse pièce.

La selle d'agneau à l'Anglaise.

Deux entrées.

La poularde à la Maquignon,
Les boudins de faisans à la Richelieu.

Un plat de rôt.

Les merlans frits à l'Anglaise.

Deux entremets.

Les cardes à l'Espagnole,
La gelée de framboises dans un bol.

Pour *extra*, les biscuits à la crème.

5 MAI, *Dimanche.* Menu de 6 à 9 couverts.

Un potage.

Le potage de santé au consommé.

Une grosse pièce.

Le bar grillé à la Hollandaise.

Deux entrées.

La fricassée de poulets à la Saint-Lambert,
Les langues de moutons glacées aux laitues.

Un plat de rôt.

Les canetons de Rouen.

Deux entremets.

Les choux-fleurs au Parmesan,
La gelée de framboises.

Pour *extra*, les darioles à la crème.

6 MAI, *Lundi*. Menu de 6 à 9 couverts.

Un potage.
La garbure aux racines nouvelles.
Une grosse pièce.
La côte de bœuf à la royale.
Deux entrées.
Le hachis de faisans à la Polonaise,
Le chapon à la Macédoine.
Un plat de rôt.
Les vanneaux bardés.
Deux entremets.
Les cardes à l'Espagnole,
La gelée de framboises moulée.
Pour *extra*, les soufflés de pommes.

LE MAITRE D'HOTEL FRANÇAIS.

PREMIER TRAITÉ DES MENUS DE LA CUISINE MODERNE.

7 MAI, *Mardi*. Menu de 60 à 70 couverts.

QUATRE POTAGES.

Le potage de choux à la Russe,   Le potage de santé au consommé,
Le vermicelle à la régence,   Le potage de tortue au Madère.

QUATRE RELEVÉS DE POTAGES.

La carpe à la Chambord moderne,   Le cabillaud à la crème,
Le saumon à l'Italienne,   Les aloses à la purée de champignons.

QUATRE GROSSES PIÈCES.

Le quartier de veau à la Monglas,   Les faisans à la Napolitaine,
La dinde aux truffes à la Périgueux,   Le jambon à la Maillou.

TRENTE-DEUX ENTRÉES.

1. Les filets de volaille à la Saint-Menehould,
2*. Le pâté chaud de grives aux fines herbes,
3. Le filet de bœuf piqué, glacé, sauce poivrade;
4. Le sauté de canards à la Bourguignotte.

LE QUARTIER DE VEAU A LA MONGLAS.
5. Les poulets nouveaux à la Macédoine,
6**. Les cailles en galantine à la gelée,
7. Les escalopes de perdreaux aux truffes,
8. Le turban de quenelles de volaille.

LE SAUMON A L'ITALIENNE.
9. Les côtelettes de levrauts à l'Allemande,
10. Les pigeons à la Maquignon, ragoût de crêtes;
11**. La salade de volaille à la ravigote,
12. Le pain de faisans à la dauphine.

LA DINDE AUX TRUFFES.
13. Les balotines de poulets glacées à la tomate,
14. Les attereaux de filets de soles à la maître d'hôtel,
15*. Les petits vols-au-vent à la marinière,
16. Les foies gras en matelote au vin de Madère.

16. Les filets de poulardes en demi-Périgueux,
15*. Les petits pâtés à la Béchamel,
14. Les filets de moutons à l'Anglaise,
13. Les boudins de faisans à la royale.

LE JAMBON A LA MAILLOU.
12. Les papillottes de filets de maquereaux,
11**. Les côtelettes de veau au miroir à la gelée,
10. La fricassée de poulets à l'Italienne,
9. Les escalopes de lapereaux aux champignons.

LE CABILLAUD A LA CRÈME.
8. Le hachis de gibier à la Turque,
7. La petite poularde, sauce aux huîtres;
6**. Le sahnis de perdreaux à la gelée,
5. Les ailerons de dindons au céleri.

LES FAISANS A LA NAPOLITAINE.
4. Les filets de volaille à la Chevalier,
3. Les oreilles d'agneaux en tortue,
2*. La casserole au riz à la Toulouse,
1. Les filets de canetons à la bigarade.

POUR EXTRA, HUIT ASSIETTES VOLANTES.

4. De petits soufflés de gibier,   4. De filets de merlans à la Orly.

QUATRE GROSSES PIÈCES D'ENTREMETS.

Le pavillon rustique sur un pont,   La maison à la Turque de plaisance,
L'hermitage suisse sur un rocher,   Le pavillon d'été sur un pont.

QUATRE PLATS DE ROTS.

Les poulets gras au cresson,   Les bécasses bardées,
Les coqs de Bruyères,   Les chapons à l'Anglaise.

TRENTE-DEUX ENTREMETS.

1. Les choux-fleurs à l'Espagnole,
2**. La gelée de fraises nouvelles,
3. Les haricots verts à l'Anglaise,
4. Les gaufres de Corinthe.

LES POULETS GRAS AU CRESSON.
Les petits paniers au gros sucre,
Les œufs pochés à la Béchamel,
Les pommes au riz historiées,
Les truffes à la Provençale.

L'HERMITAGE SUISSE.
Les laitues à l'essence de jambon,
Le biscuit à la Polonaise,
Les crevettes en hérisson,
Les gâteaux glacés à la d'Artois.

LES COQS DE BRUYÈRES.
Les génoises glacées à la royale,
Les asperges à la Hollandaise,
La gelée de vin d'Espagne,
Les petits artichauts à la Barigoule.

16. Les petits pois à la Française,
15**. La gelée de ponche renversée,
14. Les épinards à l'Anglaise,
13*. Les cadrilles aux pistaches.

LES BÉCASSES BARDÉES.
12*. Les petits nougats au gros sucre,
11. Les petits homards au vin de Madère,
10**. La charlotte à la Parisienne,
9. Les cardes à la moelle.

LA MAISON A LA TURQUE DE PLAISANCE.
8. La croûte aux champignons,
7**. Le pouding de semoule au rhum,
6. Les œufs pochés au fumet de faisan,
5*. Les gâteaux au miroir.

LES CHAPONS A L'ANGLAISE.
4*. Les gaufres à la Parisienne,
3. Les truffes à la Périgueux,
2. La gelée de citrons moulée,
1. Les choux de Bruxelles au velouté.

POUR EXTRA, DIX ASSIETTES VOLANTES DE SOUFFLÉS EN CROUSTADES.

De soufflés au rhum.   5. De soufflés à la vanille en croustades.

TABLEAU N° XI.   *Suite de la page 214, Tome 1.*

LE MAITRE D'HOTEL FRANÇAIS.

8 MAI, *Mercredi*. Menu de 10 à 12 couverts.

DEUX POTAGES.
La croûte gratinée aux pointes d'asperges,
La garbure à la Piémontaise.

DEUX RELEVÉS DE POISSONS.
L'alose grillée à la purée d'oseille,
La truite de Seine à la Génoise.

DEUX GROSSES PIÈCES.
Le cochon de lait à la peau croustillante,
Le rosbif de mouton à l'Anglaise.

QUATRE ENTRÉES.
La poularde à la Montmorency,
Les quenelles de faisan au fumet,
La côte de bœuf aux oignons glacés,

Le pâté chaud de mauviettes à l'ancienne.

DEUX PLATS DE RÔTS.
Les pluviers dorés,
Le dindon au cresson.

DEUX RELEVÉS DE PLATS DE RÔTS.
Le buisson de truffes au vin de Madère,
Le flan à la Suisse.

QUATRE ENTREMETS.
La purée de pommes de terre à la crème,
Les champignons à l'Italienne,
La gelée de vin de Champagne rosé,
Le gâteau d'amandes pralinées.

9 MAI, *Jeudi*. Menu de 40 à 45 couverts.

DEUX POTAGES.
Le potage aux choux nouveaux,
Le potage de riz à l'Italienne.

DEUX RELEVÉS DE POISSONS.
L'anguille de Seine à la régence,
La hure d'esturgeon au vin de Champagne.

DEUX GROSSES PIÈCES.
La pièce de bœuf garnie à la Française,
Les chapons à la Maquignon.

QUATRE CONTRE-FLANCS EN TERRINE.
Les cuisses d'oies à la choucroute,
Le hochepot de queue de bœuf,
La tête de veau en tortue au vin de Madère,
Les ailerons de dindons à la Macédoine.

VINGT-QUATRE ENTRÉES.
1. Les côtelettes de pigeons à la d'Armagnac,
2*. Les petites cassolettes de riz à la reine,
3. Les filets de volaille à la Maréchale,
   LES CUISSES D'OIES A LA CHOUCROUTE.
4. Les petites caisses de foies gras à l'Espagnole,
5**. L'aspic de filets mignons à la ravigote,
6. Les filets de canards sauvages à l'orange,
   L'ANGUILLE DE SEINE A LA RÉGENCE.
7. L'épigramme d'agneaux aux pointes d'asperges,
8**. La salade de filets de lapereaux à la gelée,
9. Le sauté de poulardes à la royale,
   LA TÊTE DE VEAU EN TORTUE AU MADÈRE.
10. L'émincé de filets de bœuf à la Clermont,
11*. Les petites croustades de mauviettes en cerises,
12. Les petits canetons en haricots vierges.

12. Les langues de moutons glacées aux laitues,
11*. Les petits vols-au-vent à la Béchamel,
10. Les poulets dépecés à la Vénitienne.
    LA HURE D'ESTURGEON AU VIN DE CHAMPAGNE.
9. Les escalopes de levrauts liées au sang,
8**. La darne de saumon au beurre de Montpellier,
7. Les cailles braisées à la financière.
   LE HOCHEPOT DE QUEUE DE BŒUF.
6. Les ailes de poulardes en demi-deuil,
5**. La magnonaise de perdreaux,
4. Les boudins de carpes à la Richelieu.
   LES AILERONS DE DINDONS A LA MACÉDOINE.
3. Les cervelles de veaux à la Milanaise,
2*. Les petits pâtés à la Monglas,
1. Les balotines de poulets à la tomate.

QUATRE GROSSES PIÈCES D'ENTREMETS.
Le jambon glacé sur un socle,
Le biscuit aux amandes à la royale,
La sultane printanière aux fraises,
Le gâteau de faisans à la gelée sur un socle.

QUATRE PLATS DE RÔTS.
Les perdreaux rouges piqués,
Les poulets gras au cresson,
Les chapons bardés,
Les pigeons ramiers bardés.

VINGT-QUATRE ENTREMETS.
1*. Les choux glacés au gros sucre,
2. Les concombres au suprême,
3*. Les madelaines au cédrat,
    LES PERDREAUX ROUGES PIQUÉS.
4. Les beignets glacés aux pistaches,
5**. La gelée de kirschenwasser,
6. Les petits pois à la Parisienne,
   LA SULTANE PRINTANIÈRE.
7. Les navets à la Chartres,
8**. La gelée de citrons moulée,
9. Les bouchées d'abricots.
   LES CHAPONS BARDÉS.
10*. La charlotte à la Française,
11. Les pommes de terre à la Lyonnaise,
12*. Les merlitons au raisin de Corinthe.

12*. Les nougats aux avelines,
11. Les choux-fleurs à la ravigote,
10*. Le pouding au vin de Madère.
     LES POULETS GRAS.
9. Les fanchonnettes à la vanille,
8**. La gelée d'oranges renversée,
7. Les cardes à l'essence et au Parmesan.
   LE BISCUIT AUX AMANDES.
6. Les haricots verts à l'Anglaise,
5**. La gelée de framboises,
4. Les croquettes de riz aux confitures.
   LES PIGEONS RAMIERS BARDÉS.
3*. Les diadèmes au gros sucre,
2. Les asperges en buisson,
1*. Les gâteaux de Pithiviers.

POUR EXTRA, SIX ASSIETTES VOLANTES DE SOUFFLÉS EN CAISSE.

...EL FRANÇAIS.

...e 10 à 12 couverts.

Le pâté chaud de mauviettes à l'ancienne.
DEUX PLATS DE RÔTS.
Les pluviers dorés,
Le dindon au cresson.
DEUX RELEVÉS DE PLATS DE RÔTS.
Le buisson de truffes au vin de Madère,
Le flan à la Suisse.
QUATRE ENTREMETS.
La purée de pommes de terre à la crème,
Les champignons à l'Italienne,
La gelée de vin de Champagne rosé,
Le gâteau d'amandes pralinées.

...40 à 45 couverts.

...GES.
Le potage de riz à l'Italienne.
...E POISSONS.
La hure d'esturgeon au vin de Champagne.
...PIÈCES.
Les chapons à la Maquignon.
...CS EN TERRINE.
Le hochepot de queue de bœuf,
Les ailerons de dindons à la Macédoine.
...ENTRÉES.
Les langues de moutons glacées aux laitues,

0 MAI, *Vendredi.* Menu de 10 à 12 couverts.

Deux potages.

Le potage à la Reine,
Le potage de santé au consommé.

Deux relevés de poissons.

Le turbot grillé, sauce Hollandaise,
Les perches au vin de Champagne.

Deux grosses pièces.

La noix de bœuf à la royale,
Le jambon glacé aux épinards.

Quatre entrées.

Les petits poulets à la Maquignon,
Le hachis de faisans à la Polonaise,
Les petits pâtés à l'Espagnole,
Le carré de veau à la Monglas.

Deux plats de rôts.

Les lapereaux de garenne,
Les poulets nouveaux bardés.

Quatre entremets.

Les cardes à la moëlle,
Les navets à la Chartres,
La gelée de fraises moulée,
Le fromage Bavarois au caramel.

1 MAI, *Samedi.* Menu de 10 à 12 couverts.

Deux potages.

Le potage à la bisque d'écrevisses,
Le potage aux laitues braisées.

Deux relevés de poissons.

Le brochet de Seine à la Régence,
La barbue au gratin.

Deux grosses pièces.

La longe de veau à la crème,

La dinde braisée à la Financière.
Quatre entrées.
Le vol-au-vent à la Nesle, velouté;
Les côtelettes de mouton à la minute,
Le salmis de perdreaux au vin de Bordeaux,
Le sauté de poulardes au suprême.
Deux plats de rôts.
Les ramiers bardées,
Les poulets gras au cresson.
Deux relevés de plats de rôts.
Le miroton de poires méringuées,
La timbale de nouilles soufflées.
Quatre entremets.
Les œufs brouillés aux pointes d'asperges,
Les pommes de terre à la Hollandaise,
La gelée d'oranges dans un bol,
La Charlotte à la Française.

12 MAI, *Dimanche.* Menu de 10 à 12 couverts

Deux potages.
Le potage aux concombres nouveaux,
Le potage de levrauts au vin de Porto.
Deux relevés de poissons.
Le cabillaud, sauce aux homards;
La carpe à l'étuvée au vin blanc.
Deux grosses pièces.
Le gigot de sept heures aux racines glacées,
La dinde braisée à l'Anglaise.
Quatre entrées.
Le pâté chaud de légumes au velouté;
Les côtelettes de perdreaux au fumet,
Les petits poulets à la Régence,
Les tendons de veau glacés aux laitues.

LE MAÎTRE D'HÔTEL FRANÇAIS.

Deux plats de rôts.

Les canetons de Rouen,
Les cailles bardées.

Deux relevés de plats de rôts.

Les méringues à la Chantilly,
Le buisson de homards au Madère.

Quatre entremets.

Les petits pois au sucre,
Les concombres à la poulette,
La gelée de fraises nouvelles,
La crème française aux avelines.

12 MAI, *Dimanche*. Dernier grand bal pour 300 personnes. Souper de 80 à 90 couverts, servi en ambigu.

Quatre potages.

Le potage de karic à l'Indienne,
La Julienne printanière,
Le vermicelle aux petits pois,
Le potage de poissons à la Russe.

Quatre grosses pièces pour relever les potages.

Le rond de veau à la royale,
Le saumon à la Régence,
Le jambon à la broche garni à la moderne,
Les filets de turbots, sauce aux homards.

Trente-six entrées dont vingt froides.

Les filets de sarcelles à la Bourguignotte,
Le turban de quenelles de faisans au fumet,
Les côtelettes d'agneau aux pointes d'asperges,
Les filets de volaille à la Belle-Vue,
Les pigeons innocents au Monarque,
Les ris de veaux piqués à la chicorée,
La blanquette de poulardes aux concombres,
Les filets de maquereaux à la maître d'hôtel,

Les filets de soles à la Vénitienne,
Les escalopes de bécasses, sauce au salmis;
Les filets de poulardes à la d'Orléans,
Les filets de mouton glacés à la Macédoine,
Le turban de lapereaux à la Dauphine,
Les ailes de perdreaux à la Pompadour,
Le filet de bœuf au vin de Madère,
Le sauté de volaille aux truffes.

Entrées froides.

Le salmis de perdreaux à la gelée,
La salade de volaille aux laitues,
Le pain de foies gras à la gelée,
La darne de saumon au beurre de Montpellier,
Les côtelettes de veau au miroir,
La galantine de volaille à la gelée,
Les petits aspics de crêtes et rognons,
Les poulets à la Chevry, à la gelée;
La galantine d'anguilles au beurre de Montpellier,
La galantine d'agneau à la gelée,
L'aspic garni de filets mignons à la Conti,
Les cailles en galantine à la gelée,
La fricassée de poulets à la gelée,
Les perches à la magnonaise ravigote,
La côte de bœuf glacée à la gelée,
Les filets de volaille à la Macédoine, magnonaise;
Le faisan en galantine à la gelée,
Les escalopes de turbot à la magnonaise,
La noix de veau au beurre de Montpellier,
La salade de filets de lapereaux à la Provençale.

Quatre grosses pièces sur des socles.

Le gâteau de levrauts sur un socle,
Le jambon historié sur un socle,
La dinde en galantine sur un socle,
La noix de bœuf glacée sur un socle.

Quatre grosses pièces montées.

La fontaine arabe sur un rocher,
La cascade vénitienne,
La fontaine de Scio sur un rocher,
La cascade de Rome moderne.

Douze plats de rôts.

De chapons au cresson,
De perdreaux rouges piqués,
De pigeons romains bardés,
De lapereaux bardés,
De poulets à la reine,
De canetons de Rouen.

Trente-six entremets dont vingt de sucre.

De petits pois à la Française,
D'écrevisses au buisson,
De cardes à la moëlle, au Parmesan,
De macédoines à la magnonaise,
De haricots verts à l'Anglaise,
De crevettes en hérisson,
De choux-fleurs à la magnonaise,
D'asperges à l'huile en croustades.

Huit entremets de sucre.

La gelée de fraises renversée,
Le blanc-manger à la crème,
La crème française au café moka,
La gelée de citrons renversée,
Le fromage bavarois aux framboises,
La gelée d'oranges moulée,
La charlotte à l'Américaine,
La gelée de framboises renversée.

Douze entremets de pâtisserie.

Les petits gâteaux à la royale,
Les nougats de pommes, au gros sucre,
Les méringues à la Chantilly,

Les gâteaux de crème au café,
Les petits soufflés de riz,
Les gâteaux d'amandes aux avelines,
Les rosaces au gros sucre et pistaches,
Les gâteaux d'abricots glacés à la Condé,
Les puits d'amour garnis de cerises,
Les tartelettes de framboises glacées,
Les génoises aux pistaches,
Les petits pains au chocolat, glacés à la royale.

Pour extra, on doit servir après les potages 12 siettes volantes, 4 de petites bouchées à la rei 4 de filets de merlans à la Orly, 4 de soufflés gibier.

Puis, après le service de plats de rôts, on peut vir 8 entremets de légumes chauds, 2 de petits p 2 d'asperges, 2 de cardes, 2 de haricots verts; la suite de l'entremet de douceurs, 12 assiettes lantes dont 2 de soufflés à l'orange, 2 de soufflés pommes, 2 de biscuits à la crème, 2 de soufflés framboises, et 4 de fondus au Parmesan.

Assurément, ce souper, ainsi servi en ambigu, d'un effet pittoresque et somptueux, et l'on peut convaincre en examinant le dessin de la plan quatrième; mais, voulant toujours contribuer au s cès de la science, nous allons donner la manière poser ce service de cuisine, telle que nous l'av disposé sur notre dessin.

Première grosse pièce pour l'un des bouts de la table.
Le rond de veau à la royale.
Les nougats de pommes au gros sucre,
* Le salmis de perdreaux à la gelée,
Le buisson d'écrevisses.

Les chapons au cresson.

Les asperges à l'huile,
Les filets de canetons à la bigarade,
Les meringues à la Chantilly.

Le gâteau de levrauts sur un socle.

Les petits soufflés de riz,
Le turban de quenelles de faisans,
La salade de volaille aux laitues.

Les perdreaux rouges piqués.

Le pain de foies gras à la gelée,
Les filets de maquereaux à la maître d'hôtel,
Les petits pois à la Française.

La fontaine arabe.

Les cardes à la moelle au Parmesan,
La galantine d'anguilles,
La gelée de fraises moulée.

Les coqs de bruyère bardés.

Le blanc-manger à la crème,
Les petits aspics de crète doubles,
Les filets de volaille à la belle vue.

Le saumon à la régence.

Les poulets à la Chevry à la gelée,
Les pigeons innocents au monarque,
La crème française au chocolat.

Les pigeons bardés.

La gelée de citrons moulée,
Les côtelettes de veau au miroir,
Les haricots verts à l'Anglaise.

La cascade vénitienne.

Les choux-fleurs à la magnonaise,
La galantine de volaille à la gelée,
Les côtelettes d'agneaux aux pointes d'asperges.

Les canetons de Rouen.

La darne de saumon au beurre de Montpellier,

La blanquette de poulardes aux concombres,
Les petits gâteaux à la royale.
   Le jambon historié sur un socle.
Les gâteaux d'amandes d'avelines,
Les ris de veaux glacés à la chicorée,
Les crevettes en forme d'hérisson.
   Les poulets à la reine.
La salade à l'Italienne,
* La galantine d'agneau à la gelée,
Les gâteaux de crème au café.

Je le répète, ce service de cuisine, ainsi placé la table, doit avoir toute l'élégance dont l'ambigu susceptible. Ce menu est plus somptueux que c que nous avons décrits dans les mois précédents. Ar nous nous sommes empressés d'en donner le des afin que les Lucullus du jour puissent le faire se sur leurs tables, et j'ai la certitude qu'ils en se satisfaits.

Maintenant nous allons donner les détails du b fets de ce même bal.

8 MAI, *Mercredi.* Menu d'un buffet pour 150 personnes.

   Quatre potages.
La tortue au vin de Madère,
Le vermicelle à la régence,
Le potage de santé au blond de veau,
Le riz au lait d'amandes.
   Quatre grosses pièces de poissons.
Le turbot froid,
Les carpes de Seine au bleu,
Le saumon au court-bouillon,

La darne d'esturgeon à l'étuvée.

Quarante entrées froides.

D'aspics de blancs de volaille,
De noix de veau au beurre de Montpellier,
De salmis de perdreaux à la gelée,
De salades de filets de soles aux laitues.
De galantines de volaille à la gelée,
De cervelles à la magnonaise ravigote,
De darnes de saumon à la Provençale,
de magnonaises de poulets à la gelée
De faisans en galantines à la gelée,
De pains de volaille à la gelée,
De galantines de volaille en bastion,
D'hatelets à la belle vue,
De poulets à la Chevry à la gelée,
De filets de bœuf glacés à la gelée,
De fricassées de poulets à la gelée,
De filets de volaille à la macédoine à la gelée,
De salades de lapereaux à l'ancienne,
De galantines de cailles à la gelée,
De filets de moutons glacés à la gelée,
De pains de foies gras à la gelée.

Quatre grosses pièces sur des socles.

La dinde en galantine sur un socle,
Le jambon à la gelée sur un socle,
Le gâteau de gibier sur un socle,
La noix de bœuf glacée sur un socle.

Quatre grosses pièces de pâtisserie.

Le babas au raisin muscat,
Le biscuit aux amandes,
Le croque-en-bouche aux pistaches,
Le nougat au gros sucre.

Quatre grosses pièces montées.

La cascade égyptienne,

La fontaine des arcades,
La cascade demi-circulaire,
La fontaine chinoise.

Seize plats de rôts.

4. De poulets à la reine,
4. De perdreaux bardés,
4. De canetons de Rouen.
4. De chapons et poulardes au cresson,

Quarante entremets.

2. De salades à l'Italienne,
2. De salsifis à la magnonaise,
2. De choux-fleurs à la ravigote froide,
2. De macédoines à la gelée,
2. De grosses écrevisses au vin de Madère,
2. De crevettes moulées en hérisson,
2. De gelée de fraises moulée,
2. De gelée d'oranges à la belle vue,
2. De gelée de marasquin renversée,
2. De crème française au café à l'eau,
2. De fromages bavarois aux framboises,
2. De blanc-manger à la crème,
2. De gâteaux glacés aux pistaches,
2. De madelaines au cédrat,
2. De gâteaux renversés à la gelée de pommes,
2. De Génoises perlées en croissant, à la rose,
2. De petits paniers au gros sucre,
2. De gimblettes glacées au Corinthe,
2. De choux à la crème au chocolat,
2. De diadèmes au gros sucre.

La *planche* 8ᵉ représente ce buffet, dont l'éléga
est digne d'un grand seigneur. Dans le grand n
bre de nos extra, nous avons toujours fait la re
que que les officiers, ainsi que nous, voulant

riller leurs services, s'empressaient de poser les desserts sur le buffet, avant le service de cuisine, pour procurer le plus de place possible, de sorte qu'il en restait plus pour les grosses pièces, les entrées, les plats de rôts et les entremets. Nous avons pensé que l'on pouvait remédier à cet inconvénient en établissant deux petits buffets aux extrémités du grand, pour recevoir seulement les desserts, tels que nous les avons représentés par le dessin de la planche 8e. Cette manière a plus d'élégance; mais, pour l'obtenir avec succès, il faut que l'emplacement soit vaste, autrement il vaut mieux ne faire qu'un seul buffet pour recevoir les trois services selon l'usage.

3 MAI, *Lundi*. Menu de 10 à 12 couverts.

Deux potages.

La julienne au blond de veau,
Les nouilles à l'Italienne.

Deux relevés de poissons.

Les soles gratinées au vin de Champagne,
La barbue à la Hollandaise.

Deux grosses pièces.

La noix de veau en bedeau à la Macédoine,
Les poulets gras à la régence.

Quatre entrées.

Le pâté chaud de lapereaux à l'ancienne,
Les côtelettes de mouton à l'Anglaise,
Les quenelles de faisans au suprême,
Les petites caisses de foies gras à la Monglas.

Deux plats de rôts.

Les poulets à la reine,
Les cailles bardées.

Deux relevés de plats de rôts.

Le nougat à la Française,
La sultane garnie de fraises.

Quatre entremets.

Les petits pois à la Parisienne,
Les pommes de terre frites à la Lyonnaise,
La gelée de framboises renversée,
Le fromage bavarois aux macarons amers.

DEUXIÈME TRAITÉ DES MENUS

DE LA CUISINE MODERNE.

14 MAI, *Mardi*. Menu de 30 à 36 couverts.

Deux potages.

Le potage de champignons à la Russe,
Le potage printanier au consommé.

Deux relevés de potages.

Le turbot à la Vénitienne,
La dinde braisée à l'Anglaise.

Deux grosses pièces.

Le quartier de chevreuil mariné,
La grande selle d'agneau à la maître d'hôtel.

Seize entrées.

Le pain de carpes à la royale,
Les cervelles de veaux au suprême,
Le vol-au-vent de quenelles à l'Allemande,
Le sauté de volaille aux pointes d'asperges.
Le turbot à la Vénitienne.
Les cailles au gratin, demi-espagnoles,
Les hatelets de palais de bœufs à la Villeroy,
** La galantine de faisans à la gelée,
* Les ailerons de dindons à la purée de navets.

Les poulets dépecés à la Provençale,
La fricassée de poulets à la gelée,
Les filets de merlans à la Orly,
La matelote de foies gras,
Les côtelettes de mouton à la Soubise.
La dinde braisée à l'Anglaise.
Les filets de volaille à la maréchale,
*La timbale de macaroni à la Napolitaine,
Les oreilles de veaux en tortue au Madère,
La caisse de lapereaux aux fines herbes.
Quatre grosses pièces d'entremets.
Le soufflé à la Bernoise,
Le babas au vin de Madère,
La brioche à la crème et en caisse,
Le gâteau au riz soufflé.
Quatre plats de rôts.
Les poulets à la reine,
Les aiguillettes de goujons,
Les pigeons ramiers,
Les perdreaux bardés.
Seize entremets.
Les haricots verts à l'Anglaise,
Les canapés à la gelée de pommes,
Les poulets à la reine.
La gelée de fraises moulée,
Les cardes à la moëlle à l'Espagnole.
Le babas au vin de Madère.
Les choux-fleurs au beurre,
*La crème au caramel et au bain-marie.
Le aiguillettes de goujons de Seine.
*Les petits nougats à la Française,
Les œufs à la dauphine.

Les laitues farcies et au jus,

* Les méringues à la vanille,
>Le pigeons ramiers.

** Le fromage bavarois aux framboises,
Les petits pois au sucre.
>La brioche à la crème et en caisse.

Les épinards à l'Anglaise,
** La gelée de citrons moulée.
>Les perdreaux bardés.

* Les gâteaux aux abricots glacés à la Condé,
Les champignons à la Provençale.

Pour extra, *six assiettes volantes de petits soufflés au c*
et biscuits à la crème.

15 MAI, *Mercredi.* Menu de 6 à 9 couverts.

>*Un potage.*

Le potage au céleri au consommé.
>*Une grosse pièce.*

Le hochepot de queue de bœuf glacé aux racines.
>*Deux entrées.*

La darne de saumon au beurre d'anchois,
La poularde à l'Anglaise.
>*Un plat de rôt.*

Les cailles bardées.
>*Deux entremets.*

Les haricots verts à la Française,
La crème à la Plombière.
>*Pour* extra, *les fondus au Parmesan.*

16 MAI, *Jeudi.* Menu de 30 à 36 couverts.

>*Deux potages.*

Le potage à la Clermont,
Les quenelles à la Napolitaine.
>*Deux relevés de potages.*

Le brochet à la Chambord moderne,
Les perdrix à la choucroute, bordure de racines.

Deux grosses pièces.

La noix de bœuf à la Godard,
La longe de veau à la Monglas.

Seize entrées.

Les cailles braisées aux petits pois,
*Le fritot de poulets nouveaux à la Viennoise,
Les filets de lapereaux à la Vénitienne,
Les côtelettes de mouton glacées à l'Anglaise.

Le brochet à la Chambord.

Les filets de volaille à la Chevalier,
L'aspic de crêtes et rognons,
*La casserole au riz à la marinière,
Les cervelles de veaux à la ravigote.

Les atteraux de filets de maquereaux,
*Les petits pâtés de mauviettes à l'ancienne,
La blanquette de poulardes à la Béchamel,
L'épigramme d'agneau garnie d'haricots verts.

Les perdrix à la choucroute.

L'émincé de chevreuil à l'Espagnole,
Les filets de volaille à la d'Artois,
*Les quenelles de faisans à la Villeroy,
Les pigeons innocents au beurre d'écrevisses.

Quatre grosses pièces d'entremets.

Le buisson de ramequins,
Le pavillon chinois sur un pont,
Le buisson d'écrevisses au vin de Madère,
Le pavillon français.

Quatre plats de rôts.

Les vanneaux bardés,
Les merlans frits panés à l'Anglaise,
Les poulets gras,
Les canetons de ferme.

La crème française au cacao.
Pour extra, *les biscuits à la crème.*

20 MAI, *Lundi*. Menu de 6 à 9 couverts.

Un potage.
Le potage à l'oseille à la Hollandaise.
Une grosse pièce.
Le quartier de chevreuil, sauce poivrade.
Deux entrées.
Les petits pâtés à la Béchamel.
Les filets de maquereaux à la maître d'hôtel.
Un plat de rôt.
Les canetons de Rouen.
Deux entremets.
Les petits pois à la Parisienne,
La gelée de fraises dans un bol.
Pour extra, *les choux à la d'Artois.*

LE MAITRE D'HOTEL FRANÇAIS.

PREMIER TRAITÉ DES MENUS DE LA CUISINE MODERNE.

21 MAI, *Mardi*. Menu de 60 à 70 couverts.

QUATRE POTAGES.

Le potage de riz à la d'Orléans,
Le potage de riz au chasseur,
Le potage à la tortue au Madère,
Le potage à la faubonne au consommé.

QUATRE RELEVÉS DE POISSONS.

Le gros brochet à la marinière,
Le saumon à l'Italienne blanche,
Les filets de turbots, sauce aux huîtres ;
La queue d'esturgeon au vin de Champagne.

QUATRE GROSSES PIÈCES.

La pièce de bœuf garnie à la Française,
Le cochon de lait à la Piémontaise,
Les faisans braisés à la Périgueux,
Le rond de veau à la financière.

TRENTE-DEUX ENTRÉES.

1. Les petits canetons aux petits pois,
2*. La timbale de nouilles à la Toulouse,
3. Les poulets sautés à l'Italienne,
4. Les côtelettes de perdreaux à la Maréchale.

LA PIÈCE DE BŒUF GARNIE A LA FRANÇAISE.

5. Les filets de volaille à la belle vue,
6**. La salade de filets de soles à la ravigote,
7. Le pain de volaille à la royale,
8. Le riz de veaux glacés à la chicorée.

LE GROS BROCHET A LA MARINIÈRE.

9. Le hachis de faisans à la Turque,
10. Les petits poulets à la Saint-Cloud,
11**. La galantine d'agneau à la gelée,
12. Les filets de canetons sautés à l'orange.

LE COCHON DE LAIT A LA PIÉMONTAISE.

13. Les filets de poulardes à la Chevalier,
14. L'émincé de mouton à la Clermont,
15*. La croustade de cailles au gratin,
16. Les pigeons nouveaux en homard.

16. Le salmis de perdreaux à la Bourguignote,
15*. Le pâté chaud de légumes à la moderne,
14. Les côtelettes de porc frais à la Polonaise,
13. Le sauté de volaille au suprême.

LES FAISANS BRAISÉS A LA PÉRIGUEUX.

12. Les quenelles de carpes à l'Italienne,
11**. La côte de bœuf à la gelée,
10. La petite poularde à la Montmorency,
9. Les filets de canetons en haricots vierges.

LA QUEUE D'ESTURGEON AU VIN DE CHAMPAGNE.

8. Les papillottes de pigeons à la Duxelle,
7. Les tendons d'agneau à la Nivernoise,
6**. L'aspic de blanc de volaille à la belle vue,
5. Le turban de lapereaux à la dauphine.

LE ROND DE VEAU A LA FINANCIÈRE.

4. Les escalopes de poulardes aux concombres,
3. Les filets de merlans à la Provençale,
2*. Les petits vols-au-vent à la reine,
1. Les ailerons de volaille à la Macédoine.

POUR EXTRA, DIX ASSIETTES VOLANTES.

5. De soufflés de gibier dans des casseroles d'argent,
5. De filets de poissons à la Provençale.

QUATRE GROSSES PIÈCES D'ENTREMETS.

La grande chaumière Russe,
L'hermitage syrien sur un rocher,
L'hermitage de Sainte-Marie,
La chaumière française sur un pont.

QUATRE PLATS DE ROTS.

Les perdreaux rouges,
Les poulets à la reine,
Les canetons de Rouen,
Les petites poulardes bardées.

TRENTE-DEUX ENTREMETS.

1. Les pommes de terre à la Hollandaise,
2*. Les gâteaux d'amandes pralinées,
3. Les crevettes moulées,
4*. Les manons glacées à la crème au chocolat.

LES PERDREAUX ROUGES.

5**. Les beignets d'abricots (conserve),
6. Les asperges, sauce au beurre ;
7**. Le fromage bavarois aux macarons amers,
8. Les petits pois à la Française.

L'HERMITAGE SYRIEN SUR UN ROCHER.

9. Les épinards à l'essence,
10**. La gelée de framboises,
11. Les œufs pochés à la chicorée,
12*. La charlotte à la Parisienne.

LES POULETS A LA REINE.

13**. Les gâteaux de Pithiviers,
14. Les navets à la Chartres,
15*. Les petits nougats au gros sucre,
16. Les fèves de marais à la Béchamel.

16. Les laitues à l'essence,
15*. Les choux glacés aux pistaches,
14. Les œufs brouillés au pointes d'asperges,
13**. Les tartelettes de framboises.

LES PETITES POULARDES BARDÉES.

12*. Le pouding à l'Américaine,
11. Les champignons à la Provençale,
10**. La gelée de fraises renversée,
9. Les cardes à l'essence.

L'HERMITAGE DE SAINTE-MARIE.

8. Les haricots verts à l'Anglaise,
7**. Le blanc-manger aux avelines,
6. Les petits artichauts à la barigoule,
5**. Les génoises glacées à l'Italienne.

LES CANETONS DE ROUEN.

4. Les beignets de blanc-manger,
3. Les écrevisses à la serviette,
2*. Les gâteaux de pommes à la Suédoise,
1. Les concombres farcis au velouté.

POUR EXTRA, DIX ASSIETTES VOLANTES.

5. De fondus en caisses rondes,
5. De petits soufflés à la vanille.

TABLEAU N° XII. *Suite de la page* 232, *Tome 1.*

LE MAITRE D'HOTEL FRANÇAIS.

22 MAI, *Mercredi*. Menu de 10 à 12 couverts.

DEUX POTAGES.
Le potage de riz à la royale,
La garbure au fromage.

DEUX RELEVÉS DE POISSONS.
L'alose à la purée de champignons,
Le cabillaud à la Hollandaise.

DEUX GROSSES PIÈCES.
Le jambon glacé à la Macédoine,
Les poulets aux nouilles à l'Allemande.

QUATRE ENTRÉES.
Le vol-au-vent à l'Italienne,
Le sauté de filets de lapereaux aux concombres,
Le pain de volaille à la royale,
Les côtelettes de veau à la Dreux.

DEUX PLATS DE RÔTS.
Les pigeons ramiers,
Le coq vierge.

DEUX RELEVÉS DE PLATS DE RÔTS.
Le buisson de petits homards,
Le buisson de méringues à l'orange.

QUATRE ENTREMETS.
Les artichauts à l'estoufade,
Les petits pois à la Française,
La gelée de fraises dans un bol,
La crème au citron et au bain-marie.

23 MAI, *Jeudi*. Menu de 40 à 45 couverts.

QUATRE POTAGES.
Le potage aux petits oignons blancs,
Le potage à la duchesse,
Le potage à la Monglas,
Le potage de santé au consommé de volaille.

QUATRE RELEVÉS DE POISSONS.
La truite de Seine, sauce génoise;
Les perches à la pluche verte,
La carpe du Rhin à la Polonaise,
Le turbot grillé, sauce aux crevettes.

QUATRE GROSSES PIÈCES.
Le rosbif d'aloyau à l'Anglaise,
Le quartier de mouton de sept heures aux racines,
Le jambon glacé aux épinards,
Les poulets gras à la Montmorency.

VINGT-QUATRE ENTRÉES.
1. Les oreilles d'agneaux en menu droit,
2*. La casserole au riz garnie de bonne morue,
3. Les poulets nouveaux en homard, sauce tomate.
   LE ROSBIF A L'ANGLAISE.
4. Les pigeons à la financière,
5**. La darne d'esturgeon au beurre de Montpellier,
6. Le sauté de volaille aux concombres.
   LES PERCHES A LA PLUCHE VERTE.
7. Les balotines de canetons à la jardinière,
8. Les galantines de cailles à la gelée,
9. Les filets de lapereaux conti à la Périgueux.
   LE QUARTIER DE MOUTON DE SEPT HEURES.
10. Le turban de quenelles de faisans,
11*. Les petits pâtés de foies gras à la Monglas,
12. La fricassée de poulets aux champignons.

12. Les filets de pigeons à la Sainte-Menehould,
11*. Les petites croustades de mauviettes au gratin,
10. La noix de veau glacée aux laitues.
    LE JAMBON GLACÉ AUX ÉPINARDS.
9. Les filets de canetons braisés aux petits pois,
8*. La salade de volaille à la ravigote,
7. Les escalopes de levrauts au fumet.
   LA CARPE DU RHIN A LA POLONAISE.
6. Les filets de volaille à la d'Orléans,
5**. Les filets de soles à la magnonaise,
4. Les côtelettes de moutons à la purée de navets.
   LES POULETS GRAS A LA MONTMORENCY.
3*. Le salmis de faisans aux truffes,
2*. Le vol-au-vent garni d'une macédoine à la moderne,
1. L'émincé de volaille à la chicorée.

QUATRE GROSSES PIÈCES D'ENTREMETS.
Le flan de pommes au riz glacées,
Le croque-en-bouche à la reine,
Le nougat aux avelines,
Le biscuit à la Chantilly.

QUATRE PLATS DE RÔTS.
Les perdreaux bardés,
Les poulardes au cresson,
Les poulets nouveaux,
Les lapereaux bardés.

VINGT-QUATRE ENTREMETS.
1**. La charlotte à la Prussienne,
2. Les œufs à l'aurore,
3*. Les fanchonnettes à la fleur d'orange.
    LES PERDREAUX BARDÉS.
4. La croûte aux champignons,
5**. La gelée au café à l'eau,
6. Les artichauts à la Provençale.
    LE CROQUE-EN-BOUCHE A LA REINE.
7. Les fèves de marais à la crème,
8**. Le fromage bavarois aux fraises,
9. Les épinards à l'Espagnole.
   LES POULARDES AU CRESSON.
10*. Les darioles aux pralines,
11. Les salsifis à la Hollandaise,
12**. La crème frite à la Parisienne.

12**. Les beignets glacés aux pistaches,
11. La chicorée à la Béchamel,
10*. Les petits soufflés de riz.
     LES POULETS NOUVEAUX.
9. Les concombres au velouté,
8**. Le blanc-manger à la crème,
7. Les petits pois au sucre.
   LE NOUGAT AUX AVELINES.
6. Les haricots verts à l'Anglaise,
5**. La gelée de groseilles nouvelles,
4. Les choux-fleurs à la ravigote.
   LES LAPEREAUX BARDÉS.
3*. Les gâteaux glacés aux pistaches,
2. Les œufs brouillés au jambon,
1**. Le flan de pommes méringuées.

POUR EXTRA, SIX ASSIETTES VOLANTES DE FONDUS EN CAISSES RONDES.

MAI, *Vendredi*. Menu de 10 à 12 couverts.

Deux potages.

Le potage de sagou à la Condé,
Le potage à la ciboulette à l'Allemande.

Deux relevés de poissons.

La barbue, sauce au beurre d'écrevisses,
Les maquereaux à la maître d'hôtel.

Deux grosses pièces.

La chartreuse printanière garnie de perdrix,
La pièce de bœuf à la gendarme.

Quatre entrées.

Les petits vols-au-vent à la purée de faisans,
Les poulets nouveaux à la Chevalier,
L'épigramme d'agneau aux pointes d'asperges,
Les filets de volaille à l'Anglaise.

Deux plats de rôts.

Les oiseaux de rivière,
Le coq-vierge à l'Anglaise.

Deux relevés de plats de rôts.

La sultane garnie à la Française,
Le gâteau de Compiègne à la crème.

Quatre entremets.

Les petits pois à la Française,
Les choux-fleurs brocolis au beurre,
La gelée de rhum moulée,
Le flan à la Palerme.

MAI, *Samedi*. Menu de 10 à 12 couverts.

Deux potages.

La croûte gratinée à la jardinière,
Le potage de vermicelle à la régence.

Deux relevés de poissons.

Le cabillaud d'Ostende à la crème,

Les tronçons d'anguilles glacés à l'Italienne.
Deux grosses pièces.
L'oie braisée à la Flamande,
Le quartier de chevreuil mariné à la poivrade.
Quatre entrées.
La timbale de légumes au chasseur,
Les poulets nouveaux à la Tartare,
Les côtelettes de mouton à l'Allemande,
Les quenelles de gibier au suprême.
Deux plats de rôts.
Les poulets gras bardés au cresson,
Les pigeons de volière.
Deux relevés de plats de rôts.
Le soufflé de crème de riz à la Française,
Le vol-au-vent garni de fraises.
Quatre entremets.
Les cardes à l'essence,
Les haricots verts à l'Anglaise,
La gelée de groseilles nouvelles,
Les petits nougats à la Parisienne.

26 MAI, *Dimanche.* Menu de 10 à 12 couverts.

Deux potages.
Le potage aux petites carottes nouvelles,
Le macaroni lié à l'Italienne.
Deux relevés de poissons.
Les carpes à la marinière ;
Les filets de turbot, sauce aux homards.
Deux grosses pièces.
Le jambon à la Piémontaise ;
Les poulardes à la Macédoine.
Quatre entrées.
Les croquettes de ris d'agneaux à l'Allemande,
Le hachis de faisans à la Polonaise,

Le filet de bœuf au vin de Madère,
Les filets de canetons braisés aux navets.
Deux plats de rôts.
Les poulets nouveaux piqués,
Les cailles bardées.
Deux relevés de plats de rôts.
Le biscuit de fécule à la vanille,
Le poupelin glacé aux pistaches.
Quatre entremets.
Les artichauts à la Lyonnaise,
Les épinards à l'essence,
La gelée de fraises moulée,
Le fromage bavarois au caramel.

27 MAI, *Lundi.* Menu de 10 à 12 couverts.

Deux potages.
Les pâtes d'Italie au consommé,
Le potage Karic à l'Indienne.
Deux relevés de poissons.
La bonne morue à la maître d'hôtel,
L'alose grillée à la purée de champignons.
Deux grosses pièces.
La pièce de bœuf garnie de petites bouchées,
Les perdrix aux choux et racines glacées.
Quatre entrées.
Le pâté chaud à la financière,
Le carré de veau à la Guémené,
La poularde à la maquignon,
Les boudins de gibier à la royale.
Deux plats de rôts.
Les tourtereaux bardés,
Les poulets gras au cresson.
Deux relevés de plats de rôts.
La tourte aux épinards et glacée,

Le gâteau à la Française.

Quatre entremets.

Les petits pois au sucre,
Les fèves de marais au velouté,
La gelée de framboises renversée,
La crème plombière garnie de fruits.

DEUXIÈME TRAITÉ DES MENUS

DE LA CUISINE MODERNE.

28 MAI, *Mardi.* Menu de 30 à 36 couverts.

Deux potages.

Le potage de choux à la Russe,
Le potage à la Bernoise.

Deux relevés de potages.

Les canetons à la choucroute française,
Les soles frites panées à l'Anglaise.

Deux grosses pièces.

La pièce de bœuf à la cuillère,
Les chapons au riz à la moderne.

Seize entrées.

Les quenelles de gibier au fumet,
* Le fritot de poulets à la Viennoise,
La chartreuse à la printanière,
Les ris de veaux piqués aux pointes d'asperges.
Les canetons braisés à la choucroute française,
** La salade de filets de lapereaux à la gelée,
Le sauté de volaille au suprême,
* La timbale de pigeons à l'ancienne,
Les attereaux de filets de merlans à la Conti.

Les poulets dépecés à la Vénitienne,
* Le pâté chaud d'anguilles,
La blanquette de perdreaux aux concombres,

L'aspic de blanc de volaille à la ravigote,
Les soles frites panées à l'Anglaise.
Les langues de moutons glacées à l'écarlate,
Les petits canetons aux haricots verts,
Les croquettes de gibier à l'Allemande,
Les cailles au gratin, demi-glace.
Quatre grosses pièces d'entremets.
Le casque français ceint d'une couronne,
Le babas au vin de Madère,
Le trophée militaire,
Le gâteau de mille-feuilles.
Quatre plats de rôts.
Les canetons,
Les poulets au cresson,
Les dindonneaux nouveaux,
Les pigeons romains.
Seize entremets.
Les choux-fleurs au velouté,
Les meringues à la crème et vanille.
Les canetons.
La gelée de quatre fruits, moulée,
Les artichauts à la Provençale.
Le babas au Madère.
Les concombres en cardes au suprême,
Le blanc-manger au café à l'eau.
Les poulets au cresson.
Les gimblettes de choux pralinées,
Les asperges à la sauce hollandaise.

⁂

Les œufs à l'essence de jambon,
Les gâteaux fourrés d'abricots à la Condé.
Les dindonneaux nouveaux.
Le fromage bavarois aux framboises,
Les petits pois à la Française.

Le gâteau de mille-feuilles.
Les épinards au velouté,
** La gelée de cerises renversée.
Les pigeons romains.
* Les gaufres à la Flamande,
Les cardes à la moëlle.
Pour *extra*, six assiettes de petits soufflés aux framboises

29 MAI, *Mercredi*. Menu de 6 à 9 couverts.

Un potage.
La croûte gratinée en surprise.
Une grosse pièce.
La pièce de bœuf à la maréchale.
Deux entrées.
Les cervelles de veaux à la Milanaise,
Le chapon au consommé.
Un plat de rôt.
Les canetons de ferme.
Deux entremets.
Les asperges au beurre,
La gelée de fraises dans un bol.
Pour *extra*, les ramequins.

30 MAI, *Jeudi*. Menu de 30 à 36 couverts.

Deux potages.
Le potage à la julienne,
L'orge perlée au consommé.
Deux relevés de potages.
Les darnes d'esturgeon grillées, sauce tortue;
La chartreuse garnie de cailles.
Deux grosses pièces.
La longe de veau à la Monglas,
Le cochon de lait à la peau croustillante.

Seize entrées.

Les tendons de mouton à la purée de navets,
Le pâté chaud à la ciboulette,
La fricassée de poulets à la Saint-Lambert,
Les filets de pigeons à l'Anglaise.
Les darnes d'esturgeon grillées.
La salade de volaille à la gelée,
Le hachis de gibier garni d'œufs pochés,
La marinade de cuisses de volaille,
L'épigramme de langues d'agneaux à la chicorée.

Les ailerons de dindons aux petits pois,
Les hatelets de palais de bœufs à la Villeroy,
Les boudins de gibier au fumet,
Les perches à la magnonaise,
La chartreuse garnie de cailles.
La blanquette de veau aux concombres,
Le sauté de volaille à la d'Artois,
La timbale de nouilles à la Napolitaine,
Les filets de carpes en papillottes.

Quatre grosses pièces d'entremets.

Le flan à la Milanaise,
La brioche au raisin de Corinthe,
La timbale de crème à la pâtissière,
Le biscuit aux avelines grillées.

Quatre plats de rôts.

Les poulets nouveaux,
Les merlans frits à l'Allemande,
Les canetons de Rouen,
La dinde grasse au cresson.

Seize entremets.

Les épinards au jus,
Les tartelettes de groseilles nouvelles.

Les poulets nouveaux.

** La crème française au marasquin,
Les œufs pochés aux pointes d'asperges.
La brioche au raisin de Corinthe
Les haricots vers à l'Anglaise,
** La gelée de citrons renversée.
Les merlans frits.
* Les madelaines au cédrat,
Les cardes au suprême.

———————

Les choux-fleurs au beurre,
* Les feuillantines meringuées.
Les canetons de Rouen.
** La gelée de framboises,
Les petits pois à l'Anglaise.
Le biscuit aux avelines.
Les navets glacés à la Chartres,
** Le blanc-manger renversé.
La dinde au cresson.
* Les gâteaux glacés à la royale,
Les champignons à l'Italienne.

Pour extra, *six assiettes volantes de petits soufflés au chocol*

31 MAI, *Vendredi.* Menu de 6 à 9 couverts.

Un potage.
Le potage de riz à l'Italienne.
Une grosse pièce.
Le quartier d'agneau à l'Anglaise.
Deux entrées.
La raie au beurre noir,
Le filet de bœuf garni d'oignons glacés.
Un plat de rôt.
Les poulets au cresson.

Deux entremets.
Les fèves de marais à la Béchamel,
Le pouding de groseilles à l'Anglaise.
Pour extra, *le soufflé de semoule à la vanille.*

Observation.

Lorsque nous avons annoncé, dans notre premier chapitre, que nous décririons nos menus, selon les quatre saisons, nous n'avons point prétendu nous fixer depuis telle époque à telle autre, pour nous enrichir des productions successives des saisons de l'année. Il est impossible à l'homme d'annoncer que le printemps doit commencer le 20 mars; l'été, le 21 juin; l'automne, le 23 septembre; et l'hiver, le 21 décembre. Cette année 1822, par exemple, est extraordinaire par les chaleurs. Les saisons avancent de six semaines; par la même raison, on pourrait supposer que l'année prochaine les saisons peuvent être tardives et mauvaises. C'est la volonté du Créateur, que la marche périodique de la nature soit impénétrable aux mortels.

Par conséquent, nous avons cru ne devoir donner les légumes de primeur qu'au commencement de ce mois, afin de nous trouver plus en rapport avec les saisons ordinaires. Ainsi, dans ce mois de mai, nous avons consigné le fameux pâté chaud de légumes, dont la parfaite confection exige le savoir d'un praticien habile; il en est de même pour le vol-au-vent à la Macédoine, et plus encore pour l'élégante entrée de la chartreuse qui réclame beaucoup de goût, pour être dressée avec art. Voilà des entrées de printemps, ainsi que toutes les garnitures de légumes et racines pour les entrées entières ou dépecées; ensuite viennent nos excellentes gelées de fruits, et nos gâteaux de toutes espèces de fruits, les délices de la cuisine printanière. Comme ces nouvelles productions de la terre amènent le renouvellement de la nature, nous avons en même temps les poulardes nouvelles, les poulets et dindonneaux, les oisons, les canetons de ferme et ceux de Rouen, des pigeons de toutes espèces; en gibier, les ramereaux, lapereaux, levrauts, le marcassin et le chevreuil; il ne -nous reste que les vieux faisans et les perdrix; ainsi avons-nous trois mois de l'année très-mauvais pour la cuisine des entrées : c'est par cette même raison que le cuisinier doit employer ces gibiers tels que nous l'avons indiqué dans nos menus, soit en purée, hachis, émincés, et en farce à quenelles, dont le praticien doit tirer grand parti pour la variété de ses entrées.

Dans cette saison de l'année, c'est-à-dire, pendant l'été, les grands seigneurs se retirent dans les châteaux de plaisance : la Capitale devient silencieuse; il n'y a plus de grands dîners. Vu ce changement nous croyons raisonnable de ne plus donner nos grands menus, pendant cette partie de l'année, que de 16 et 8 entrées dans la semaine, des 4 entrées servies par jour; et dans la seconde semaine, un menu de 12 entrées et un de 6. Cela ne doit nuire en rien à cet ouvrage que nous considérons comme devant être à l'avenir le manuel des Amphitryons, de leurs maîtres d'hôtel et cuisiniers, et comme le code de la cuisine moderne.

Ainsi, nous allons continuer la description de nos menus.

CHAPITRE VII.

1er JUIN, *Samedi.* Menu de 6 à 9 couverts.

Un potage.
Le potage de purée de pois nouveaux.
Une grosse pièce.
La selle de mouton à l'Anglaise.
Deux entrées.
Les maquereaux à la maître d'hôtel,
Les pigeons braisés aux petits oignons glacés.
Un plat de rôt.
Le dindonneau au cresson.
Deux entremets.
Les artichauts à la lyonnaise,
La crème garnie de fraises.
Pour extra, les choux à la Mecque.

2 JUIN, *Dimanche.* Menu de 6 à 9 couverts.

Un potage.
La croûte gratinée aux morives ou Parmesan.
Une grosse pièce.
Le vol-au-vent de bonne morue.
Deux entrées.
La poularde à la Macédoine,
La côte de bœuf à la royale.
Un plat de rôt.
Les pigeons bardés.
Deux entremets.
Les œufs pochés au jus,

La gelée de fraises renversée.

Pour extra, *les pannequets à la crème.*

3 JUIN, *Lundi.* Menu de 6 à 9 couverts.

Un potage.

La garbure à la Crécy.

Une grosse pièce.

La pièce de bœuf aux choux braisés.

Deux entrées.

Les petits poulets à la Tartare,
Les quenelles de faisans au fumet.

Un plat de rôt.

Les soles frites.

Deux entremets.

Les épinards à l'Anglaise,
La gelée de crème de café à l'eau.

Pour extra, *les ramequins.*

PREMIER TRAITÉ DES MENUS

DE LA CUISINE MODERNE.

4 JUIN, *Mardi.* Menu de 30 couverts.

Deux potages.

Le potage à la Clermont,
Le potage de mouton à l'Anglaise.

Deux relevés de poissons.

Le saumon au beurre d'écrevisses,
L'alose grillée à la purée d'oseille.

Deux grosses pièces.

Le quartier de sanglier mariné, sauce poivrade;
La longe de veau à la crème.

Seize entrées.

Les petits canetons à la Macédoine,

La casserole au riz à la Toulouse,
Les côtelettes de mouton à l'Anglaise,
** Le pain de gibier à la gelée.
Le saumon au beurre d'écrevisses.
Les ailes de volailles à la Chevalier,
Les oreilles de veaux à la tortue,
* Le fritôt de poulets à la Maringo,
Le turban de filets de soles à la Conti.

Les filets de canetons à la Mirepoix,
* Les croquettes de gibier au fumet,
Le sauté de volaille aux concombres,
Les cailles braisées aux petits pois.
L'alose grillée à la purée d'oseille.
** La fricassée de poulets à la gelée,
Les papillottes de filets de lapereaux,
* Le vol-au-vent de bonne morue à la Béchamel,
Le sauté de pigeons lié au sang.
Pour extra, 6 assiettes volantes : 3 de petits soufflés de gibier, 3 d'Orly de filets mignons.
Quatre grosses pièces d'entremets.
La lyre enlacée d'une guirlande,
Le casque à la romaine
Le trophée couronné d'un palmier,
Le casque moderne.
Quatre plats de rôts.
Les poulets nouveaux,
Les pigeons ramiers,
Les canetons de ferme,
Le dindonneaux au cresson.
Seize entremets.
Les épinards au velouté,
* Le nougat à la Parisienne.
Les poulets nouveaux.

** La gelée de cerises,
Les cardes à la moelle.
Le casque à la romaine.
Les petits pois à la Française,
** La charlotte à l'Américaine.
Les pigeons ramiers.
* Le biscuit à la Polonaise,
Les fèves de marais à la Béchamel.

Les champignons à la Provençale,
* Le flan de groseilles glacées.
Les canetons de ferme.
** La crème française aux zestes d'oranges,
Les haricots verts à la maître d'hôtel.
Le casque à la moderne.
Les artichauts à la Provençale,
** La gelée de framboises renversée.
Les dindonneaux.
* Le soufflé suisse en croustades,
Les laitues farcies au suprême.
Pour extra, 6 assiettes volantes de petits soufflés au café.

5 JUIN, *Mercredi.* Menu de 10 à 12 couverts.

Deux potages.
Le potage à la chiffonade, au consommé ;
Le potage de nouilles à l'Allemande.
Deux relevés de poissons.
Le bar grillé à la Hollandaise,
La carpe de Seine à la marinière.
Deux grosses pièces.
La Chartreuse à la moderne,
Le rosbif d'une selle d'agneau.
Quatre entrées.
Les petits vols-au-vent à la purée de gibier,

Le sauté de poulardes à la Royale,
Les bifteks sautés au beurre d'anchois,
Les quenelles de volaille au suprême.

Deux plats de rôts.

Les vanneaux bardés,
Les poulets gras au cresson.

Deux relevés de plats de rôts.

La Sultane garnie de fraises,
Le soufflé de riz aux cerises.

Quatre entremets.

Les artichauts à la barigoule,
Les petits pois à l'Anglaise.
La gelée de fraises moulée,
Les gâteaux à la d'Artois.

Pour extra, *les fondus au Parmesan.*

6 JUIN, *Jeudi.* Menu de 20 à 25 couverts.

Deux potages.

Le riz à la purée de pois nouveaux,
Le potage de morives au consommé.

Deux relevés de poissons.

Le brochet glacé à l'Espagnole,
Le turbotin gratiné à l'Italienne.

Deux grosses pièces.

La pièce de bœuf garnie à la Française,
Les poulardes à la financière.

Huit entrées.

Le carré de veau à la Monglas,
Le vol-au-vent à la Nesle,
Les escalopes de levrauts aux champignons,
Les filets de volaille à la d'Orléans,
L'aspic garni de cervelle à la ravigote,
Les petits pâtés à l'Espagnole,
Les pigeons au beurre d'écrevisses,

Le turban de quenelles de gibier au fumet.

Pour extra, *les filets de maquereaux à la Orly.*

Deux grosses pièces d'entremets.

Le nougat à la Française,
Le croque-en-bouche à la Turque.

Deux plats de rôts.

Les poulets à la reine,
Les pigeons romains.

Huit entremets.

Les artichauts à la Provençale,
Les petits pois au sucre,
Les laitues à l'essence,
Les fèves de marais à la Béchamel,
La gelée de cerises framboisée,
Le blanc-manger à la crème,
Les darioles aux pistaches,
Les tartelettes de groseilles glacées.

Pour extra, *les fondus.*

7 JUIN, *Vendredi.* Menu de 10 à 12 couverts.

Deux potages.

Le potage à la reine,
Le potage de céleri au consommé.

Deux relevés de poissons.

Les filets de turbot, sauce aux morives;
Les perches au vin de Champagne.

Deux grosses pièces.

Le cochon de lait à la broche,
La poularde à la jardinière.

Quatre entrées.

Les croquettes de gibier à l'Allemande,
Le filet de bœuf au vin de Madère,
Les filets de volaille à la Chevalier,
Les filets de canetons braisés aux petits pois.

Deux plats de rôts.

Les pigeons bardés,
Les dindonneaux au cresson.

Deux relevés de plats de rôts.

Le gâteau de mille feuilles à la moderne,
Le flan de nouilles à la vanille.

Quatre entremets.

Les concombres au suprême,
Les asperges à la Hollandaise,
La gelée des quatre fruits moulée,
Le fromage bavarois aux groseilles.

JUIN, *Samedi*. Menu de 10 à 12 couverts.

Deux potages.

Le potage de purée de pois aux petits croûtons,
Le sagou au consommé de volaille.

Deux relevés de poissons.

Les petites truites au bleu,
La matelote au vin de Bordeaux.

Deux grosses pièces.

La noix de veau en bédeau, aux oignons glacés;
La belle poularde à l'ivoire, aspic chaud.

Quatre entrées.

L'émincé de filet de bœuf à la Clermont,
Les quenelles de volaille au suprême,
Les filets de lapereaux à l'Allemande,
Le fritot de poulets à la Saint-Florentin.

Deux plats de rôts.

Les vanneaux bardés,
Les dindonneaux au cresson.

Deux relevés de plats de rôts.

Le flan à la Milanaise,
Le gâteau de cerises.

Quatre entremets.

Les laitues à l'essence,
Les artichauts frits à la Provençale,
La gelée de fraise moulée,
Les darioles soufflées au citron.

9 JUIN, *Dimanche.* Menu de 10 à 12 couverts.

Deux potages.

Le potage à la d'Artois.
Le potage de vermicelle à la d'Orléans.

Deux relevés de poissons.

Le turbot à la crème,
Les anguilles glacées à l'Italienne.

Deux grosses pièces.

Le quartier d'agneau à l'Anglaise,
Les perdrix aux choux et racines glacées.

Quatre entremets.

Les ailes de poulardes à la Pompadour,
Les côtelettes de mouton à la Soubise,
Le vol-au-vent garni d'une macédoine,
La marinade de cuisses de volaille.

Deux plats de rôts.

Les pigeons bardés,
Les poulets nouveaux au cresson.

Deux relevés de plats de rôts.

La brioche au fromage.
Le flan de cerises glacées.

Quatre entremets.

Les petits pois à la Française,
Les œufs pochés aux laitues,
La gelée de fleur d'orange nouvelle,
La pouding de cabinets au rhum.

JUIN, *Lundi*. Menu de 10 à 12 couverts.

Deux potages.

orge perlée à la royale,
potage à la Brunoise au consommé.

Deux relevés de poissons.

carpes à l'étuvée,
bonne morue à la brandade.

Deux grosses pièces.

côte de bœuf aux oignons glacés,
échinée de porc frais à la sauce Robert.

Quatre entrées.

poularde à la Montmorency,
filets de canetons braisés à la Macédoine,
papillottes de ris d'agneaux à la duxelle,
cailles braisées à la financière.

Deux plats de rôts.

poulets gras,
ramiers bardés.

Deux relevés de plats de rôts.

flan de framboises glacées,
timbale de crème de riz soufflée.

Quatre entremets.

macédoine à la magnonaise,
épinards au consommé,
gelée de groseilles framboisée,
crème au bain marie et aux citrons.

EUXIÈME TRAITÉ DES MENUS

DE LA CUISINE MODERNE.

JUIN, *Mardi*. Menu de 20 à 25 couverts.

Deux potages.

potage de santé au consommé,
Lazannes à l'Italienne.

Deux relevés de potages.

Les filets de turbots, sauce Hollandaise;
Les poulardes à l'estragon.

Deux grosses pièces.

Le rond de veau à l'Anglaise,
La casserole au riz à la Nesle.

Douze entrées.

Les balotines d'agneau glacées à la purée d'oseille,
* Les croquettes de gibier au fumet,
Les poulets dépecés à la Vénitienne.

Le rond de veau à l'Anglaise.

Le turban de lapereaux à la royale,
** Les hatelets de blancs de volaille à la belle-vue,
Les carrés de mouton au persil.

———

Les filets de canetons braisés à la tomate,
** La magnonaise de poulets à la gelée,
Les filets de chevreuils marinés et glacés.

Les poulardes à l'estragon.

Les attereaux de maquereaux aux fines herbes,
* Les petits vols-au-vent à la reine,
Les ailerons de volailles à la Macédoine.

Quatre gros entremets.

Le nougat au gros sucre,
Le buisson d'écrevisses,
Le gâteau à la Française,
Le buisson de ramequins.

Quatre plats de rôts.

Les dindonneaux bardés,
Les poulets gras au cresson,
Les vanneaux bardés,
Les éperlans frits.

Douze entremets.

* Les gâteaux glacés à la crème,

Les petits pois à l'Anglaise,
La gelée de fleur-d'orange nouvelle,
Les pannequets soufflés,
Les fèves de marais au velouté,
Les Génoises en diadème,
Les tartelettes de cerises,
Les artichauts à la Lyonnaise,
La charlotte à la Prussienne,
La gelée de groseilles framboisée,
Les épinards à l'Esgagnole,
Les choux glacés aux pistaches.

Pour extra, *les beignets de blanc-manger.*

JUIN, *Mercredi.* Menu de 6 à 9 couverts.

Un potage.
La croûte gratinée à la purée de navets.
Une grosse pièce.
La pièce de bœuf garnie de petits pâtés.
Deux entrées.
La darne d'esturgeon au vin de Madère,
La poularde au consommé.
Un plat de rôt.
Les pigeons bardés.
Deux entremets.
Les petits pois au sucre,
La gelée de cerises renversée.

Pour extra, *les beignets de fraises.*

JUIN, *Jeudi.* Menu de 12 à 15 couverts.

Deux potages.
Le potage de riz aux petits pois,
La julienne au blond de veau.
Deux grosses pièces.
L'alose grillée à la purée de champignons,

Le filet de bœuf à l'Italienne.
Six entrées.
Les petites croustades de cailles au gratin,
Les poulets à la reine à l'ivoire, aspic chaud,
La noix de veau glacée à la chicorée,
Les pigeons à la Tartare,
La fricassée de poulets à la Saint-Lambert,
La Orly de filets de carrelets.
Deux plats de rôts.
Les canetons de Rouen,
Les poulets gras au cresson.
Six entremets.
Les laitues farcies au consommé,
Les haricots verts à l'Anglaise,
La grosse méringue à la rose,
Le gâteau de riz anisé,
La gelée de groseilles,
Le fromage bavarois aux citrons.

14 JUIN, *Vendredi*. Menu de 6 à 9 couverts.

Un potage.
Le potage à la jardinière au consommé.
Une grosse pièce.
Le gigot de mouton de se sept heures aux laitues braisé
Deux entrées.
Le fritot de morue nouvelle,
Les quenelles de gibier au suprême.
Un plat de rôt.
Les vanneaux bardés.
Deux entremets.
Les artichauts à la Lyonnaise,
La gélée de quatre fruits moulée.
Pour extra, *les biscuits à la crème.*

JUIN, *Samedi.* Menu de 6 à 9 couverts.

Un potage.
La garbure aux choux à la Russe.
Une grosse pièce.
Le hochepot de queue de bœuf.
Deux entrées.
Les filets de canetons braisés à la Macédoine,
La raie à la Hollandaise.
Un plat de rôt.
Le chapon au cresson.
Deux entremets.
Les petits pois à l'Anglaise,
La crème française au café.
Pour extra, *les gâteaux d'amandes.*

JUIN, *Dimanche.* Menu de 6 à 9 couverts.

Un potage.
Le potage aux laitues au consommé.
Une grosse pièce.
La noix de veau à la Provençale.
Deux entrées.
Le pâté chaud de godiveau à l'Espagnole,
La poularde à la Chevry.
Un plat de rôt.
Les pigeons de volière.
Deux entremets.
Les champignons à l'Italienne,
La charlotte à la Parisienne.
Pour extra, *les ramequins.*

JUIN, *Lundi.* Menu de 6 à 9 couverts.

Un potage.
La semoule au consommé de volaille.

Une grosse pièce.
La pièce de bœuf à la maréchale.
Deux entrées.
Le karic de volaille à l'Indienne,
La caisse de pigeons farcis aux champignons.
Un plat de rôt.
Les poulets nouveaux.
Deux entremets.
Les épinards à l'essence,
La gelée de fraises dans un bol.
Pour extra, *la crème frite à l'Anglaise.*

PREMIER TRAITÉ DES MENUS

DE LA CUISINE MODERNE.

18 JUIN, *Mardi.* Menu de 25 à 30 couverts.

Deux potages.
Le potage à la faubonne au consommé,
La croûte gratinée aux concombres.
Deux relevés de poissons.
Les filets de turbots grillés, sauce Italienne,
Les perches à la Hollandaise.
Deux grosses pièces.
La pièce de bœuf à la cuillère,
Le cochon de lait à la Grecque.
Seize entrées.
Les filets de canetons braisés à la Nivernoise,
*Les cuisses de poulets à la Villeroy,
** La noix de veau au beurre de Montpellier,
Les ailes de volaille en demi-deuil.
Les filets de turbots à l'Italienne.
L'épigramme d'agneaux à la purée de champignons,
Les petits poulets glacés à la Macédoine,

*Les croustades de cailles au gratin,
Les filets de soles à la royale.

※

Les quenelles de brochets au beurre d'écrevisses,
*Les petites timbales de nouilles à la purée de gibier,
La poularde à la Montmorency,
Les côtelettes de mouton à la Soubise.
Les perches à la Hollandaise.
La blanquette de poulardes aux concombres,
*La galantine de poulet à la gelée,
*Les hatelets de ris d'agneaux à la dauphine,
Les pigeons innocents à la Toulouse.
pour extra, cinq assiettes volantes de petits soufflés, de gibier et de Orly de filets de poissons.
Quatre grosses pièces d'entremets.
La cascade demi-circulaire,
Le gâteau de mille-feuilles à la moderne,
La fontaine chinoise sur un rocher,
Le babas polonais au vin de Madère.
Quatre plats de rôts.
Les poulets gras bardés,
Les vanneaux bardés,
Les dindonneaux au cresson,
Les pigeons bardés.
Seize entremets.
Les tomates à la Provençale,
*Les petits pains à la Parisienne.
Les pigeons bardés.
La gelée de cerises moulée,
Les concombres au velouté.
La cascade demi-circulaire.
Les artichauts à la magnonaise,
Les fanchonettes au chocolat.
Les dindonneaux au cresson.

** Le fromage bavarois aux fraises,
Les haricots verts à l'Anglaise.

Les œufs pochés à l'essence de jambon,
** Le pouding de riz aux cerises.
Les poulets gras.
* Les gaufres mignones aux avelines,
Les petits pois à la Française.
La fontaine chinoise.
Les épinards à l'Espagnole,
** La gelée de groseilles framboisée,
Les vanneaux bardés.
* Les choux à la crème plombière,
La croûte aux morives au velouté.
Pour extra, cinq assiettes volantes de biscuits à la crème, et de beignets de fraises.

19 JUIN, *Mercredi.* Menu de 10 à 12 couverts.

Deux potages.
Le potage de riz à la Condé,
Les queneffes à l'Allemande.
Deux relevés de poissons.
La carpe à la Portugaise,
Les petites truites au bleu.
Deux grosses pièces.
La noix de bœuf à la royale,
La tête de veau en tortue au Madère.
Quatre entrées.
Les croquettes de gibier au fumet,
Les filets de volaille à la Chevalier,
Les cailles braisées aux petits pois,
Les petits canetons en haricots vierges.
Deux plats de rôts.
Les pigeons ramiers,

Les poulets gras au cresson,
Deux relevés de plats de rôts.
La tourte de crème à la pâtissière,
La congloffe au raisin muscat.
Quatre entremets.
Les petits pois au sucre,
Les artichauts à la barigoule,
La gelée de quatre fruits renversée,
Le flan de cerises glacées.

20 JUIN, *Jeudi.* Menu de 20 couverts.

Deux potages.
Le potage à la julienne au blond de veau,
Le potage rossolis à la Polonaise.
Deux relevés de poissons.
Le brochet glacé à l'Espagnole,
La truite de Seine à la Vénitienne.
Deux grosses pièces.
La poularde à l'Anglaise,
La pièce de bœuf aux choux et saucissons.
Huit entrées.
Les croquettes de gibier à l'Allemande,
Les filets de chevreuils glacés, sauce poivrade;
Les perdrix ornées de racines glacées,
Le fritot de poulets à la tomate,
Les côtelettes de lapereaux à la maréchale,
La noix de veau à la gendarme,
L'aspic garni de blanc de volaille à la belle vue,
Les petits canetons à la Macédoine.
Deux grosses pièces d'entremets.
Le gâteau de mille-feuilles,
La méringue à la Parisienne.
Deux plats de rôts.
Les pigeons bardés;

Le dindonneau au cresson.

Huit entremets.

Les petits pois à la Française,
Les concombres farcis,
Les champignons grillés,
Les artichauts frits,
La gelée de fleur d'orange nouvelle,
Le blanc-manger aux avelines,
Les petits nougats aux pistaches,
Les madelaines au raisin de Corinthe.
Pour extra, *les beignets de framboises glacés.*

21 JUIN, *Vendredi.* Menu de 10 à 12 couverts.

Deux potages.

Le potage de choux frisés à la Russe,
Le potage de sagou à la Crécy.

Deux relevés de poissons.

L'alose grillée à la Hollandaise,
L'anguille à la Tartare ravigote.

Deux grosses pièces.

Le filet de bœuf à l'Anglaise,
Les petits poulets piqués à la Macédoine.

Quatre entrées.

Le pâté chaud à la financière,
Les côtelettes de veau à la Dreux,
Les pigeons innocents en homard,
Les filets de canetons braisés aux petits pois.

Deux plats de rôts.

Les pigeons de volière,
La poularde bardée.

Deux relevés de plats de rôts.

La timbale de nouilles au café,
Le flan de cerises framboisées.

Quatre entremets.

Les artichauts à la barigoule,
Les fèves de marais au velouté,
La gelée de citrons renversée,
La crème frite à la pâtissière.

22 JUIN, *Samedi*. Menu de 10 à 12 couverts.

Deux potages.

Le potage de riz au consommé,
Le potage au chasseur.

Deux relevés de poissons.

La carpe à la Chambord moderne,
Le bar à l'anglaise, sauce aux homards.

Deux grosses pièces.

La longe de veau glacée, demi-glace;
Les canetons braisés aux choux et racines.

Quatre entrées.

Les petits pâtés à la Béchamel,
Les carrés de mouton piqués de persil,
La fricassée de poulets à l'Italienne,
Les papillottes de pigeons à la duxelle.

Deux plats de rôts.

Les poulets gras au cresson,
Les vanneaux bardés.

Deux relevés de plats de rôts.

La sultane garnie de crème aux fraises,
Le gâteau à la royale.

Quatre entremets.

Las épinards en croustade,
Les haricots verts à l'Anglaise,
La gelée de groseilles framboisée,
Les fondus au Parmesan.

23 JUIN, *Dimanche*. Menu de 10 à 12 couverts.

Deux potages.

Le potage à la Brunoise au consommé,
Le potage d'orge perlée à la d'Orléans.

Deux relevés de poissons.

Le saumoneau à la Génoise,
Les filets de turbots à la Hollandaise.

Deux grosses pièces.

Le quartier d'agneau à l'Anglaise,
La belle poularde à l'ivoire, aspic chaud.

Quatre entrées.

Les petits vols-au-vent à la reine,
Les noisettes de veaux glacées à la chicorée,
Les ailerons de dindons à la Macédoine,
Le filet de bœuf au vin de Madère.

Deux plats de rôts.

Les chapons au cresson,
Les ramereaux bardés.

Deux relevés de plats de rôts.

Le gros nougat aux avelines,
Le croque-en-bouche à la royale.

Quatre entremets.

Les laitues farcies au consommé,
Les tomates à l'Italienne,
La gelée de marasquins fouettée,
Les tartelettes de cerises glacées.

24 JUIN, *Lundi*. Menu de 10 à 12 couverts.

Deux potages.

La garbure à la jardinière,
Les quenelles de gibier au fumet.

Deux relevés de poissons.

Les soles frites panées à l'Anglaise,

L'alose grillée à la Hollandaise.
Deux grosses pièces.
Le quartier de chevreuil mariné, sauce poivrade ;
La noix de veau en bédeau aux champignons.
Quatre entrées.
La timbale de macaroni à l'Italienne,
La fricassée de poulets à la Chevalier,
Les langues de moutons à la Bretonne,
La blanquette de poulardes aux concombres.
Deux plats de rôts.
Les poulets gras au cresson,
Les canetons de ferme.
Pour extra, *les éperlans panés à l'Anglaise.*
Deux relevés de plats de rôts.
La brioche à la crème,
Le paupelin glacé au four.
Quatre entremets.
Les artichauts à la Lyonnaise,
Les choux-fleurs au beurre,
La gelée de cerises renversée,
La charlotte à l'Américaine.

DEUXIÈME TRAITÉ DES MENUS

DE LA CUISINE MODERNE.

25 JUIN, *Mardi.* Menu de 25 à 30 couverts.

Deux potages.
L'orge perlée à la royale,
Le potage de sauté au consommé.
Deux relevés de potages.
Le turbot à la Hollandaise,
Les poulardes à la Maquignon.

Deux grosses pièces.

Le jambon à la Portugaise,
La pièce de bœuf à la jardinière.

Douze entrées.

Les petites balotines de volaille à la Conti,
* Le vol-au-vent de bonne morue à la crème,
La caisse de lapereaux aux fines herbes.

Le turbot à la Hollandaise.

** Les petits aspics garnis de crêtes,
La noix de veaux aux concombres,
Les filets de volaille à la royale.

Les quenelles de gibier au suprême,
Les poulets à l'ivoire à l'estragon,
** Les langues d'agneaux à la magnonaise.

Les poulardes à la Maquignon.

Les ailes de pigeons à la maréchale,
* La casserole au riz à la Toulouse,
Les filets de canetons braisés, sauce salmis.

Quatre grosses pièces d'entremets.

Le biscuit de fécule à la crème,
La brioche en caisse,
Le gâteau de mille-feuilles à la moderne,
Le pâté de jambon de Bayonne.

Quatre plats de rôts.

Les poulets au cresson,
Les canetons nouveaux,
Les dindonneaux bardés,
Les vanneaux bardés.

Douze entremets.

* Les choux-fleurs glacés aux pistaches,
Les petits pois à la Française,
** La gelée de citrons fouettée,
** La crème au bain-marie à la fleur d'orange,

Les épinards à l'essence,
* Les gâteaux glacés au miroir.

―――――

* Les génoises pralinées aux amandes.
Les haricots nouveaux à la maître d'hôtel,
** Le fromage bavarois aux fraises,
** La gelée d'abricots nouveaux,
Les concombres farcies au suprême,
* Les petits nougats à la Parisienne.

Pour extra, *quatre assiettes de fondus.*

26 JUIN, *Mercredi.* Menu de 6 à 9 couverts.

Un potage.
La croûte gratinée à la Clermont.
Une grosse pièce.
La selle d'agneau à l'Anglaise.
Deux entrées.
La tourte de godiveau à l'ancienne,
Les attereaux de filets de carrelets aux fines herbes.
Un plat de rôt.
Les poulets gras au cresson.
Deux entremets.
Les choux-fleurs à la Hollandaise,
La gelée de cerises moulée.
Pour extra, *les méringues.*

27 JUIN, *Jeui.* Menu de 15 à 20 couverts.

Deux potages.
Le potage aux carottes nouvelles,
La semoule au consommé de volaille.
Deux grosses pièces.
La pièce de bœuf à l'étendard,
Le gigot de mouton à la Bretonne.
Six entrées.
Le vol-au-vent à la Nesle,

Les escalopes de saumon à l'Italienne,
La fricassée de poulets aux champignons,
Les cervelles de veaux à la Chevry,
Les pigeons innocents à la cuillère,
La poularde à l'estragon.

Deux plats de rôts.

Les canetons de Rouen,
Les poulets gras.

Six entremets.

Les fèves de marais à la Béchamel,
Les artichauts à la Lyonnaise,
La gelée de cerises renversée,
Le fromage bavarois aux abricots,
Les manons à la crème à la vanille,
Les choux pralinés aux amandes.

Pour extra, *les ramequins.*

28 JUIN, *Vendredi.* Menu de 6 à 9 couverts.

Un potage.

Le vermicelle au consommé de volaille.

Une grosse pièce.

Le carré de porc frais à la sauce Robert.

Deux entrées.

Les quenelles de merlans au suprême,
Les poulets dépecés à la Vénitienne.

Un plat de rôt.

Les pigeons bardés.

Deux entremets.

Les haricots nouveaux à la maître d'hôtel,
La gelée de groseilles blanches moulée.

Pour extra, *les choux à la d'Artois.*

29 JUIN, *Samedi.* Menu de 6 à 9 couverts.

Un potage.

Le riz à la purée de pois nouveaux.

Une grosse pièce.
La noix de bœuf braisée aux oignons glacés.
Deux entrées.
La raie au beurre noir à la noisette,
Le chapon au gros sel.
Un plat de rôt.
Les reins de levrauts piqués.
Deux entremets.
Les épinards au velouté,
La gelée de framboises dans un bol.
Pour extra, *les darioles à la crème.*

0 JUIN, *Dimanche.* Menu de 6 à 9 couverts.

Un potage.
Les nouilles à l'Italienne.
Une grosse pièce.
Le turbotin au gratin au vin de Champagne.
Deux entrées.
Le carré de veau à la broche,
La fricassée de poulets à la Villeroy,
Un plat de rôt.
Les pigeons bardés.
Deux entremets.
Les choux-fleurs à la ravigote,
La gelée de rhum fouettée renversée.
Pour extra, *les petits soufflés au riz et vanille.*

CHAPITRE VIII.

er JUILLET, *Lundi.* Menu de 6 à 9 couverts.

Un potage.
Le potage de fantaisie, ou consommé.

Une grosse pièce.
La pièce de bœuf garnie de petits pâtés.
Deux entrées.
La darne d'esturgeon grillée, sauce poivrade;
Les canetons glacés à la Macédoine.
Un plat de rôt.
Les lapereaux bardés.
Deux entremets.
Les artichauts, sauce au beurre;
La crème française aux citrons.
Pour extra, *les tartelettes de cerises glacées.*

PREMIER TRAITÉ DES MENUS

DE LA CUISINE MODERNE.

2 JUILLET, *Mardi.* Menu de 25 à 30 couverts.

Deux potages.
Le potage de raviolles à la Piémontaise,
Le potage aux laitues braisées.
Deux relevés de poissons.
Le turbot à la crème,
Le brochet à la régence.
Deux grosses pièces.
La longe de veau marinée en chevreuil,
Les poulardes à la Godard.
Seize entrées.
Les ailerons de dindons glacés à la chicorée,
* La casserole au riz à la Polonaise,
Les escalopes de poulardes aux champignons,
** Le pain de foies gras à la gelée.
Le turbot à la crème.
Le sauté de poulardes au suprême,
Les papillottes de noisettes de veaux à la maître d'hôt

LE MAÎTRE D'HÔTEL FRANÇAIS.

Les quenelles de gibier à la Villeroy,
Les pigeons au beurre d'écrevisses.

Les côtelettes d'agneaux glacées aux concombres.
Le fritot de poulets à la Marengo,
Le turban de filets mignons à la Conti,
Les filets de moutons en chevreuil.
Le brochet à la régence.
La salade de volaille à la gelée,
Les filets de soles à la royale,
Le pâté chaud de légumes,
Les cailles à la Mirpoix.
Pour extra, *cinq assiettes volantes de friture en Orly de volaille et de gibier.*
Quatre grosses pièces d'entremets.
La ruine de Palmyre,
Le flan de riz aux cerises,
La ruine de Balbec,
Le soufflé à la Milanaise.
Quatre plats de rôts.
Les pigeons bardés,
Les dindonneaux,
Les vanneaux bardés,
Les poulets gras au cresson.
Seize entremets.
Les artichauts à la Provençale,
Les gâteaux fourrés de crème au café à la Condé.
Les pigeons bardés.
La gelée de quatre fruits,
Les choux-fleurs à la ravigote.
La ruine de Palmyre.
Les concombres au velouté,
Les pains à la duchesse garnis de confitures.
Les dindonneaux.

** La crème française au thé, et moulée ;
Les artichauts à l'estouffade.

❀❀❀❀❀

Les épinards à l'essence,
** Le fromage bavarois aux fraises.
              Les poulets gras au cresson.
* Les diadèmes au gros sucre et pistaches,
Les petits pois à la Parisienne.
              La ruine de Balbec.
Les navets glacés à la Chartres.
** La gelée d'abricots moulée.
              Les vanneaux bardés.
Les petits gâteaux à la dauphine,
Les œufs pochés à la Béchamel.
      Pour extra, *cinq assiettes de beignets d'abricots gla*

3 JUILLET, *Mercredi.* Menu de 10 à 12 couver

              Deux potages.
Le potage à la jardinière,
Le potage aux petits oignons blancs.
              Deux relevés de poissons.
Les perches au gratin,
La truite saumonée à la Génoise.
              Deux grosses pièces.
Les canetons braisés en haricots vierges,
La pièce de bœuf garnie à la Française.
              Quatre entrées.
Le vol-au-vent de macaroni au chasseur,
La poularde à l'essence, entrée de broche ;
Les côtelettes de pigeons à la Pompadour,
Les escalopes de ris de veaux à la Provençale.
              Deux plats de rôts.
Les vanneaux bardés,
Les dindonneaux au cresson.

Deux relevés de plats de rôts.

Le nougat aux pistaches et au gros sucre,
Le gâteau de vermicelle soufflé au Corinthe.

Quatre entremets.

Les laitues braisées à l'essence de jambon,
Les choux-fleurs au beurre, ravigote;
La gelée de quatre fruits renversée,
La crème glacée à la Plombière.

JUILLET, *Jeudi.* Menu de 15 à 20 couverts.

Deux potages.

Le potage d'orge perlée à la purée de pois,
La croûte gratinée aux champignons.

Deux relevés de poissons.

La carpe à la Chambord moderne,
La queue d'esturgeon au vin de Champagne.

Deux grosses pièces.

La tête de veau en tortue,
Le chapon au riz garni à la moderne.

Huit entrées.

Les filets de canetons à la Macédoine,
Les petits pâtés à la Béchamel, à l'écarlate;
Les poulets dépecés à la Vénitienne,
Les côtelettes de porc frais à la sauce Robert,
Les pigeons innocents au monarque,
La caisse de lapereaux aux fines herbes,
Les tendons de mouton glacés, purée d'oseille;
Les quenelles de faisans au suprême.

Deux grosses pièces d'entremets.

Le gâteau de Compiègne,
Le biscuit de fécule aux essences.

Deux plats de rôts.

Les poulets à la reine.
Les pigeons bardés.

Huit entremets.

Les petits pois au sucre,
Les tomates aux fines herbes,
Les choux-fleurs au Parmesan,
Les artichauts à la Lyonnaise,
La gelée de cerises moulée,
La charlotte à la Française,
Les darioles soufflées au cacao,
Les ramequins à la Bernoise.

5 JUILLET, *Vendredi.* Menu de 10 à 12 couverts

Deux potages.

Le potage à la Clermont,
Le potage de semoule aux petits pois.

Deux relevés de potages.

La matelote à la marinière,
Les soles frites panées à l'Anglaise.

Deux grosses pièces.

La selle de mouton à la Bretonne,
Le dindonneau à l'Anglaise.

Quatre entrées.

Les croquettes de gibier à la Russe,
Les ailes de volailles à la d'Artois,
La côte de bœuf aux oignons glacés,
Les escalopes de poulardes aux champignons.

Deux plats de rôts.

Les vanneaux bardés,
Les poulets gras au cresson.

Quatre entremets.

Les artichauts à la barigoule,
Les haricots verts à la Lyonnaise,
La gelée d'abricots moulée,
La crème au bain-marie aux citrons.

JUILLET, *Samedi*. Menu de 10 à 12 couverts.

Deux potages.

Le potage à la Condé,
Le potage à la moelle de bœuf.

Deux relevés de poissons.

Le bar grillé à l'Italienne,
Le cabillaud à la Hollandaise.

Deux grosses pièces.

Le quartier d'agneau à l'Anglaise,
La chartreuse garnie de cailles.

Quatre entrées.

Les petits vols-au-vent à la Nesle,
L'émincé de filet de bœuf à la Clermont,
La poularde à la Maquignon,
Les filets de lapereaux glacés à la chicorée.

Deux plats de rôts.

Les poulets à la reine,
Les pigeons bardés.

Deux relevés de plats de rôts.

Le croque-en-bouche à la moderne,
La sultane en surprise.

Quatre entremets.

Les haricots blancs à la maître d'hôtel,
Les laitues braisées au consommé,
La gelée d'abricots renversée,
Les fanchonnettes au café moka.

JUILLET, *Dimanche*. Menu de 10 à 12 couverts.

Deux potages.

Le potage à la purée de pois, petits croûtons;
Le potage printanier au consommé.

Deux relevés de poissons.

La darne d'esturgeon grillée, sauce au beurre d'anchois;

Les anguilles glacées à l'Italienne.

Deux grosses pièces.

La noix de veau en bedeau à la Macédoine,
Le chapon à la Piémontaise.

Quatre entrées.

Les hatelets de volaille à la royale,
L'épigramme d'agneau à la chicorée,
Le sauté de canetons à la Bourguignotte,
La bigarrure de cuisses de volaille.

Deux plats de rôts.

Les brochettes de goujons de Seine,
Le dindonneau au cresson.

Deux relevés de plats de rôts.

La grosse méringue à la crème framboisée.
Le flan d'abricots glacé.

Quatre entremets.

Les haricots verts à l'Anglaise.
Les artichauts frits à la Provençale,
La gelée de cerises renversée,
La crème plombière à la marmelade d'abricots.

8 JUILLET, *Lundi.* Menu de 10 à 12 couverts.

Deux potages.

Le potage de sagou à la d'Artois,
Le potage à la julienne au consommé.

Deux relevés de poissons.

La carpe frite à l'Allemande,
Le turbot à la Vénitienne.

Deux grosses pièces.

La poularde à la Chevalier,
Le filet de bœuf à la Napolitaine.

Quatre entrées.

Les petits pâtés à l'Espagnole,
Les sautés de poulardes au suprême,

Les boudins de gibier à la Richelieu,
Les filets de moutons en lorgnettes.
Deux plats de rôts.
Les ramiers bardés,
Le chapon au cresson.
Deux relevés de plats de rôts.
Le soufflé à la Parisienne,
La brioche en caisse aux raisins de Corinthe.
Quatre entremets.
Les haricots nouveaux à la maître d'hôtel,
Les laitues farcies à l'essence,
La crème de citrons moulée.
Les petits nougats à la Chantilly.

DEUXIÈME TRAITÉ DES MENUS

DE LA CUISINE MODERNE.

9 JUILLET, *Mardi*. Menu de 25 à 30 couverts.

Deux potages.
Le potage à la Crécy, petits croûtons;
La croûte gratinée à la jardinière.
Deux relevés de potages.
Le turbot à la Hollandaise,
Le cochon de lait à la Turque.
Deux grosses pièces.
Les poulets gras à la crème;
Le quartier de chevreuil mariné, poivrade.
Douze entrées.
Les attereaux de palais de bœufs,
* La chartreuse à la moderne,
Les filets de canetons à la Mirepoix.
Le turbot à la Hollandaise.
Le poulets dépecés à l'Italienne,

** La timbale de nouilles à la Milanaise,
L'aspic garni de cervelles à la ravigote,

Les pigeons à la cuillère garnis à la Toulouse,
Les ailes de volaille en damier, suprême;
Le pain de carpes à la royale,
Le quartier de chevreuil mariné,
Les côtelettes de mouton à la Polonaise,
Les filets de pigeons à la maréchale,
* Le fritot de poulets à la Viennoise.

Quatre grosses pièces d'entremets.

Le gâteau au vermicelle soufflé,
La sultane garnie à la moderne,
Le soufflé à la Milanaise,
Le nougat à la Française.

Quatre plats de rôts.

Les pigeons bardés,
Les poulets gras au cresson,
Les canetons nouveaux,
La poularde au cresson.

Douze entremets.

* Les gaufres au raisin de Corinthe,
Les haricots nouveaux à la crème,
** La gelée d'abricots renversée,
** La crème française à la canelle,
Les artichauts à l'estouffade,
* Les petits cannelons au gros sucre,
* Les panachés en croissant,
Les concombres en carde à la Béchamel,
** Le blanc-manger à la crème,
** La gelée de marasquins moulée,
Les laitues au consommé,
* Les bouchées d'abricots glacées.

10 JUILLET, *Mercredi*. Menu de 6 à 9 couverts.

Un potage.

Le potage au hameau.

Une grosse pièce.

La pièce de bœuf garnie à la Flamande.

Deux entrées.

La tourte de godiveau à la ciboulette,
Les filets de canetons à la Macédoine.

Un plat de rôt.

Le chapon au cresson.

Deux entremets.

Les artichauts frits,
La crème française au citron.

Pour extra, les choux à la Mecque.

11 JUILLET, *Jeudi*. Menu de 15 à 20 couverts.

Deux potages.

Le potage à la chiffonade au consommé,
Les quenelles à l'Allemande.

Deux grosses pièces.

Le turbotin à l'Anglaise,
La longe de veau à la crème.

Six entrées.

Le chapon au gros sel,
La côtelettes de mouton à la Soubise,
Les pigeons en homard.

Le turbotin à l'Anglaise.

L'émincé de filets de bœuf à la Clermont,
Les ailerons de dindons à la chicorée.
Les attereaux de carrelets aux champignons.

Deux plats de rôts.

Les canetons de Rouen,
Les vanneaux bardés.

Six entremets.

Les concombres farcis à l'Espagnole,
Les choux-fleurs au beurre,
La gelée de quatre fruits renversée,
Le fromage Bavarois aux abricots,
Les madelaines au raisin de Corinthe,
Les meringues à la vanille.

12 JUILLET, *Vendredi.* Menu de 6 à 9 couverts

Un potage.
Le riz au naturel, consommé de volaille.
Une grosse pièce.
La selle d'agneau à la maître d'hôtel.
Deux entrées.
Les filets de soles à la Provençale,
La poularde à la Montmorency.
Un plat de rôt.
Les pigeons de volière.
Deux entremets.
Les haricots blancs à la crème,
La gelée de café à l'eau moulée.
Pour extra, *les soufflés aux fruits.*

13 JUILLET, *Samedi.* Menu de 6 à 9 couverts

Un potage.
Les nouilles à la Napolitaine.
Une grosse pièce.
La côte de bœuf à la royale.
Deux entrées.
La fricassée de poulets à la Macédoine,
Les escalopes de turbots à la Hollandaise,
Un plat de rôt.
Le dindonneau au cresson.

Deux entremets.

Les épinards à l'Anglaise,
La gelée de framboises renversée.

Pour extra, *les biscuits à la crème.*

14 JUILLET, *Dimanche.* Menu de 6 à 9 couverts.

Un potage.

La croûte gratinée aux laitues.

Une grosse pièce.

L'alose grillée à la purée d'oseille.

Deux entrées.

Le pâté chaud de lapereaux à l'ancienne,
La noix de veau glacée à la chicorée.

Un plat de rôt.

Les poulets gras au cresson.

Deux entremets.

Les artichauts à la barigoule,
La crème à la Chantilly.

Pour extra, *les fondus.*

15 JUILLET, *Lundi.* Menu de 6 à 9 couverts.

Un potage.

Le potage à l'oseille lié à la Hollandaise.

Une grosse pièce.

La pièce de bœuf garnie à la maréchale.

Deux entrées.

Les filets de lapereaux à la Provençale,
Les poulets à la reine à l'estragon.

Un plat de rôt.

Les pigeons romains.

Deux entremets.

Les laitues aux consommé,
La gelée de cerises moulée.

Pour extra, *les soufflés au café.*

PREMIER TRAITÉ DES MENUS

DE LA CUISINE MODERNE.

16 JUILLET, *Mardi*. Menu de 25 à 30 couverts.

Deux potages.
Le potage à la tortue au vin de Madère,
Le vermicelle au consommé de volaille.
Deux relevés de poissons.
La truite saumonée à la Génoise,
Les filets de turbots à l'Anglaise.
Deux grosses pièces.
Le rosbif d'aloyau au raifort,
Les poulardes à la régence.
Seize entrées.
La bigarure de poulets à la tomate,
* Le pâté d'anguille à la marinière,
** La noix de veau au beurre de Montpellier,
Les filets de volaille à la d'Orléans.
La truite saumonée à la Génoise.
L'émincé de chevreuil à l'Espagnole,
Le pain de gibier à la royale,
* Les filets mignons à la Orly,
Le côtelettes de pigeons à l'Anglaise.

Les filets de canetons à la Toulouse,
* Le fritot de poulets à la Saint-Florentin,
La chartreuse à la Monconseil,
Les quenelles de volaille au consommé.
Les filets de turbots à l'Anglaise.
Les escalopes de lapereaux aux concombres,
** La galantine de volaille à la gelée,
* Les petits pâtés à la Béchamel,

Les côtelettes de mouton glacées à la purée de navets.
Pour extra, *six assiettes volantes de petits soufflés de gibier, et de Orly de filets de poissons.*

Quatre grosses pièces d'entremets.

La brioche à la crème,
Le gâteau à la Française,
Le poupelin glacé historié,
Le congloffe à l'Allemande.

Quatre plats de rôts.

Les poulets normands,
Les lapereaux en accolade,
Les canetons de ferme,
Les dindonneaux au cresson.

Seize entremets.

Les petits pois à la Française,
*Les gaufres à la Parisienne.

Les poulets normands.

**La gelée de groseilles framboisée,
Les choux-fleurs à la ravigote.

Le gâteau à la Française.

Les fonds d'artichauts à la Mirepoix,
**Le fromage bavarois aux fraises.

Les lapereaux en accolade.

*Les petits gâteaux à la royale,
Les champignons à l'Italienne.

Les fèves de marais au velouté,
*La crème glacée aux avelines.

Les canetons de ferme.

*Les tartelettes d'abricots glacées,
Les haricots verts à l'Anglaise.

Le poupelin glacé historié.

Les concombres à l'Espagnole,
*Les génoises à la vanille au cresson.

Les dindonneaux au cresson.
** La gelée d'abricots renversée.
Les épinards à l'essence.
Pour extra, six assiettes volantes de petits soufflés à la fécule à la fleur d'orange.

17 JUILLET, *Mercredi.* Menu de 10 à 12 couverts

Deux potages.

L'orge perlée à la royale,
Le potage printanier au consommé.

Deux relevés de poissons.

La grosse anguille roulée glacée au four,
Les soles frites panées à l'Anglaise.

Deux grosses pièces.

La poularde à la Macédoine,
La côte de bœuf au vin de Madère.

Quatre entrées.

Les croquettes de gibier à l'Allemande,
Les pigeons au monarque,
Les filets de volaille à la belle vue,
Les boudins de faisans à la Troyenne.

Deux plats de rôts.

Les vanneaux bardés,
Les poulets gras au cresson.

Deux relevés de plats de rôts.

Le flan d'abricots méringué,
Le nougat à la Parisienne.

Quatre entremets.

Les haricots blancs à la crème,
Les artichauts à la Lyonnaise,
La gelée de framboises moulée,
La crème au bain-marie à la fleur d'orange.

18 JUILLET, *Jeudi.* Menu de 15 à 20 couverts.

Deux potages.

Le potage à la Clermont,
Le potage de riz à la bisque d'écrevisses.

Deux relevés de poissons.

La carpe de Seine à la Polonaise,
Le turbot à la Hollandaise.

Deux grosses pièces.

Les filets de bœuf glacés, sauce poivrade,
La selle de mouton à l'Anglaise.

Huit entrées.

Les filets de pigeons glacés à la chicorée,
* Les langues d'agneaux à la Villeroy,
** Le chaud-froid de poulets à la gelée,
Le turban de quenelles de perdrix au suprême.
La carpe de Seine à la Polonaise.
Les cailles braisées à la Macédoine,
* Les petits vols-au-vent à la reine,
** L'aspic de cervelles à la magnonaise,
Les poulets à la reine à l'ivoire, essence.

Pour extra, les éperlans panés à l'Anglaise.

Deux grosses pièces d'entremets.

Le flan à la Milanaise,
Le babas au raisin muscat.

Deux plats de rôts.

Les pigeons bardés,
La poularde au cresson.

Huit entremets.

Les haricots verts à l'Anglaise,
Les artichauts à la barigoule,
Les épinards en croustade,
Les concombres en cardes au velouté,
La gelée des quatre fruits moulée,

Le blanc-manger au café, renversée;
Les darioles soufflées au cédrat,
Les petits pains à la paysanne.

19 JUILLET, *Vendredi*. Menu de 10 à 12 couverts.

Deux potages.

Le potage à la julienne au blond de veau,
Le sagou à la purée de pois verts.

Deux relevés de poissons.

Le brochet glacé à l'Espagnole,
Les perches au vin de Champagne.

Deux grosses pièces.

La pièce de bœuf à la Française,
Le jambon glacé aux épinards.

Quatre entrées.

Les petits pâtés à la Béchamel,
Les poulets dépecés à la Provençale,
La noix de veau en caisse,
Les côtelettes de levrauts à la maréchale.

Deux plats de rôts.

Les vanneaux bardés,
Les poulets gras au cresson.

Deux relevés de plats de rôts.

Le biscuit à la royale,
La sultane garnie à la moderne.

Quatre entremets.

Les artichauts à la Lyonnaise,
Les petits pois à l'Anglaise,
La gelée de marasquins moulée,
La charlotte d'abricots glacée.

20 JUILLET, *Samedi*. Menu de 10 à 12 couverts.

Deux potages.

Le potage de santé au consommé,

Le vermicelle à la régence.
Deux relevés de poissons.
Le cabillaud à la crème, Béchamel;
L'anguille à la Tartare ravigote.
Deux grosses pièces.
Le quartier de porc frais aux choux braisés,
La noix de veau glacée à la Macédoine.
Quatre entrées.
La timbale de macaronis à la Napolitaine,
La fricassée de poulets au vin de Champagne,
Les pigeons en homard,
Les papillottes de levrauts à la Duxelle.
Deux plats de rôts.
Les poulets à la reine,
Les pigeons de volière.
Deux relevés de plats de rôts.
La méringue garnie d'une crème française,
Le croque-en-bouche à la royale.
Quatre entremets.
Les petits pois à la Parisienne,
Les choux brocolis à la Hollandaise,
La gelée de pêches moulée,
Les tartelettes de framboises glacées.

21 JUILLET, *Dimanche.* Menu de 10 à 12 couverts.

Deux potages.
Le potage de semoule à la d'Orléans,
La croûte gratinée aux concombres.
Deux relevés de poissons.
Les soles au gratin au vin de Champagne,
L'alose grillée à la purée de champignons.
Deux grosses pièces.
Le quartier d'agneau à l'Anglaise,
La belle poularde à la Godard.

Quatre entrées.

Le pâté chaud de lapereaux aux fines herbes,
Le sauté de volaille à la royale,
Les boudins de gibier en surprise,
Les ailerons de dindons à la purée de navets.

Deux plats de rôts.

Les vanneaux bardés,
Le chapon au cresson.

Deux relevés de plats de rôts.

Le flan de pêches au gratin,
Le biscuit aux cerises.

Quatre entremets.

Les épinards à l'essence,
Les haricots blancs à la maître d'hôtel,
La gelée de fleur d'orange nouvelle,
Les choux à la Mecque au gros sucre.

22 JUILLET, *Lundi.* Menu de 10 à 12 couverts.

Deux potages.

Le potage à la chiffonade au consommé,
Le potage de riz à la Crécy.

Deux relevés de poissons.

Le bar grillé à la Hollandaise,
Ls carpe à l'étuvée, sauce matelote.

Deux grosses pièces.

La pièce de bœuf à la maréchale,
La poularde à l'Anglaise.

Quatre entrées.

Les petits pâtés à la Toulouse,
Les carbonades de moutons à la Bretonne,
Les filets de pigeons à l'Anglaise,
Le sauté de poulardes au suprême.

Deux plats de rôts.

Les ramiers bardés,

Les poulets à la reine.
Deux relevés de plats de rôts.
La timbale de crème à la pâtissière,
Le vol-au-vent à la Macédoine de fruits.
Quatre entremets.
Les concombres au velouté,
Les artichauts frits à la Provençale,
La gelée d'abricots renversée,
Le fromage bavarois aux citrons.

DEUXIÈME TRAITÉ DES MENUS

DE LA CUISINE MODERNE.

23 JUILLET, *Mardi.* Menu de 30 à 36 couverts.

Deux potages.
Le potage à la princesse,
Le potage à la Brunoise au consommé.
Deux relevés de poissons.
Le brochet à la régence,
Le turbot à la Hollandaise.
Deux grosses pièces.
Le cochon de lait à la Piémontaise,
La noix de bœuf à la Godard.
Douze entrées.
Les filets de volaille à la d'Artois,
La chartreuse de perdrix à l'essence,
Les papillottes de pigeons à la Duxelle.
Le brochet à la régence.
Le sauté de poulardes au suprême,
Le vol-au-vent de bonne morue à la Béchamel,
Les poulets dépecés à l'Italienne.

Les boudins de volaille à la royale,
L'aspic garni de ris d'agneaux,

Les escalopes de filets de bœuf aux champignons.
Le cabillaud à la Hollandaise.
Les oreilles de veaux à la ravigote,
* La croustade de cailles au gratin,
Les filets de mouton glacés à la jardinière.

Quatre grosses pièces d'entremets.

Le poupelin glacé au four,
La brioche à la crème et en caisse,
Le gâteau de mille-feuilles à la Turque,
Le nougat au gros sucre et aux pistaches.

Quatre plats de rôts.

Les pigeons romains,
Les dindonneaux au cresson,
Les canetons de Rouen,
Les poulets à la reine.

Douze entremets.

Les darioles aux macarons amers,
Les artichauts à la Provençale,
La gelée de pêches renversée,
Le fromage bavarois aux framboises,
Les haricots blancs à la crème,
Les choux glacés au gros sucre et aux pistaches.

Les nougats aux avelines,
Les laitues farcies au consommé,
Le fromage bavarois aux abricots,
La gelée de groseilles blanches renversée,
Les carottes à la Flamande,
Les gâteaux glacés aux pistaches.

Pour extra, les ramequins en caisses.

24 JUILLET, *Mercredi.* Menu de 6 à 9 couverts.

Un potage.
Le potage à la purée de pois et aux petits croûtons.

Une grosse pièce.

Le quartier de mouton à l'Anglaise.

Deux entrées.

La darne de saumon à la maître d'hôtel,
Les poulets dépecés à la Provençale.

Un plat de rôt.

Les cannetons de ferme.

Deux entremets.

Les concombres à la Béchamel,
La gelée de café en liqueur renversée.

Pour extra, les gâteaux à la d'Artois.

25 JUILLET, *Jeudi.* Menu de 15 à 20 couverts.

Deux potages.

La garbure de racines,
Le sagou à la royale.

Deux grosses pièces.

La chartreuse garnie de pigeons,
Le cochon de lait à la moderne.

Six entrées.

Le fritot de poulets à la Marengo,
Le pâté chaud de pigeons à l'ancienne,
La noix de veau glacée aux laitues,
Les quenelles de gibier à la Toulouse,
L'épigramme de lapereaux à la chicorée,
Les côtelettes de mouton à la minute.

Deux plats de rôts.

Les poulets gras au cresson,
Les vanneaux bardés.

Six entremets.

Les épinards au velouté,
Les haricots blancs à la crème,
La gelée de Malaga renversée,
Le fromage bavarois au citron,

Les darioles à la crème de riz,
Le flan de cerises glacées.

26 JUILLET, *Vendredi.* Menu de 6 à 9 couverts.

Un potage.
Le potage de riz à la purée de navets.
Une grosse pièce.
Le quartier d'agneau en rosbif.
Deux entrées.
Les escalopes de pigeons aux champignons,
La poularde à l'ivoire, aspic chaud.
Un plat de rôt.
Les soles frites panées à l'Anglaise.
Deux entremets.
Les laitues au consommé,
La gelée de marasquins fouettée.
Pour extra, *les biscuits à la crème.*

27 JUILLET, *Samedi.* Menu de 6 à 9 couverts.

Un potage.
La croûte gratinée en surprise.
Une grosse pièce.
La pièce de bœuf garnie de petites bouchées.
Deux entrées.
La darne de saumon au beurre d'anchois,
Le caneton braisé à la Macédoine.
Un plat de rôt.
La poularde au cresson.
Deux entremets.
Les artichauts à la Lyonnaise,
La gelée de fruits rouges renversée.
Pour extra, les méringues aux pistaches.

28 JUILLET, *Dimanche.* Menu de 6 à 9 couverts.

Un potage.
Le potage à la julienne ou blond de veau.
Une grosse pièce.
Le quartier de chevreuil, sauce poivrade.
Deux entrées.
Les filets de soles à la Villeroy,
Les poulets à la Maquignon.
Un plat de rôt.
Les vanneaux bardés.
Deux entremets.
Les épinards en croustade,
La gelée de pêches moulée.
Pour extra, *les choux garnis de confitures.*

29 JUILLET, *Lundi.* Menu de 6 à 9 couverts.

Un potage.
La garbure à la Palerme.
Une grosse pièce.
Le brochet à l'Espagnole.
Deux entrées.
Le chapon au gros sel,
Le filet de bœuf au vin de Madère.
Un plat de rôt.
Les pigeons de volière.
Deux entremets.
Les concombres farcis au velouté,
La crème au bain-marie et au café.
Pour extra, *les fondus au Parmesan.*

PREMIER TRAITÉ DES MENUS

DE LA CUISINE MODERNE.

30 JUILLET, *Mardi*. Menu de 30 à 36 couverts.

Deux potages.
Le potage de profitrole à la d'Orléans,
Le potage aux laitues au consommé.
Deux relevés de poissons.
Les filets de turbots, sauce aux écrevisses;
Les lottes à la Bourguignotte.
Deux grosses pièces.
Le dindonneau braisé à la financière,
La chartreuse garnie d'ailerons.
Seize entrées.
** La salade de filets de soles à la Provençale,
* La casserole au riz garnie d'ailerons,
Les filets de chevreuils piqués glacés, poivrade,
Le suprême de poulardes aux concombres.
Les filets de turbots, sauce aux écrevisses.
Les côtelettes de levrauts à la Pompadour,
Les petits canetons à la Viennoise,
* Les petits pâtés de foies gras à la Monglas,
Les cervelles de veaux à la Chevry.

Les cailles au gratin, demi-glace;
* Les petites timbales de nouilles à la purée de faisans,
L'émincé de filets de bœuf à la Clermont,
La fricassée de poulets à la Périgueux.
Les lottes à la Bourguignotte.
L'épigramme d'agneau à la Macédoine,
Les filets de poulardes en demi-deuil,
* Le pâté chaud de saumon à l'ancienne,

La galantine de poulet à la gelée.
Pour extra, *les petits soufflés de gibier et la Orly de filets de merlans.*

Quatre grosses pièces d'entremets.

Le babas à la Polonaise,
Le flan d'abricots glacé,
Le gâteau de riz aux cédrat et raisin de Corinthe,
Le biscuit de fécule de pommes de terre.

Quatre plats de rôts.

Les poulets normands,
Les canetons de Rouen,
Les pigeons ramiers,
Les dindonneaux au cresson.

Seize entremets.

Les haricots verts à l'Anglaise,
* Les tartelettes de cerises glacées.

Les poulets normands.

** La macédoine de fruits à la gelée de verjus,
Les laitues à l'essence de jambon.

Le flan d'abricots glacé.

La croûte aux champignons,
* Les choux pralinés aux avelines.

Les canetons de Rouen.

** Le blanc-manger à la crème,
Les tomates à la Provençale.

⁂

Les épinards au velouté,
** La gelée de pêches garnie de fruits.

Les pigeons ramiers.

* Les mosaïques glacées aux pistaches,
Les tomates à l'Italienne.

Le gâteau au riz au cédrat.

Les concombres en cardes à l'Espagnole,
** Le fromage bavarois aux framboises.

Les dindonneaux au cresson.
* Les gaufres à la Parisienne,
Les épinards à l'essence.
Pour extra, *les beignets de pêches glacés.*

31 JUILLET, *Mercredi.* Menu de 10 à 12 couverts.

Deux potages.
Le potage de riz à l'Italienne,
La croûte gratinée à la Crécy.

Deux relevés de poissons.
La barbue grillée à la Hollandaise,
Les soles à l'Anglaise, sauce aux crevettes.

Deux grosses pièces.
Le rosbif de mouton à la Bretonne,
Les poulets à la reine à la Chevry.

Quatre entrées.
Les petits pâtés à l'Espagnole,
Les filets de lapereaux à la Vénitienne,
Les ailerons de dindons, purée de champignons;
Les pigeons innocents à la cuillère.

Deux plats de rôts.
Les canetons de ferme,
Les vanneaux bardés.

Deux relevés de plats de rots.
Le flan de pêches au gratin,
Le nougat à la Chantilly.

Quatre entremets.
Les aubergines à la Provençale,
Les haricots blancs à la maître d'hôtel,
La gelée de Malaga,
Le fromage bavarois aux groseilles framboisées.

CHAPITRE IX.

1ᵉʳ AOUT, *Jeudi*. Menu de 20 couverts.

Deux potages.

Le potage de santé, ou consommé de volaille ;
Le potage de mouton à l'Anglaise.

Deux relevés de poissons.

Les tronçons d'anguille à l'Italienne,
La morue nouvelle à la Hollandaise.

Deux grosses pièces.

Le quartier de cochon à la purée de pois,
Les canetons braisés à la Macédoine.

Huit entrées.

Le sauté de poulardes à l'écarlate,
Le pâté de godiveau à la ciboulette,
Les escalopes de mouton aux concombres,
La poularde à la Périgueux,
Les filets de chevreuils marinés, sauce poivrade;
Les cervelles de veaux à la Magnonaise,
Les pigeons au monarque,
Les canetons à la Nivenaise.

Deux grosses pièces d'entremets.

La grosse meringue à la Parisienne,
Le gâteau d'amandes soufflé.

Deux plats de rôts.

Les poulets gras au cresson,
Les cailles bardées.

Huit entremets.

Les épinards à l'essence,
Les champignons à la Béchamel,
Les haricots nouveaux à la maître d'hôtel,

Les choux-fleurs au Parmesan,
La gelée de punch renversée,
Ler pannequets à la marmelade d'abricots,
Les beignets de blanc-manger,
Les petits soufflés au chocolat.

2 AOUT, *Vendredi*. Menu de 10 à 12 couverts.

Deux potages.

Le potage à la royale,
Le potage printanier au blond de veau.

Deux relevés de poissons.

La morue de Terre-Neuve à la Provençale,
Le brochet glacé à la Polonaise.

Deux grosses pièces.

La pièce de bœuf à la Languedocienne,
La belle poularde à l'ivoire, ravigote verte.

Quatre entrées.

Les petits vols-au-vent à la purée de gibier,
Les filets de volaille à la Tartare,
Le turban de lapereaux à la Conti,
La fricassée de poulets à la Chevalier.

Deux plats de rôts.

Les canetons de Rouen,
Les poulets à la reine au cresson.

Deux relevés de plats de rôts.

Le buisson de beignets d'abricots glacés,
Le buisson de petits homards au vin de Madère.

Quatre entremets.

Les œufs pochés à la purée de champignons,
Les concombres au velouté,
La gelée de verjus renversée,
Les ramequins au fromage de Parmesan.

3 AOUT, *Samedi*. Menu de 10 à 12 couverts.

Deux potages.

La croûte gratinée à la purée de pois,
Le potage de gibier au chasseur.

Deux relevés de poissons.

Les perches à la Waterfisch,
Les soles gratinées aux champignons.

Deux grosses pièces.

La longe de veau à la crème,
La chartreuse à la minime.

Quatre entrées.

Le vol-au-vent de quenelles de gibier à l'Allemande,
La poularde à la Montmorency,
Les côtelettes de mouton glacées à la purée de navets,
Les filets de pigeons à la maréchale.

Deux plats de rôts.

Les canetons de ferme,
Les poulets au cresson.

Deux relevés de plats de rôts.

La sultane à la Chantilly,
Le croque-en-bouche aux pistaches.

Quatre entremets.

Les artichauts à la barigoule,
Les épinards au velouté,
La gelée de Madère,
Les choux glacés à la d'Artois.

4 AOUT, *Dimanche*. Menu de 10 à 12 couverts.

Deux potages.

La garbure à la Milanaise,
Le vermicelle à la pluche de cerfeuil.

Deux relevés de poissons.

Les filets de soles à la Orly,
La truite de Seine à l'Italienne.

Deux grosses pièces.

Le quartier de chevreuil mariné, sauce poivrade,
Les poulets à la reine à l'Indienne.

Quatre entrées.

La croustade de cailles à l'Espagnole,
Les oreilles de veaux à la tortue,
Les pigeons innocents au beurre d'écrevisses,
Les canetons braisés en haricots vierges.

Deux plats de rôts.

Les poulets au cresson,
Les vanneaux piqués.

Deux relevés de plats de rôts.

Le flan de prunes de mirabelle,
La tourte de crème glacée au raisin de Corinthe.

Quatre entremets.

Les laitues braisées à l'essence,
Les haricots blancs à la crème,
La gelée au thé hiswin moulée,
Le fromage bavarois aux pêches.

5 AOUT, *Lundi.* Menu de 10 à 12 couverts.

Deux potages.

Le potage à la jardinière ou consommé,
Les nouilles à l'Italienne.

Deux relevés de poissons.

Le turbot à la Béchamel maigre,
La carpe au bleu entourée de grosses écrevisses.

Deux grosses pièces.

Le gigot de mouton glacé à la Bretonne,
Le hochepot de queues de bœufs.

Quatre entrées.

Le vol-au-vent à la Napolitaine,
La poularde à la Maquignon,
Les côtelettes de veau à la Dreux,

Les filets de volaille à la Chevalier.
Deux plats de rôts.
Les pigeons ramiers bardés,
Les canetons de Rouen.
Deux relevés de plats de rôts.
Le gâteau de Compiègne,
Le biscuit à la crème.
Quatre entremets.
Les petites pommes de terre nouvelles,
Les aubergines à la Provençale,
La gelée de marasquins fouettée,
Les petites caisses de fleur d'orange à la Française.

DEUXIÈME TRAITÉ DES MENUS
DE LA CUISINE MODERNE.

6 AOUT, *Mardi.* Menu de 25 à 30 couverts.

Deux potages.
Le potage de riz à la purée de pois,
Le potage à la Faubonne.
Deux relevés de poissons.
Le brochet à l'Espagnole,
Le saumon à la Génoise.
Deux grosses pièces.
Le rosbif d'aloyau à l'Anglaise,
La longe de veau à la Monglas.
Douze entrées.
Les ailerons de dindons à la purée de navets,
* La casserole de riz garnie d'escalopes de ris d'agneaux,
** La salade de filets de soles à la gelée.
Le brochet à l'Espagnole.
Les filets de canetons à la Mirpoix,
* La marinade de cuisses de poulets,
L'épigramme d'agneaux à la chicorée.

Le sauté de poulardes à l'estragon,
* Le pâté chaud de pigeons aux fines herbes,
Le turban de quenelles de perdrix au fumet.
Le saumon à la Génoise.
** Le pain de gibier à la gelée,
* Les cervelles de veaux à la Villeroy,
Les ailes de pigeons à la Tartare.
Quatre gros entremets.
La brioche à la crème,
Le buisson d'écrevisses au vin de Madère,
Le nougat au gros sucre,
Le buisson de ramequins au Parmesan.
Quatre plats de rôts.
Les poulets à la reine au cresson,
Les pigeons ramiers,
Les poulardes bardées,
Les canetons de ferme.
Douze entremets.
Les concombres à la Béchamel,
Les laitues frites à la Provençale,
La croûte aux champignons,
Les épinards en Croustade,
La gelée de verjus moulée,
La gelée de Champagne rosé,
Le fromage bavarois aux abricots,
La crème plombier garnie de fruits,
Les darioles à la fleur d'orange grillée,
Les génoises en diadème perlées,
Les tartelettes d'abricots glacées,
Les gâteaux glacés à la crème au chocolat.

7 AOUT, *Mercredi.* Menu de 6 à 9 couverts.

Un potage.
Le potage à la moelle de bœuf.

Une grosse pièce.
La pièce de bœuf garnie de petits pâtés.
Deux entrées.
Les escalopes de truites à la maître d'hôtel,
Les poulets à la reine à la Macédoine.
Un plat de rôt.
Les pigeons bardés.
Deux entremets.
Les choux-fleurs au beurre,
La gelée de vin muscat renversée.
Pour extra, *les beignets de brugnons.*

8 AOUT, *Jeudi.* Menu de 15 à 20 couverts.

Deux potages.
Le sagou à la purée de navets,
Le potage à la julienne au blond de veau.
Deux grosses pièces.
La matelote au vin de Bourgogne,
La selle d'agneau à l'Anglaise.
Six entrées.
Le pâté chaud à la financière,
Les tendons de veaux à la Pompadour,
Les poulets à la reine à l'estragon,
Les filets de chevreuils glacés, sauce poivrade;
Les filets de pigeons glacés à la chicorée,
Les croquettes de Turbots à l'Allemande.
Deux plats de rôts.
Le coq vierge au cresson,
Les ramereaux bardés.
Six entremets.
Les pommes de terre à la Lyonnaise,
Les haricots verts à l'Anglaise,
La gelée de fruits rouges renversée,
La crème française aux macarons amers,

Les méringues à la vanille,
Les panachés au gros sucre.

9 AOUT, *Vendredi.* Menu de 6 à 9 couverts.

Un potage.
La purée de pois aux petits croûtons.
Une grosse pièce.
La brème grillée à la Hollandaise.
Deux entrées.
Les petits pâtés à la Béchamel,
La poularde poêlée à l'Anglaise.
Un plat de rôt.
Le canetons de Rouen.
Deux entremets.
Les épinards au velouté,
La gelée au café à l'eau et moulée.
Pour extra, *les ramequins.*

10 AOUT, *Samedi.* Menu de 6 à 9 couverts.

Un potage.
Le vermicelle au consommé de volaille.
Une grosse pièce.
Le quartier d'agneau en rosbif.
Deux entrées.
La côte de bœuf à la royale,
La fricassée de poulets à l'Italienne.
Un plat de rôt.
Les vanneaux bardés.
Deux entremets.
Les tomates à la Provençale,
La crème au bain-marie au café.
Pour extra, *les biscuits glacés à la crème.*

11 AOUT, *Dimanche.* Menu de 6 à 9 couverts.

Un potage.

Le potage à la Clermont.

Une grosse pièce.

La pièce de bœuf garnie à la Russe.

Deux entrées.

La poitrine de veau à la Lyonnaise,
La poularde à la crème.

Un plat de rôt.

Les canetons de ferme.

Deux entremets.

Les épinards à l'Anglaise,
La gelée de pêches moulée.

Pour extra, *les fondus en caisse ronde.*

12 AOUT, *Lundi.* Menu de 6 à 9 couverts.

Un potage.

Le potage de civette à l'Allemande.

Une grosse pièce.

La queue de saumon au bleu.

Deux entrées.

Le filet de bœuf à l'Anglaise,
Les poulets dépecés à la Provençale.

Un plat de rôt.

Les pigeons bardés.

Deux entremets.

Les champignons à l'Italienne,
Le fromage bavarois au café noir.

Pour extra, *les soufflés au rhum.*

PREMIER TRAITÉ DES MENUS
DE LA CUISINE MODERNE.

13 AOUT, *Mardi.* Menu de 30 à 35 couverts.

Deux potages.

Le potage de vermicelle à la régence,
Le potage à la Bernoise.

Deux relevés de poissons.

La queue d'esturgeon à la tortue,
La carpe du Rhin à la Chambord moderne.

Deux grosses pièces.

Le rond de veau à la royale,
La pièce de bœuf à la gendarme.

Seize entrées.

Les petits canetons à la Conti,
* Les croquettes de gibier au fumet,
Les filets de moutons piqués en chevreuil,
La poularde à la Maquignon.

La queue d'esturgeon à la tortue.

** L'aspic de filets mignons de poulardes,
Le sauté de lapereaux aux truffes,
* Les petites timbales de nouilles à la reine,
Les ailes de pigeons à la Pompadour.

La caisse de jeunes perdreaux au laurier,
* Les petits pâtés à l'écarlate,
Les perdrix aux choux et racines glacées,
** La salade de cervelles à la magnonaise.

La carpe à la Chambord.

Le pain de foies gras à la dauphine,
Les côtelettes d'agneau glacées aux concombres,
* Le fritot de poulets à la Saint-Florentin,
Les boudins de gibier à la Richelieu.

pour extra, *six assiettes volantes, trois de filets de carrelets à la Orly, trois de petits soufflés de gibier.*

Quatre grosses pièces d'entremets.

L'hermitage hollandais,
Le biscuit aux amandes amères,
Le babas au safran,
Le pavillon rustique.

Quatre plats de rôts.

Les chapons au cresson,
Les vanneaux bardés,
Les poulets normands,
Les pigeons romains.

Seize entremets.

Les épinards à l'Anglaise,
* Les petits pains à la paysanne.

Les chapons au cresson.

** La gelée de verjus renversée,
Les pommes de terre à la maître d'hôtel.

L'hermitage hollandais.

Les petits pois à la Parisienne,
* Les nougats en coquilles aux pistaches.

Les vanneaux bardés.

** Le fromage bavarois aux pêches,
Les haricots verts à la Bretonne.

Les haricots blancs à la maître d'hôtel,
** Le blanc manger à la crème.

Les pigeons romains.

* Les bouchées méringuées en croissant,
Les laitues braisées à l'essence.

Le pavillon rustique.

Les artichauts à la Lyonnaise,
** La gelée de rhum moulée.

Les pigeons romains.

* Les génoises glacées à l'orange,
Les champignons grillés, demi-glace.
   Pour extra, *six assiettes volantes de fondus.*

14 AOUT, *Mercredi.* Menu de 10 à 12 couverts.

Deux potages.
Le potage à l'oseille lié,
Le potage de quenelles de volaille au consommé.
Deux relevés de poissons.
L'anguille à la régence,
Les filets de soles à la Orly.
Deux grosses pièces.
Le rosbif d'une selle d'agneau à la maître d'hôtel,
Les chapons au riz à la moderne.
Quatre entrées.
Les petites croustades à l'Espagnole,
Les escalopes de poulardes à la Périgord,
Les papillottes de pigeons à la Duxelle,
Le hachis de lapereaux à la Polonaise.
Deux plats de rôts.
Les canetons de Rouen,
La poularde au cresson.
Deux relevés de plats de rôts.
Le flan de prunes de reine-claude,
Le gâteau de Pithiviers.
Quatre entremets.
Les fonds d'artichauts à la magnonaise,
Les œufs pochés au fumet de gibier,
La gelée de vin de Lunel renversée,
La crème plombière à la marmelade.

15 AOUT, *Jeudi.* Menu de 20 couverts.

Deux potages.
Le potage de riz à la purée de pois,

Le potage de fantaisie aux racines.
Deux relevés de poissons.
Le brochet à la Polonaise,
Les darnes d'esturgeon grillées à la Hollandaise.
Deux grosses pièces.
Le quartier de marcassin mariné,
Les poulardes à la Montmorency.
Huit entrées.
La chartreuse à la moderne,
La croustade garnie de perdreaux au gratin,
La salade de cervelles de veaux aux laitues,
Les poulets dépecés à la Vénitienne,
Les petits vols-au-vent à la reine,
Les pigeons au monarque,
Les côtelettes de mouton à l'Anglaise,
Les filets de canetons en haricots vierges.
Deux grosses pièces d'entremets.
Le flan de cerises glacées,
Le congloffe à l'Allemande.
Deux plats de rôts.
Les poulets à la reine et au cresson,
Les vanneaux bardés.
Huit entremets.
Les artichauts à la barigoule,
Les haricots nouveaux à la crème,
Les petits pois à l'Anglaise,
Les choux-fleurs au beurre à la ravigote,
La gelée d'ananas garnie de fruits,
La crème française aux zestes d'oranges,
Les petits nougats à la Française,
Les bouchées aux abricots.

16 AOUT, *Vendredi*. Menu de 10 à 12 couverts.

Deux potages.
La semoule au consommé de volaille,
La croûte gratinée au Parmesan.

Deux relevés de poissons.
La carpe à la marinière,
Les petites truites au bleu.

Deux grosses pièces.
La pièce de bœuf à la Flamande,
La poularde à la financière aux truffes.

Quatre entrées.
Le vol-au-vent de quenelles à l'Allemande,
Les tendons de veau à la Macédoine,
Les filets de levrauts à la Vénitienne,
Le sauté de volaille à la royale.

Deux plats de rôts.
Le coq vierge au cresson,
Les pigeons bardés.

Deux relevés de plats de rôts.
Le biscuit à la crème en sultane,
Le nougat à la Turque.

Quatre entremets.
La croûte aux champignons,
La purée de haricots à la crème,
La gelée de citrons fouettée,
Le fromage bavarois aux framboises.

17 AOUT, *Samedi*. Menu de 10 à 12 couverts.

Deux potages.
Le potage à la Bernoise,
Le vermicelle au blond de veau.

Deux relevés de poissons.
La truite à la Génoise,

Les filets de lottes à la Orly.
Deux grosses pièces.
Les filets de bœuf à l'Italienne,
Les perdrix à la choucroute française.
Quatre entrées.
Les petites cassolettes de riz à la reine,
La noix de veau glacée à la purée d'oseille,
Les poulets à la reine à l'estragon,
Les côtelettes d'agneau sautées au suprême.
Deux plats de rôts.
Les pigeons bardés,
Les canetons de ferme.
Deux relevés de plats de rôts.
Le gâteau à la Parisienne,
Le flan de brugnons glacé.
Quatre entremets.
Les tomates à la Provençale,
Les pommes de terre frites au beurre,
La gelée de groseilles blanches moulée,
Le pouding de fruits à l'Anglaise.

18 AOUT, *Dimanche.* Menu de 10 à 12 couverts.

Deux potages.
Le potage de macaroni à la Napolitaine,
Le potage à la jardinière au consommé.
Deux relevés de poissons.
Le bar grillé au beurre d'anchois,
La morue nouvelle à la brandade.
Deux grosses pièces.
La pièce de bœuf à l'étendard,
Le dindonneau à la Macédoine.
Quatre entrées.
Les petits pâtés de mouton à l'Anglaise,
Les petits aspics à la moderne,

Le carré de veau à la Béchamel,
La fricassée de poulets à la Périgueux.

Deux plats de rôts.

Le chapon au cresson,
Les canetons de Rouen.

Deux relevés de plats de rôts.

La brioche à la crème au raisin de Corinthe,
Le gâteau de mille-feuilles à la moderne.

Quatre entremets.

Les concombres en carde à l'Espagnole,
Les œufs pochés à la Béchamel,
La gelée de fleur d'orange nouvelle,
La crème au bain-marie au caramel.

19 AOUT, *Lundi.* Menu de 10 à 12 couverts.

Deux potages.

Le potage de sagou à la purée de pois,
Le potage à la Clermont.

Deux relevés de poissons.

Le cabillaud nouveau à la Hollandaise,
Les perches à la Bourguignote.

Deux grosses pièces.

Le cochon de lait à la moderne,
Le gigot de mouton à la Brétonne.

Quatre entrées.

Les cremeskis de volaille à la Polonaise,
Les pigeons braisés à la Macédoine,
La poularde à l'ivoire, aspic chaud;
Les filets de canetons à l'orange.

Deux plats de rôts.

Les vanneaux bardés,
Les poulets à la reine.

Deux relevés de plats de rôts.

Le vol-au-vent de pêches glacées,

Le flan de riz au raisin muscat.
Quatre entremets.
Les tomates à l'Italienne,
Les laitues farcies à l'essence de jambon,
La gelée de fraises moulée,
Les méringues à la vanille.

DEUXIÈME TRAITÉ DE MENUS

DE LA CUISINE MODERNE.

20 AOUT, *Mardi.* Menu de 25 à 30 couverts.

Deux potages.
La croûte gratinée aux concombres,
Les nouilles à l'Allemande.
Deux relevés de poissons.
La queue d'esturgeon au vin de Madère,
Les filets de turbots à l'Anglaise.
Deux grosses pièces.
La pièce de bœuf à la maréchale,
La longe de veau à la Béchamel.
Douze entrées.
Les balotines de poulardes à la Macédoine,
* Le pâté chaud de pigeons à l'ancienne,
Le sauté de poulets au suprême.
La queue d'esturgeon au vin de Madère.
* L'aspic garni de crêtes et rognons,
La poularde à la Chevalier,
Les côtelettes de mouton sautées.

L'épigramme de volaille à la chicorée,
* La timbale de macaroni à l'Italienne,
Les cailles de vigne à la Tartare.
Les filets de turbots à l'Anglaise.
* Les pigeons innocents au beurre d'écrevisses,

La chartreuse à la minime,
Les cervelles de veaux à la Milanaise.

Quatre grosses pièces d'entremets.

Le babas au Madère,
Le buisson d'écrevisses,
La brioche au fromage,
Le buisson de méringues à la crème.

Quatre plats de rôts.

Les poulets bardés,
Les pigeons de volière,
Les dindonneaux au cresson,
Les canetons de ferme.

Douze entremets.

Les choux-fleurs à la ravigote,
Les tomates à la Provençale,
Les haricots blancs à la crème,
Les artichauts à l'estoufade,
La gelée de marasquins renversée,
La gelée de quatre fruits moulée,
Le fromage bavarois aux abricots,
Le blanc-manger à la crème,
Les fanchonnettes à la vanille,
Les tartelettes de cerises glacées,
Les madelaines au rhum,
Les petits pains au chocolat.

Pour extra, *quatre assiettes de soufflés de fécule.*

21 AOUT, *Mercredi.* Menu de 6 à 9 couverts.

Un potage.

Le potage à la Brunoise au consommé.

Une grosse pièce.

La selle d'agneau à la maître d'hôtel.

Deux entrées.

Le gratin de bonne morue à la Béchamel,

Les poulets à la reine à la Toulouse.
Un plat de rôt.
Les canetons de Rouen.
Deux entremets.
Les épinards au velouté,
La gelée de groseilles.
Pour extra, *les fondus.*

22 AOUT, *Jeudi*. Menu de 15 à 20 couverts.

Deux potages.
La garbure à la purée de navets,
Le potage printanier.
Deux grosses pièces.
Le turbot à la Hollandaise,
Le rosbif de mouton à l'Anglaise.
Six entrées.
La chartreuse à la Mauconseil,
Le pâté chaud de saumon,
La poularde poêlée à l'ivoire, sauce ravigote;
Les filets de brochets à la Villeroy,
Les tendons de veau aux laitues glacées,
Les boudins de gibier à la Richelieu.
Deux plats de rôts.
Les poulets à la reine au cresson,
Les canetons de ferme.
Six entremets.
Les œufs brouillés au jambon,
La chicorée à la Béchamel,
La gelée de verjus,
La crème française au cacao,
Les choux glacés aux pistaches,
Les manons aux abricots.

23 AOUT, *Vendredi.* Menu de 6 à 9 couverts.

Un potage.
L'orge perlée au consommé de volaille.
Une grosse pièce.
La carpe au bleu.
Deux entrées.
Le chapon à la Toulouse,
La côte de bœuf aux oignons glacés.
Un plat de rôt.
Les pigeons bardés.
Deux entremets.
Les artichauts à la barigoule,
La gelée d'anisette de Bordeaux.
Pour extra, *les biscuits à la crème.*

24 AOUT, *Samedi.* Menu de 6 à 9 couverts.

Un potage.
La croûte gratinée à la Condé.
Une grosse pièce.
La pièce de bœuf aux choux.
Deux entrées.
La caisse de lapereaux aux fines herbes,
La fricassée de poulets aux champignons.
Un plat de rôt.
Les goujons de Seine panés à l'Anglaise.
Deux entremets.
Les concombres au velouté,
La gelée de pêches renversée.
Pour extra, *les ramequins au Parmesan.*

25 AOUT, *Dimanche.* Menu de 6 à 9 couverts.

Un potage.
Le potage de vermicelle à la régence.

LE MAÎTRE D'HÔTEL FRANÇAIS. 315

Une grosse pièce.
Le turbot à la Hollandaise.
Deux entreés.
La poularde à la Maquignon,
Les filets de bœufs à la Milanaise.
Un plat de rôt.
Les pigeons de volière.
Deux entremets.
Les tomates à la Provençale,
La gelée de groseilles framboisée.
Pour extra, *les méringues au marasquin.*

26 AOUT, *Lundi.* Menu de 6 à 9 couverts.
Un potage.
Le potage de santé au blond de veau.
Une grosse pièce.
Le carré de porc frais à la broche, sauce Robert.
Deux entrées.
Les poulets dépecés à la Vénitienne,
Le vol-au-vent de bonne morue à la crème.
Un plat de rôt.
Les cailles bardées.
Deux entremets.
Les champignons grillés, demi-glace;
La gelée de vin de Champagne rosé.
Pour extra, *les fondus.*

PREMIER TRAITÉ DES MENUS

DE LA CUISINE MODERNE.

27 AOUT, *Mardi.* Menu de 30 couverts.
Deux potages.
Le potage tortue à l'Américaine,
Le potage d'orge perlée à la royale.

Deux relevés de poissons.

Le cabillaud nouveau à la Vénitienne,

La truite de Seine à la régence.

Deux grosses pièces.

Le rond de veau à la Béchamel,

La grosse poularde à la Périgueux.

Seize entrées.

** La salade de brochets à la magnonaise,

 * La croustade de jeunes perdreaux aux truffes,

L'épigramme d'agneau aux concombres,

Le sauté de poulardes au suprême.

Le cabillaud nouveau à la Vénitienne.

La caisse de ris de veaux à la Provençale,

Les filets de volaille à la d'Orléans,

 * Les petits pâtés à la financière,

Les pigeons au monarque.

Le turban de quenelles de gibier,

 * La timbale de nouilles à la Polonaise,

Les petits canetons à la Conti,

Les côtelettes de mouton à la Soubise.

La truite de Seine à la régence.

Les filets de poulardes à la Chevalier,

Les papillottes de carpes à la maître d'hôtel,

 * Les croquettes de riz à la Russe,

** Les hatelets d'aspic à la belle vue.

Pour extra, six assiettes volantes, trois de filets de volail.
à la Orly, trois de petits soufflés de gibier en caisses rondes.

Quatre grosses pièces d'entremets.

La tourelle de Plaisance,

La sultane en cascade,

La tente à la moderne,

Le gros nougat à la Parisienne.

Quatre plats de rôts.

Les dindonneaux au cresson,
Les pigeons bardés,
Les canetons de Rouen,
Les poulets gras bardés.

Seize entremets.

Les laitues à l'Espagnole,
*Les petits gâteaux de riz au Corinthe.
Les dindonneaux au cresson.
*Le fromage bavarois au café,
Les haricots verts à l'Anglaise.
La tourelle de Plaisance.
Les artichauts à la Lyonnaise,
*Les gimblettes au gros sucre.
Les pigeons bardés.
*La gelée de pêches renversée,
Les concombres à la Béchamel.

La croûte aux champignons,
*La gelée de verjus garnie de fruits rouges.
Les canetons de Rouen.
*Les génoises en croissant et perlées,
Les petits pois au sucre.
La tente à la moderne.
Les haricots blancs à la crème,
*La charlotte à l'Américaine.
Les poulets gras.
*Les rosaces aux pistaches et gros sucre,
Les épinards au velouté.
Pour extra, *six assiettes volantes de biscuits à la crème.*

28 AOUT, *Mercredi.* Menu de 10 à 12 couverts.

Deux potages.

Le potage de santé au blond de veau,

Le potage de nouilles à l'Italienne.

Deux relevés de poissons.

L'anguille glacée au four, sauce tomate;
La hure d'esturgeon à la broche, sauce Madère.

Deux grosses pièces.

La noix de veau en bedeau à la chicorée,
Le dindonneau à la Périgueux.

Quatre entrées.

Les petits vols-au-vent à la purée de gibier,
Les oreilles d'agneaux à la Dauphine,
Les filets de canetons, sauce salmis;
La sauté de poulardes à la belle vue.

Deux plats de rôts.

Les pigeons romains,
Les poulets à la reine.

Deux relevés de plats de rôts.

La méringue farcie aux confitures,
Le flanc à la Milanaise.

Quatre entremets.

Les concombres à la Béchamel,
Les artichauts à la barigoule,
La gelée de marasquins fouettée,
La crème plombier garnie de fruits.

29 AOUT, *Jeudi.* Menu de 15 à 20 couverts.

Deux potages.

La croûte gratinée à la Provençale;
Le potage de mouilles à la Bernoise.

Deux relevés de poissons.

Le cabillaud nouveau à la Hollandaise,
Le saumon à la Génoise.

Deux grosses pièces.

La noix de bœuf garnie d'oignons glacés,
Le quartier de chevreuil mariné, sauce poivrade.

Huit entrées.

Les pigeons innocents à la financière,
Le pâté chaud de lapereaux aux fines herbes,
Les filets de poulardes à la maréchale,
Les petites chartreuses à la moderne,
L'aspic de blancs de volaille à la belle vue,
Les tendons de veaux glacés à la Nivernoise,
Les poulets dépecés à l'Italienne,
Les quenelles de gibier au suprême.

Deux grosses pièces d'entremets.

La brioche au raisin d'Espagne,
Le biscuit aux amandes.

Deux plats de rôts.

Les poulets gras au cresson,
Les lapereaux en accolade.

Huit entremets.

Les champignons à la Provençale,
Les épinards en croustade,
Les haricots blancs à la crème,
Les artichauts à la Lyonnaise,
La gelée de crème de café,
La gelée de verjus renversée,
Le fromage bavarois aux avelines,
Le flan de brugnons glacés.

30 AOUT, *Vendredi*. Menu de 10 à 12 couverts.

Deux potages.

Le potage aux laitues braisées,
La semoule à la Brunoise.

Deux relevés de poissons.

La barbue grillée à la Hollandaise,
Les perches au vin de Champagne.

Deux grosses pièces.

Le dindonneau à la régence,

La longe de veau glacée, demi-glace.

Quatre entrées.

Les petits pâtés à l'Espagnole,
Le filet de bœuf au vin de Madère,
Les poulets à la reine à la Montmorency,
Les petits perdreaux à la Périgueux.

Deux plats de rôts.

Les canetons de Rouen,
La poularde au cresson.

Deux relevés de plats de rôts.

Le flan de prunes de mirabelle,
Le gâteau au riz soufflé.

Quatre entremets.

Les tomates aux fines herbes,
Les haricots blancs à la maître-d'hôtel,
La gelée de quatre fruits renversée,
Le fromage bavarois aux pistaches.

31 AOUT, *Samedi*. Menu de 10 à 12 couverts.

Deux potages.

Le potage de céleri au consommé,
Le potage de quenelles à la Napolitaine.

Deux relevés de poissons.

La truite saumonée à la Vénitienne,
Les soles à l'Anglaise, sauce aux homards.

Deux grosses pièces.

La pièce de bœuf garnie à la Française,
Le jambon glacé au vin de Madère.

Quatre entrées.

La casserole au riz à la Polonaise,
Les boudins de perdrix au suprême,
Les côtelettes de veau à la singara,
Les poulets à la reine à la Maquignon.

Deux plats de rôts.

Les lapereaux bardés,
Les poulets gras.

Deux relevés de plats de rôts.

Les pannequets à la crème aux macarons amers,
Le vol-au-vent de pêches glacées.

Quatre entremets.

Les épinards à l'essence,
Les artichauts à la barigoule,
La gelée de rhum renversée,
Le blanc-manger aux pistaches.

CHAPITRE X.

1er SEPTEMBRE, *Dimanche.* Menu de 10 à 12 couverts.

Deux potages.

La garbure au fromage de Parmesan,
Le potage à la julienne au consommé.

Deux relevés de poissons.

Le cabillaud à la crème,
Le brochet à la marinière.

Deux grosses pièces.

Le dindonneau à la Béchamel,
Le quartier de mouton à la Bretonne.

Quatre entrées.

Les papillottes de perdreaux au laurier,
La fricassée de poulets à la Villeroy,
Les côtelettes de pigeons à la Toulouse,
L'émincé de filets de bœufs à la Clermont.

Deux plats de rôts.

Les poulets gras au cresson,
Les jeunes perdreaux rouges bardés.

Deux relevés de plats de rôts.

La sultane garnie à la Chantilly,
Le croque-en-bouche en gimblettes pralinées.

Quatre entremets.

Les choux-fleurs au beurre,
Les champignons à la Provençale,
La gelée de kirsch-wasser moulée,
Les choux à la Vincennes.

2 SEPTEMBRE, *Lundi*. Menu de 10 à 12 couverts.

Deux potages.

Le potage à la Crécy aux petits croûtons,
Le potage aux laitues braisées.

Deux relevés de poissons.

Les filets de turbots à la Hollandaise,
Les brochetons au bleu.

Deux grosses pièces.

La pièce de bœuf à la cuillère,
La magnonaise de volaille à la gelée.

Quatre entrées.

La croustade garnie d'escalopes de ris d'agneaux,
La chartreuse garnie d'ailerons de dindons,
La poularde à l'estragon,
Les filets de chevreuils marinés glacés.

Deux plats de rôts.

Les jeunes perdreaux rouges,
Les poulets au cresson.

Deux relevés de plats de rôts.

Le gâteau de mille-feuilles à la moderne,
Le poupelin glacé aux confitures.

Quatre entremets.

Les haricots blancs à la Bretonne,
Les laitues à l'Espagnole,
La gelée de pêches renversée,
Les beignets de blanc-manger.

DEUXIÈME TRAITÉ DES MENUS

DE LA CUISINE MODERNE.

3 SEPTEMBRE, *Mardi.* Menu de 25 à 30 couverts.

Deux potages.
Le potage aux concombres farcis,
Le potage à la purée de pois aux petits croutons.
Deux relevés de poissons.
Le turbot à l'Anglaise,
La carpe à la Chambord moderne.
Deux grosses pièces.
Le rosbif de mouton à la Bretonne,
La chartreuse aux perdrix.
Douze entrées.
Les petits canetons aux champignons,
* Le vol-au-vent de bonne morue de cabillaud,
L'épigramme d'agneau aux champignons.
Le turbot à l'Anglaise.
Les filets de volaille à la Lyonnaise,
* La marinade de cervelles de veaux,
Les filets de soles à la royale.

Les filets de lapereaux à la dauphine,
* Le fritot de poulets à la Viennoise,
Le filet de bœuf au vin de Madère.
La carpe à la Chambord moderne.
La fricassée de poulets à l'Anglaise,
* La timbale de pigeons à l'ancienne,
Les quenelles de gibier à l'Italienne.
Quatre grosses pièces d'entremets.
Le buisson d'écrevisses,
Le nougat au gros sucre,
Le buisson de méringues à la vanille,

Le biscuit de Savoie à la fécule.

Quatre plats de rôts.

Les poulets gras au cresson,
Les pigeons de volière,
Les dindonneaux au cresson,
Les perdreaux nouveaux bardés.

Douze entremets.

Les tomates aux fines herbes,
Les pommes de terre frites au beurre,
Les champignons à la Provençale,
Les épinards à l'essence,
La gelée de fleurs d'orange nouvelle,
La gelée de verjus moulée,
Le fromage bavarois aux abricots,
La crème au bain marie aux macarons,
Les gaufres au raisin de Corinthe,
Les tartelettes glacées aux pistaches,
Les madelaines au rhum,
Les petits paniers aux confitures.

4 SEPTEMBRE, *Mercredi.* Menu de 6 à 9 couverts.

Un potage.

La croûte gratinée au consommé.

Une grosse pièce.

Le cabillaud à la crème.

Deux entrées.

Le carré de veau à la Monglas,
La poularde à la Maquignon.

Un plat de rôt.

Les pigeons romains.

Deux entremets.

Les artichauts à la barigoule,
La gelée de vin d'Espagne renversée.

Pour extra, les choux à la Vincennes.

5 SEPTEMBRE, *Jeudi*. Menu de 15 à 20 couverts.

Deux potages.
Le potage de lazannes au parmesan,
Le potage de levrauts à l'Anglaise,

Deux grosses pièces.
Le brochet à l'Espagnole,
La pièce de bœuf à la Flamande.

Six entrées.
La fricassée de poulets à la Villeroy,
Les petits pâtés à la Toulouse,
Les tendons de veaux glacés à la chicorée,
L'anguille roulée glacée au four,
Les perdreaux nouveaux au gratin,
Les ailerons de dindons à la Macédoine.

Deux plats de rôts.
Les poulets à la reine au cresson,
Les pigeons ramiers bardés.

Six entremets.
Les navets glacés à la Chartres,
Les haricots blancs à la maître d'hôtel,
La gelée de marasquins moulée,
Le fromage bavarois aux mirabelles,
Le flan de pêches glacées,
Les gâteaux à la royale.

6 SEPTEMBRE, *Vendredi*. Menu de 6 à 9 couverts.

Un potage.
La potage à la Condé, petits croutons.

Une grosse pièce.
Le chapon au riz.

Deux entrées.
La côte de bœuf à la Macédoine,
La darne de saumon grillée au beurre d'anchois.

Un plat de rôt.

Les perdreaux nouveaux.

Deux entremets.

Les œufs pochés à la chicorée,
La gelée de groseilles framboisée.

Pour extra, *les biscuits à la crème.*

7 SEPTEMBRE, *Samedi.* Menu de 6 à 9 couverts.

Un potage.

De potage à la Brunoise ou consommé.

Une grosse pièce.

La pièce de bœuf aux choux braisés.

Deux entrées.

La fricassée de poulets à la Saint-Lambert,
Les escalopes de cabillaud à la maître d'hôtel.

Un plat de rôt.

Les canetons de Rouen.

Deux entremets.

Les haricots blancs à la crème,
La crème plombière aux fruits.

Pour extra, *les fondus au Parmesan.*

8 SEPTEMBRE, *Dimanche.* Menu de 6 à 9 couverts.

Un potage.

Le potage de semoule au blond de veau.

Une grosse pièce.

Les petites truites au bleu, magnonaise froide.

Deux entrées.

Les côtelettes de mouton à la Soubise,
Le vol-au-vent à l'Italienne.

Un plat de rôt.

Les poulets à la reine.

Deux entremets.

Les épinards à l'essence,

Le fromage bavarois aux abricots.

Pour extra, *les gâteaux à la royale.*

9 SEPTEMBRE, *Lundi*. Menu de 6 à 9 couverts.

Un potage.

De potage de céleri ou consommé.

Une grosse pièce.

Le quartier d'agneau à l'Anglaise.

Deux entrées.

Les poulets à la reine à l'Ivoire, estragon ;
Le pâté chaud d'anguilles à la marinière.

Un plat de rôt.

Les lapereaux en accolade.

Deux entremets.

Les artichauts à la Lyonnaise,
Les petits soufflés à la Française.

Pour extra, *les ramequins en caisses.*

PREMIER TRAITÉ DES MENUS

DE LA CUISINE MODERNE.

10 SEPTEMBRE, *Mardi*. Menu de 30 couverts.

Deux potages.

La garbure aux choux à la Bernoise,
Le vermicelle à la régence.

Deux relevés de poissons.

Le cabillaud à la Hollandaise,
Le saumon à la Vénitienne.

Deux grosses pièces.

Le cochon de lait à la moderne,
Les poulardes à la Chevalier.

Seize entrées.

Les côtelettes de pigeons à la maréchale,

* Les petites timballes de nouilles à la Nesle,
** L'aspic garni de crêtes et rognons,
Le sauté de poulardes au suprême.
Le cabillaud à la Hollandaise.
Les escalopes de levrauts liées au sang,
Les poulets à la Montmorency,
* Les croquettes de blanc de volaille,
Le boudin de gibier à la Troyenne.

Les petites balotines à la chicorée,
* Les hatelets de palais de bœuf à la Villeroy,
La noix de veau à la Saint-Cloud,
L'émincé de volaille aux lazannes.
Le saumon à la Vénitienne.
Les filets de lapereaux piqués, glacés aux concombres;
** La salade de volaille aux laitues,
* Les petits pâtés à la marinière,
Les filets de soles à la royale.
Pour extra, *six assiettes de petits soufflés de gibier et de de volaille.*
Quatre grosses pièces d'entremets.
La brioche au fromage,
La sultane en surprise,
Le gros nougat à la Parisienne,
Le gâteau de Compiègne.
Quatre plats de rôts.
Les canetons de Rouen,
Les dindonneaux au cresson,
Les perdreaux nouveaux,
Les poulets à la reine.
Seize entremets.
Les petites pommes de terre à la Hollandaise,
* Les gâteaux aux avelines.
Les canetons de Rouen.

** La macédoine de fruits à la gelée de verjus,
Les artichauts à la Provençale.
La sultane en surprise.
Les épinards à l'Anglaise,
* Les mosaïques glacées au gros sucre.
Les dindonneaux au cresson.
** Le blanc-manger à la crème,
La croûte aux champignons.

Les haricots verts à la Française,
** Le fromage bavarois aux fraises.
Les poulets à la reine.
* Les petites tresses perlées,
Les petits pois au sucre.
Le gros nougat à la Parisienne.
Les concombres au velouté,
** La gelée de pêches renversée.
Les perdreaux nouveaux.
* Les génoises glacées au chocolat,
Les pommes de terre à la Lyonnaise.
Pour extra, six assiettes de fondus.

11 SEPTEMBRE, *Mercredi*. Menu de 10 à 12 couverts.

Deux potages.
Le potage à la bisque de volaille,
Le potage printanier ou consommé.
Deux relevés de poissons.
Le brochet glacé au four,
Les soles frites panées à l'Anglaise.
Deux grosses pièces d'entremets.
La selle de mouton à l'Anglaise,
La chartreuse à la Monconseil.
Quatre entrées.
Les petits perdreaux à la financière,

La casserole au riz à la moderne,
Le sauté de poulardes aux truffes,
Le turban de lapereaux à la royale.

Deux plats de rôts.

Le dindonneau au cresson,
Les perdreaux bardés.

Deux relevés de plats de rôts.

Le gâteau à la Française,
Le croque-en-bouche à la reine.

Quatre entremets.

Les pommes de terre à la Béchamel,
Les artichauts à la Barigoule,
La gelée de vin de Champagne rosé,
Le fromage bavarois aux avelines.

12 SEPTEMBRE, *Jeudi.* Menu de 15 à 20 couverts.

Deux potages.

Le riz à la Napolitaine,
Le potage de quenelles de gibier au fumet.

Deux relevés de poissons.

Les filets de turbots au gratin,
Les perches au vin de Champagne.

Deux grosses pièces.

La pièce de bœuf à la cuillère,
Les poulardes à la Maquignon et aux truffes.

Huit entrées.

Les perdreaux en entrée de broche,
* Les petits vols-au-vent à la Béchamel,
Le sauté de poulardes à la d'Artois,
Les côtelettes de pigeons à le Macédoine,
Les tendons de veau glacés à la tomate,
* Les croquettes de gibier à l'Allemande,
La salade de volaille à la magnonaise,
Les filets de lapereaux à la Pompadour.

Deux grosses pièces d'entremets.

Le flan à la Portugaise,
Le pâté de Brugnons à l'Anglaise.

Deux plats de rôts.

Les perdreaux bardés,
Les poulets à la reine.

Huit entremets.

Les choux-fleurs au Parmesan,
Les haricots-verts à l'Anglaise,
Les pommes de terre à la Bretonne,
Les champignons à la Provençale,
La gelée de verjus garnie de fruits,
La crème plombière à la marmelade,
Les mirlitons à la fleur d'orange,
Les petits nougats à la Parisienne.

13 SEPTEMBRE, *Vendredi.* Menu de 10 à 12 couverts.

Deux potages.

Le potage de riz à la purée de pois,
Le potage de macaroni à l'Italienne.

Deux relevés de poissons.

Le cabillaud d'Ostende à la Béchamel,
La carpe à la marinière.

Deux grosses pièces.

Le rosbif d'aloyau à l'Anglaise,
Le jambon glacé aux épinards.

Quatre entrées.

Les hatelets de ris d'agneaux à la Villeroy,
Les papillottes de perdreaux au laurier,
La fricassée de poulets à la Macédoine,
Les pigeons au beurre d'écrevisses.

Deux plats de rôts.

Les canetons de ferme,

Les poulets à la reine.
>Deux relevés de plats de rôts.

Le brochet à la crème,
Le biscuit en surprise.
>Quatre entremets.

Les artichauts à la Provençale,
Les petits pois à la Parisienne,
La gelée de pêches renversée,
Le fromage bavarois au café.

14 SEPTEMBRE, *Samedi*. Menu de 10 à 12 couve<!---->

>Deux potages.

Le potage à la julienne au consommé,
Le potage de queneffes à l'Allemande.
>Deux relevés de poissons.

Le saumon à la Génoise,
La bonne morue à la Provençale.
>Deux grosses pièces.

La noix de veau en bedeau à la Macédoine,
La poularde à la Périgord.
>Quatre entrées.

Les quenelles de volaille à la Villeroy,
Le sauté de perdreaux au suprême,
Les petits pâtés à la Toulouse,
Les pigeons au monarque.
>Deux plats de rôts.

Les poulets à la reine,
Les perdreaux bardés.
>Deux relevés de plats de rôts.

Le flan de pêches glacées,
Le gâteau d'amandes praliné.
>Quatre entremets.

Les artichauts à la Lyonnaise,
Les épinards à l'essence,

La gelée de verjus dans un bol,
La crème au bain-marie à l'anis étoilé.

15 SEPTEMBRE, *Dimanche*. Menu de 10 à 12 couverts.

Deux potages.

Le sagou à la purée de navets,
Le potage à l'oseille claire.

Deux relevés de poissons.

L'anguille roulée, glacée au four à la marinière;
La barbue grillée à la Hollandaise.

Deux grosses pièces.

Les filets de bœuf à la Napolitaine,
La chartreuse garnie de canetons dépecés.

Quatre entrées.

Le pâté chaud de lapereaux à l'ancienne,
Les poulets à la reine à l'estragon,
Les côtelettes de porc frais à la sauce Robert,
Le fritot de poulets à la Saint-Florentin.

Deux plats de rôts.

Les perdreaux bardés,
Les canetons de Rouen.

Deux relevés de plats de rôts.

Le nougat à la Parisienne,
La sultane à la crème et aux fraises.

Quatre entremets.

Les choux-fleurs au Parmesan,
Les haricots blancs à la crème,
La gelée de marasquin fouettée,
La charlotte de pommes glacée.

16 SEPTEMBRE, *Lundi*. Menu de 10 à 12 couverts.

Deux potages.

Le potage aux choux-fleurs,

Le potage de santé au consommé.

Deux relevés de poissons.

La matelote à la Bourguignotte,
La truite de Seine à la Vénitienne.

Deux grosses pièces.

La noix de bœuf à la royale,
Le dindonneau braisé à l'Anglaise.

Quatre entrées.

La caisse de lapereaux aux fines herbes,
Le vol-au-vent à la Milanaise,
Les filets de volaille à la d'Orléans,
Les côtelettes de veau à la Dreux.

Deux plats de rôts.

Les perdreaux rouges,
Le chapon au cresson.

Deux relevés de plats de rôts.

La tourte à la moelle,
Le gâteau de Pithiviers.

Quatre entremets.

Les pommes de terre à la maître d'hôtel,
Les épinards à l'Anglaise,
La gelée de verjus moulée,
Le fromage bavarois au chocolat.

DEUXIÈME TRAITÉ DES MENUS

DE LA CUISINE MODERNE.

17 SEPTEMBRE, *Mardi*. Menu de 25 à 30 couverts.

Deux potages.

Le potage à la Brunoise,
Les quenelles à la Milanaise.

Deux relevés de potages.

Le brochet à la Chambord moderne,
Le jambon à la broche.

Deux grosses pièces.

Le rosbif de mouton à l'Anglaise,
La longe de veau à la crème.

Douze entrées.

Les côtelettes de ris de veaux à la Nivernoise,
* Le pâté chaud de cailles aux fines herbes,
Les filets de volaille à la Chevalier.
— *Le brochet à la Chambord moderne.*
Les cailles au gratin demi-glace,
* Les croquettes de gibier à l'Allemande,
L'aspic de blanc de volaille à la belle vue.

———

Les oreilles de veaux en tortue,
* La fricassée de poulets à la dauphine,
Les demi-perdreaux au laurier et fines herbes.
Le jambon glacé à la broche.
Les tendons de moutons glacé à la purée d'oseille,
* La timbale de nouilles au chasseur,
Le pain de foies gras à la gelée.

Quatre grosses pièces d'entremets.

Le congloffe à la Viennoise,
Le buisson de ramequins,
Le biscuit aux amandes,
Le buisson de petits homards.

Quatre plats de rôts.

Les poulets à la reine,
Les perdreaux bardés,
La poularde au cresson,
Les canetons de Rouen.

Douze entremets.

Les aubergines à la Provençale,
Les artichauts à la Lyonnaise,
Les pommes de terre à la Hollandaise,
Les haricots verts à l'Anglaise,

La gelée de verjus renversée,
La gelée de café à l'eau,
Le blanc-manger aux noix vertes,
Le fromage bavarois à la vanille,
Les manons de crème aux pistaches,
Les darioles à la fleur d'orange,
Les petits pains à la duchesse,
Les génoises perlées en croissant.

18 SEPTEMBRE, *Mercredi.* Menu de 6 à 9 couverts

Un potage.
Le potage à la Condé garni de petits croûtons.
Une grosse pièce.
La pièce de bœuf garnie à la Française.
Deux entrées.
Les perdreaux à la Maquignon,
Les boudins de volaille à la Richelieu.
Un plat de rôt.
Les canetons de ferme.
Deux entremets.
Les champignons à la Provençale,
La gelée de marasquins fouettée.
Pour extra, *les gâteaux à la d'Artois.*

19 SEPTEMBRE, *Jeudi.* Menu de 15 à 20 couverts

Deux potages.
Le potage à la garbure à l'Espagnole,
Le potage à l'oseille, à la Hollandaise.
Deux grosses pièces
Le turbot, sauce au beurre d'anchoix;
Le quartier de mouton à la Bretonne.
Six entrées.
Les petits vols-au-vent à la reine,
La poularde au consommé,

La darne de saumon au beurre de Montpellier,
Les tendons de veau à la Villeroy,
La croustade de perdreaux au gratin,
Les bifstecks à l'Anglaise au beurre d'anchois.

Deux plats de rôts.

Les poulets gras au cresson,
Les cailles de vigne bardées.

Six entremets.

Les tomates à l'Italienne,
Les épinards aux croûtons,
La gelée de verjus renversée,
Le blanc-manger aux noix vertes,
Le flan d'abricots glacés,
Le soufflé de riz à la vanille.

20 SEPTEMBRE, *Vendredi.* Menu de 6 à 9 couverts.

Un potage.

Le potage de semoule au consommé.

Une grosse pièce.

La carpe au bleu.

Deux entrées.

Les côtelettes de veau à la Polonaise,
Le chapon au riz.

Un plat de rôt.

Les perdreaux bardés.

Deux entremets.

Les artichauts frits,
La crème plombière.

Pour extra, les choux à la crème.

21 SEPTEMBRE, *Samedi.* Menu de 6 à 9 couverts.

Un potage.

Le potage de macaroni à l'Italienne.

Une grosse pièce.

La tête de veau en tortue,

Deux entrées.
Les poulets dépecés à la tartare,
Les filets de soles à la royale.
Un plat de rôt.
Les pigeons de volière.
Deux entremets.
Les laitues braisées au consommé,
La gelée de verjus moulée.
Pour extra, *les beignets de pommes glacés.*

22 SEPTEMBRE, *Dimanche.* Menu de 6 à 9 couverts.

Un potage.
Le potage à la purée de lentilles à la reine.
Une grosse pièce.
Le quartier d'agneau à l'Anglaise.
Deux entrées.
La timbale de macaroni à l'Italienne,
Les poulets à la régence.
Un plat de rôt.
Les lapereaux en accolade.
Deux entremets.
Les pommes de terre frites à la Lyonnaise,
La gelée de verjus garnie de pêches.
Pour extra, *les fondus.*

23 SEPTEMBRE, *Lundi.* Menu de 6 à 9 couverts.

Un potage.
Le potage aux concombres.
Une grosse pièce.
Le brochet à l'Espagnole.
Deux entrées.
La noix de veau piquée à la purée d'oseille,
La raie au beurre noir à la noisette.

Un plat de rôt.

La poularde au cresson.

Deux entremets.

Les laitues farcies à l'essence,
La gelée de quatre fruits moulée.

Pour extra, *les méringues à la vanille.*

PREMIER TRAITÉ DES MENUS

DE LA CUISINE MODERNE.

24 SEPTEMBRE, *Mardi.* Menu de 30 couverts.

Deux potages.

La croûte gratinée à la purée de pois,
Le potage à la tortue au vin de Madère.

Deux relevés de poissons.

La carpe de Seine à la régence,
Le turbot à l'Anglaise, sauce aux homards.

Seize entrées.

Les côtelettes d'agneaux à la Macédoine,
* La casserole au riz à la Toulouse,
La poularde à la Chevalier,
Les côtelettes de lapereaux à la Maréchale.

La carpe de Seine à la régence.

Le sauté de poulardes au suprême,
Le pain de merlans à la Béchamel maigre,
* Les crémeskis à la Polonaise,
Les petits canetons à la Conti.

Les cailles à la Mirpoix, purée de champignons;
* Les petits pâtés de mouton à l'Anglaise,
Le turban de quenelles de volaille au suprême,
Les escalopes de levrauts liées au sang.

Le turbot à l'Anglaise.

Les filets de volaille à la d'Artois,
Les perdreaux à la Périgueux,

* La timbale de macaroni à la Napolitaine,
Les ris de veaux piqués à la chicorée.

>*Pour* extra, *Six assiettes volantes :* 3 *de Orly de filets mignons*, 3 *de petits soufflés de gibier.*

>*Quatre grosses pièces d'entremets.*

La cascade des seize colonnes,
La ruine de Babylone,
La fontaine des pyramides,
La ruine de la grande rotonde.

>*Quatre plats de rôts.*

Les poulets gras au cresson,
Les perdreaux rouges,
Les canetons de Rouen,
Les poulardes à l'Anglaise.

>*Seize entremets.*

Les pommes de terre frites,
** Le fromage Bavarois aux pêches.

>*Les poulets gras au cresson.*

* Les génoises au gros sucre,
Les choux-fleurs au beurre, ravigote.

>*La ruine de Babylone.*

Les haricots verts à l'Anglaise,
** La gelée de verjus garnie de fruits.

>*Les perdreaux rouges.*

* Les choux à la Mecque,
Les concombres au velouté.

Les artichauts à la Lyonnaise,
* La gelée de rhum, moulée.

>*Les canetons de Rouen.*

** Les gâteaux à la royale,
Les épinards au velouté.

>*La ruine de la grande rotonde.*

Les tomates à l'Italienne,

* Le blanc-manger aux noix vertes.
                    Les poulardes à l'Anglaise.
** Les gâteaux d'amandes glacés à la rose,
La croûte aux champignons.
          Pour extra, *six assiettes de fondus au Parmesan.*

25 SEPTEMBRE, *Mercredi.* Menu de 10 à 12 couverts.

                    Deux potages.
Le potage à la jardinière,
Les pâtes d'Italie au consommé de volaille.
                Deux relevés de poissons.
La truite froide à la magnonaise,
Le cabillaud à la Hollandaise.
                    Deux grosses pièces.
Le quartier de chevreuil mariné, poivrade;
Le chapon à la Chevry.
                    Quatre entrées.
Le pâté chaud de cailles aux fines herbes,
Le sauté de poulardes aux truffes,
Le filet de bœuf à la broche, sauce poivrade;
Les pigeons innocents à la cuillère.
                    Deux plats de rôts.
Les perdreaux rouges,
La poularde au cresson.
              Deux relevés de plats de rôts.
Le flan de pommes à la Portugaise,
Le gâteau à la royale.
                    Quatre entremets.
Les artichauts à la barigoule,
Les haricots verts à l'Anglaise,
La gelée de Malaga et moulée,
La crème française aux citrons.

26 SEPTEMBRE, *Jeudi.* Menu de 15 couverts.

Deux potages.
Le potage à la duchesse,
La potage d'orge perlée à la Russe.

Deux relevés de poissons.
La queue d'esturgeon au vin de Madère,
Les brochetons à l'Espagnole.

Deux grosses pièces.
La selle de mouton à la Bretonne,
Les poulardes à la régence.

Huit entrées.
Les cervelles de veaux à la ravigote,
Le sauté de perdreaux aux truffes,
Les boudins de volaille à la royale,
La salade de filets de soles à la gelée,
L'épigramme d'agneau à la Macédoine,
La croustade garnie d'escalopes de levrauts,
Les poulets dépecés à la Provençale,
Les filets de volaille à la belle vue.

Pour extra, *la Orly de filets de carpes.*

Deux grosses pièces d'entremets.
La sultane en cascade,
Le nougat à la Française.

Deux plats de rôts.
Les perdreaux rouges,
Les poulets à la reine.

Huit entremets.
Les épinards à l'essence,
La croûte aux champignons,
Le artichauts à la Lyonnaise,
Les navets à la Chartres,
La gelée de verjus renversée,
Le fromage bavarois aux fraises,

Les madelaines aux raisins de Corinthe,
Les gâteaux glacés à la Condé.
Pour extra, *les fondus.*

27 SEPTEMBRE, *Vendredi*. Menu de 10 à 12 couverts.

Deux potages.

La croûte gratinée à la Crécy,
Le vermicelle à la d'Orléans.

Deux relevés de poissons.

La grosse anguille au turban glacée au four,
La darne de saumon grillée au beurre d'anchois.

Deux grosses pièces.

Les filets de bœuf à la Provençale,
La chartreuse garnie de cailles.

Quatre entrées.

La timbale de lazannes à la Napolitaine,
Les filets de poulardes à la d'Artois,
Les perdreaux rouges à la Maquignon,
Les langues de mouton glacées à la Bretonne.

Deux plats de rôts.

Les lapereaux bardés,
Les poulets à la reine et au cresson.

Deux relevés de plats de rôts.

La grosse méringue à la Parisienne,
Le gâteau de mille-feuilles à la Turque.

Quatre entremets.

Les tomates à l'Italienne,
Les champignons grillés à l'Espagnole,
La gelée de café moka moulée,
Le flan de brugnons.

28 SEPTEMBRE, *Samedi*. Menu de 10 à 12 couverts.

Deux potages.

La garbure au fromage à la Languedocienne,

Le potage de santé au consommé de volaille.
Deux relevés de poissons.
Les perches à la Waterfisch,
La barbue au gratin au vin blanc.
Deux grosses pièces.
La noix de bœuf à l'Italienne,
Les poulardes à la Montmorency.
Quatre entrées.
Les petits pâtés à la Béchamel,
Les ris de veaux piqués à la chicorée,
Le karic de poulets à l'Indienne,
Les cailles au gratin, demi-espagnole.
Deux plats de rôts.
Les perdreaux rouges,
Les poulets gras au cresson.
Deux relevés de plats de rôts.
La charlotte de pommes et d'abricots,
Le soufflé au chocolat.
Quatre entremets.
Les épinards en croustade,
Les concombres au suprême,
La gelée de verjus garnie de pêches,
Les génoises glacées au gros sucre rose.

29 SEPTEMBRE, *Dimanche*. Menu de 10 à 12 couverts.

Deux potages.
Le potage aux champignons à la Russe.
Le potage de sagou à la d'Orléans.
Deux relevés de poissons.
Le brochet à la marinière,
Le cabillaud à la crème.
Deux grosses pièces.
La longe de veau à la Monglas,

Le quartier de chevreuil mariné, poivrade.
Quatre entrées.
Les perdreaux à la Périgueux, entrée de broche;
Les filets de volaille à la Chevalier,
Les quenelles de gibier au suprême,
Les ailerons de dindons à la purée de navets.
Deux plats de rôts.
Les lapereaux en accolade,
La poularde au cresson.
Deux relevés de plats de rôts.
Le brochet à la crème,
Le vol-au-vent garni de pêches glacées.
Quatre entremets.
Les haricots verts à la Française,
Les aubergines à la Provençale,
La gelée de crème de menthe moulée,
Le fromage bavarois aux macarons amers.

30 SEPTEMBRE, *Lundi.* Menu de 10 à 12 couverts.

Deux potages.
Le potage à la Brunoise au consommé,
Le vermicelle à la régence.
Deux relevés de poissons.
Le turbotin grillé, sauce hollandaise;
La matelote à la Bordelaise.
Deux grosses pièces.
Le quartier de porc frais à la sauce Robert,
Les perdrix aux choux et racines glacées.
Quatre entrées.
Les boudins de volaille à la moderne,
Les escalopes de ris de veaux dans un bord de riz,
Les pigeons gautiers au monarque,
Les filets de canetons à la bigarade.

Deux plats de rôts.

Le dindon au cresson,
Les cailles de vigne bardées.

Deux relevés de plats de rôts.

La tourte aux épinards à la crème,
Le gâteau de Pithiviers.

Quatre entremets.

Les œufs pochés à la tomate,
Les pommes de terre frites,
La gelée de quatre fruits renversée.
Le blanc-manger aux noix vertes.

FIN DU PREMIER VOLUME.

TABLE

DFS CHAPITRES.

Épître dédicatoire..........................
Avant-propos...............................
Discours préliminaire....................Page 1
CHAPITRE PREMIER........................ 15
Traité de la cuisine ancienne..................
Remarque et considération sur la cuisine ancienne. 54
CHAPITRE II................................ 65
Traité de la cuisine moderne..................
1er Janvier, grand diner de 80 couverts......... 67
6 Janvier, grand bal servi à l'Élysée-Bourbon.... 79
6 Janvier, grand buffet pour 300 personnes..... 88
15 Janvier, grand diner de 60 à 70 couverts..... 99
26 Janvier, grand souper pour 120 couverts..... 109
29 Janvier, grand diner de 60 à 70 couverts..... 119
CHAPITRE III. 1er Février.................... 120
12 Février, grand diner de 60 à 70 couverts..... 129
16 Février, grand souper de 200 couverts....... 132
16 Février, grand buffet pour 200 personnes.... 141
26 Février, grand diner de 60 à 70 couverts..... 151
CHAPITRE IV. 1er Mars....................... 153
Traité de la cuisine en maigre..................
12 Mars, grand diner de 60 à 70 couverts....... 165
26 Mars, grand diner de 60 à 70 couverts....... 173
CHAPITRE V. 1er Avril........................ 177
7 Avril, *jour de Pâques*, déjeuner de 24 couverts. 187
9 Avril, grand diner servi en maigre........... 189
21 Avril, grand souper de 100 couverts......... 199

23 Avril, grand diner servi en maigre......Page 203
CHAPITRE VI. 1ᵉʳ Mai.......................... 210
  7 Mai, grand diner de 60 70 couverts........... 215
  12 Mai, grand souper de 80 couverts........... 217
  12 Mai, grand buffet pour 150 personnes........ 221
  21 Mai, grand diner de 60 à 70 couverts........ 232
CHAPITRE VII. 1ᵉʳ Juin....................... 243
CHAPITRE VIII. 1ᵉʳ Juillet.................... 266
CHAPITRE IX. 1ᵉʳ Aout....................... 293
CHAPITRE X. 1ᵉʳ septembre................... 321

FIN DE LA TABLE.

www.ingramcontent.com/pod-product-compliance

Lightning Source LLC
Chambersburg PA
CBHW050427170426

43201CB00008B/575